西方语言学教材名著系列

A COURSE IN PHONETICS

(Seventh Edition)

语音学教程

（第七版）

〔美〕彼得·赖福吉（Peter Ladefoged）
〔美〕凯斯·约翰逊（Keith Johnson） /著

张维佳　田飞洋 /译
朱晓农　衣　莉 /审校

U0328183

著作权合同登记号图字：01-2015-4541

图书在版编目(CIP)数据

语音学教程：第七版/（美）彼得·赖福吉（Peter Ladefoged），（美）凯斯·约翰逊（Keith Johnson）著；张维佳，田飞洋译.—北京：北京大学出版社，2018.1

（西方语言学教材名著系列）

ISBN 978-7-301-27932-8

Ⅰ.①语… Ⅱ.①彼… ②凯… ③张… ④田… Ⅲ.①语音学—教材 Ⅳ.①H01

中国版本图书馆CIP数据核字(2017)第009444号

Copyright © [2015,2011,2006] by Cengage Learning.
Original edition published by Cengage Learning. All Rights reserved. 本书原版由圣智学习出版公司出版。版权所有，盗印必究。
Peking University Press is authorized by Cengage Learning to publish and distribute exclusively this simplified Chinese edition. This edition is authorized for sale in the People's Republic of China only (excluding Hong Kong, Macao SAR and Taiwan). Unauthorized export of this edition is a violation of the Copyright Act. No part of this publication may be reproduced or distributed by any means, or stored in a database or retrieval system, without the prior written permission of the publisher.
本书中文简体字翻译版由圣智学习出版公司授权北京大学出版社独家出版发行。此版本仅限在中华人民共和国境内（不包括中国香港、澳门特别行政区及中国台湾）销售。未经授权的本书出口将被视为违反版权法的行为。未经出版者预先书面许可，不得以任何方式复制或发行本书的任何部分。
本书封面贴有Cengage Learning防伪标签，无标签者不得销售。

书　　　名	语音学教程（第七版）
	YUYINXUE JIAOCHENG（DI-QI BAN）
著作责任者	〔美〕彼得·赖福吉（Peter Ladefoged）
	〔美〕凯斯·约翰逊（Keith Johnson）　著
	张维佳　田飞洋　译　　朱晓农　衣莉　审校
责 任 编 辑	孙　娴
标 准 书 号	ISBN 978-7-301-27932-8
出 版 发 行	北京大学出版社
地　　　址	北京市海淀区成府路205号　100871
网　　　址	http://www.pup.cn　新浪微博:@北京大学出版社
电 子 信 箱	zpup@pup.cn
电　　　话	邮购部 62752015　发行部 62750672　编辑部 62753374
印 刷 者	三河市北燕印装有限公司
经 销 者	新华书店
	650毫米×980毫米　16开本　22.25印张　364千字
	2018年1月第1版　2025年2月第4次印刷
定　　　价	76.00元

未经许可，不得以任何方式复制或抄袭本书之部分或全部内容。
版权所有，侵权必究
举报电话：010-62752024　电子信箱：fd@pup.pku.edu.cn
图书如有印装质量问题，请与出版部联系，电话：010-62756370

本书翻译受北京师范大学 2017 年自主科研基金项目"北京口传语言文化资源数据库建设与研究"的经费支持

目 录

序 …………………………………………………………………… 1
关于作者 ……………………………………………………………… 1

上篇　基本概念

第一章　发音学与声学 ………………………………………………… 3
　　言语的产生 ……………………………………………………… 3
　　声　波 …………………………………………………………… 6
　　音姿部位 ………………………………………………………… 9
　　口-鼻过程 ……………………………………………………… 14
　　调音方式 ………………………………………………………… 15
　　　　塞音 ………………………………………………………… 15
　　　　擦音 ………………………………………………………… 16
　　　　近音 ………………………………………………………… 16
　　　　边音（边近音） …………………………………………… 17
　　　　辅音附加调音方式 ………………………………………… 17
　　辅音的声学特征 ………………………………………………… 18
　　元音发音 ………………………………………………………… 19
　　元　音 …………………………………………………………… 21
　　超音段 …………………………………………………………… 23
　　要点回顾 ………………………………………………………… 25
　　练　习 …………………………………………………………… 25
第二章　音系学和语音学标音 ……………………………………… 32
　　辅音标音 ………………………………………………………… 34
　　元音标音 ………………………………………………………… 38
　　辅音表和元音表 ………………………………………………… 43
　　音系学 …………………………………………………………… 45
　　要点回顾 ………………………………………………………… 48

练　习 ……………………………………………………… 49
　　操　练 ……………………………………………………… 53

中篇　英语语音学

第三章　英语辅音 ……………………………………………… 57
　　塞　音 ……………………………………………………… 57
　　擦　音 ……………………………………………………… 66
　　塞擦音 ……………………………………………………… 68
　　鼻　音 ……………………………………………………… 68
　　近　音 ……………………………………………………… 69
　　音姿交叠 …………………………………………………… 70
　　英语辅音音位变体 ………………………………………… 73
　　附加符号 …………………………………………………… 78
　　要点回顾 …………………………………………………… 78
　　练　习 ……………………………………………………… 79
　　操　练 ……………………………………………………… 82

第四章　英语元音 ……………………………………………… 84
　　标音与语音词典 …………………………………………… 84
　　元音音质 …………………………………………………… 86
　　元音听觉空间 ……………………………………………… 88
　　美式英语和英式英语的元音 ……………………………… 90
　　二合元音 …………………………………………………… 92
　　卷舌化元音 ………………………………………………… 94
　　命名词汇 …………………………………………………… 96
　　非重读音节 ………………………………………………… 98
　　松紧元音 …………………………………………………… 100
　　英语元音音位变体规则 …………………………………… 102
　　要点回顾 …………………………………………………… 104
　　练　习 ……………………………………………………… 104
　　操　练 ……………………………………………………… 108

第五章　英语词语和句子 ……………………………………… 110
　　语流中的词语 ……………………………………………… 110
　　重　音 ……………………………………………………… 114

重音度 ……………………………………………… 116
　　句子节奏 …………………………………………… 119
　　语　调 ……………………………………………… 122
　　目标调 ……………………………………………… 132
　　要点回顾 …………………………………………… 136
　　练　习 ……………………………………………… 136
　　操　练 ……………………………………………… 139

下篇　普通语音学

第六章　气流机制和发声类型 ……………………………… 143
　　气流机制 …………………………………………… 143
　　声门状态 …………………………………………… 155
　　声带起振时 ………………………………………… 158
　　声门发音小结 ……………………………………… 163
　　要点回顾 …………………………………………… 164
　　练　习 ……………………………………………… 165
　　操　练 ……………………………………………… 167

第七章　辅音音姿 …………………………………………… 170
　　调音目标 …………………………………………… 170
　　音姿类型 …………………………………………… 180
　　　　塞音 …………………………………………… 180
　　　　鼻音 …………………………………………… 182
　　　　擦音 …………………………………………… 182
　　　　颤音、拍音和闪音 …………………………… 183
　　　　边音 …………………………………………… 186
　　调音方式小结 ……………………………………… 188
　　要点回顾 …………………………………………… 189
　　练　习 ……………………………………………… 189
　　操　练 ……………………………………………… 191

第八章　声学语音学 ………………………………………… 194
　　声源/滤波理论 …………………………………… 195
　　管道模型 …………………………………………… 197
　　微扰理论 …………………………………………… 198

声学分析 …… 199
辅音声学 …… 205
语图解析 …… 211
个体差异 …… 219
要点回顾 …… 222
练　习 …… 223

第九章　元音和类元音发音 225

定位元音 …… 226
次要定位元音 …… 229
带有其他口音的英语元音 …… 231
其他语言的元音 …… 234
舌根前伸（ATR） …… 236
卷舌元音 …… 237
鼻　化 …… 239
元音音质小结 …… 239
半元音 …… 240
次要音姿 …… 242
要点回顾 …… 244
练　习 …… 245
操　练 …… 247

第十章　音节和超音段特征 250

音　节 …… 250
重　音 …… 256
音　长 …… 257
节　奏 …… 259
语调和声调 …… 261
重音语言、声调语言和音高-重音语言 …… 267
要点回顾 …… 268
练　习 …… 269
操　练 …… 271

第十一章　语言学的语音学 274

公众语音学和个人语音学 …… 274
国际音标 …… 275
特征的层级系统 …… 279

关于"语言学的解释" ……………………………………… 285
统辖发音动作 …………………………………………… 286
言语的记忆 ……………………………………………… 289
语音驱动力之间的平衡 ………………………………… 291
要点回顾 ………………………………………………… 294
　操　练 ………………………………………………… 294
附录 A ……………………………………………………… 300
附录 B ……………………………………………………… 302
注　释 ……………………………………………………… 305
术语汇释 …………………………………………………… 313
相关阅读资料 ……………………………………………… 320
索　引 ……………………………………………………… 324

序

　　这本书有助于您成为一位语音学专家。或许您是一位给病人诊断并设计治疗方案的语言病理学家，或是一位用自动语音识别和语音合成技术来探讨语言与应用对接的技术问题的工程师，一位正在向学生解释词和句是如何发音的语言老师，或是一位想努力纠正自己发音的学英语的学生；或许，您是一位正在研究神经系统是如何对语音刺激进行反应的认知科学家，或是一位正尝试着用自己讲得并不流利的语言歌唱的歌剧演员，抑或是一位在试着讲某种方言的演员。总之，不管是上述哪种情况，您都需要语音学的知识。这本书将使您上述工作收到事半功倍的效果。

　　因为普通的课程体系中有语音学这门课，所以有些人是从一般兴趣出发开始学习语音学的。但我们这本书绝不仅仅可以当作教材，它还可以让您的生活更加丰富多彩。您会变成一个有学问的人，当然，这也是普通教育的目的。在阅读本书的过程中，您会完成一次神奇的环球旅行，听到不同地方的人所讲的不同语言，包括一些奇怪的音，如嗍音（clicks）、喷音（ejectives）、内爆音（implosives）和滑音（glides）等。您还会深入到解剖学、音响学、电机控制和空气动力学的领域，有时还会用到其他学科的知识。通过这些知识，您最终会理解"语言"这种用来维系关系、组成社团、积累知识并传承给下一代的最有趣、最复杂同时也是最基本的人类特征。

　　本书的另一个目的就是帮助那些在语音学研究方面有浓厚兴趣的人做出更大的贡献。因为它可以被视作是语音学界的权威（作者是有史以来最伟大的语音学家。当然这里是指彼得·赖福吉，而不是我自己），能为语音学研究提供扎实的基础，同时也引领我们走向有待开发的领域和课题。如果能把这本书学好，您就已经在研究方面卓有成效了（参看附录B），明白了这一点，我想谁也不会拒绝阅读这本书的。

跟以前的版本相比，第七版增加了什么新的内容？

　　首先，第七版保留了第六版的篇章结构和主要内容，但都经过了仔细的校对与更新。我重写了所有章节,有的变化较小,有的变化比较大。例如:我增加了音系学的不少内容,以便与现代音系学接轨。虽然本书并没有讲到形式音系学,但学生可以学到有关音系格局的一些复杂概念。还有,第一章中我们介绍了声谱图(语图),因为它在纸版书和网络平台中都出现多次。另外,增加了更多的核磁共振和X光照片(包括纸版书和网络平台)。这些新增的内容有利于读者从不同角度来研究语音问题:(1)听觉角度,比如您要用国际音标来转写某段发音材料;(2)发音角度,关于声道运动的各种图表可以帮您更清楚地理解发音;(3)声学方面,波形图和语图提供给您更详细的信息。

我非常赞同 J. C. Wells(2000)说过的一句话:"Daniel Jones 的语音研究传统(参见 Collins and Mees,1999:421—424)依然是我所遵循的标准。我坚持认为它在帮助语音学家如何辨音和如何发音方面非常重要。"本书的大部分章节都有发音练习,在网络平台中还有彼得·赖福吉的录音。这部分内容非常有价值,希望大家能好好加以利用。另外,我个人有一个建议:在看语图的时候,不要去听其相应的录音材料;在研究调音部位运动时,不要尝试去发这些音。在我看来,语音学是一门技术,在语音学家的实际工作和语音学训练中,有很大一部分都牵涉发音和辨音。

关于《语音学教程》的网络平台

詹妮·赖福吉在她丈夫的帮助下,根据加州大学洛杉矶分校(UCLA)的"世界语音"资料库(彼得和历届学生以及同仁在资料库上做了大量工作)为本书第五版制作了光盘。除了更新录音材料的格式,以及确认光盘上链接的有效性以外,第六版的光盘没有做太大改动。在加州大学伯克利分校(UCB)语言学系的帮助下,现在第七版的网络平台也可以和读者见面了,平台内容可从加州大学伯克利分校的网站上关于 Keith Johnson 教授的介绍版块获取。

网络平台中有一些互动性的学习内容和考试练习,是纸版书的好帮手。它不仅是一本互动性的电子书,还保留了原先光盘上所有的录音材料(这些都和屏幕上的按钮和图表相连接)。例如:第八章(声学语音学)中,有彼得于1971年制作的一张示意图的更新内容。点击屏幕上的某个按钮,可以听到每个共振峰的发音,也可以听到几个共振峰结合在一起的发音。单击鼠标右键,还可以看到相应的语图。实际上,书中任何地方录音材料的语图都可以通过点击右键获得。单击Alt键还可以打开新的窗口,把录音材料保存在自己的电脑上,方便以后研究使用。

第八章 语音合成示意图

语音能够用一系列的参数来界定,这些参数要么跟发音特征(生理特征)有关,要么跟声学特征(物理特征)有关。

如下表,有些特征是孤立存在的。比如,第一个参数特征(由数字1所代表的列)是一个单声调噪音,只有第一共振峰的共鸣频率。其语图上也只显示一个共振峰。第四个参数特征则把前三个共振峰连接起来,而第五个特征只是一个塞音的爆破和摩擦过程,第七个特征显示最普通的基本频率变化。

	生理特征	声学特征	1	2	3	4	5	6	7
1	声带的振动频率	基本频率							
2	声带的第一次共鸣	第一共振峰频率	○						
3		第一共振峰振幅							
4	声带的第二次共鸣	第二共振峰频率		○		○			
5		第二共振峰振幅					○		○
6	第三次共鸣	第三共振峰频率			○				
7		第三共振峰振幅							
8	摩擦和塞音爆破	噪声频率中心					○		
9		噪声振幅							

注:这段语音是彼得·赖福吉于1971年在加州大学洛杉矶分校的一个语音合成器上完成的。各参数的值和John Homes 的相比,有所变动。

在网络平台中,我们新增了许多互动性练习,全都提供了正确答案,其目的不是为了测试,而是为了帮助学生更好地复习所学内容,检验自己的理解程度。做过这些练习的一些学生反馈说练习非常"有趣"。

书中类似于 的图标表示网络平台中有更多相关内容(如录音材料等)。

网络平台还有一个功能,就是:当学生做完练习后,它会颁发证书,在屏幕下方显示:"save me, print me, show me to your teacher!"

> **A Course in Phonetics**
> This document certifies that you completed exercise 10A
> Completion time:Sat Aug 03 2013 22:29:54GMT-0700(PDT)
> (save me, print me, show me to your teacher!)

致 谢

在第六版序言中,我说过:"起点高的时候,相对于往上走,往下走的可能性更大。"编写第七版时,我牢记这一点,努力避免因改动而造成对原书内容的破坏。在此,衷心感谢所有同人、学生以及出版社工作人员给予的支持和帮助。

亚利桑那大学的 Natasha Warner 为第六版写了一篇很详细的书评,我从中受益匪浅。第五章的语调部分得益于如下学者的建议和帮助:西蒙菲沙大学的 Susan Russell、波特兰州立大学的 Christina Gildersleeve-Neumann、纽约大学的 Lisa Davidson、韦尔斯利大学的 Angela Carpenter、华盛顿大学的 Richard Wright、加州大学洛杉矶分校的 Pat Keating,以及新墨西哥大学的 Ian Maddiesson 和 Caroline Smith。尤其要感谢的是俄亥俄州立大学(Ohio State Universty)的 Mary Beckman 和加州大学洛杉矶分校的 Sun-Ah Jun。另外,在编写第四章时,牛津大学的 John Coleman 教我如何分析元音的核磁共振照片,英国哥伦比亚大学的 Molly Babel 教授对网上练习提出了很多建议,还提供了图 4.3 的"American no. 2"的录音材料,并为网上词汇练习中的 Minnesota 配音。澳大利亚莫纳什大学的 Alice Gaby 为网上录音剪辑中的 Australia 配音。加州大学伯克利分校的 John Sylak-Glassman 为我纠正了网络平台上许多高加索语言方面的错误。南加州大学的 Shri Narayanan 为网络平台提供了许多核磁共振照片。加州大学洛杉矶分校的 Bruce Hayes 为网络平台中的美式发音配音。詹妮·赖福吉从始至终都用她的幽默和鼓励来回应我对彼得所做工作的改动。

伯克利分校的学生(Sarah Bakst、Emily Cibell、Greg Finley、Clara Cohen、Will Chang、Melinda Fricke、Grace Neveu、Ruofan

Cai、Taylor Hickok）为网络平台练习提供了反馈意见,在此深表谢意!

最后,还要感谢圣智出版公司的工作人员,尤其是 Joan Flaherty 精读了全部的修改稿,并指导了整个出版过程。

凯斯·约翰逊

伯克利,加州

2013 年 8 月 6 日

关于作者

彼得·赖福吉(1925—2006)是语音学界的杰出代表。他于1958年在苏格兰的爱丁堡大学获得博士学位。他创立了加州大学洛杉矶分校的语音实验室,并一直担任实验室主任(1962—1991),同时还是语言学系的教授。他对于语言学理论的贡献是巨大的,在很多方面加深了人们对语言的认识和理解。他的田野调查遍布全球各地,用仪器记录和描述了许多鲜为人知的语言,并对成千上万种语言的语音进行了编目。对于科学的研究方法和先进的实验仪器,赖福吉不但自己不断实践,还鼓励别人去实践。而且,他对国际音标系统进行了修改,添加了不少新的语言,还在濒危语言的保护上花了大量的精力。业余时间,他为法庭取证提供咨询,还为电影《窈窕淑女》担任方言指导,并为其中的角色配音。

因其对语言学和语音学的重大贡献,对教学工作的热情,以及对一大批博士生和年青教师的指导和培养,赖福吉将永远令人怀念。

凯斯·约翰逊1993年至2005年在俄亥俄州立大学的语言学系教授语音学课程,现在是加州大学伯克利分校语言学系教授。他的代表作是《声学和听觉语音学以及语言学的量化分析法》。他于俄亥俄州立大学获得博士学位,并曾在印第安纳大学(在认知心理学方面)和加州大学洛杉矶分校(同彼得·赖福吉以及 Pat Keating 一起)指导博士生。

上篇

基本概念

第一章 发音学与声学

语音学是描写语音的科学。不同语音学家可以从不同角度对语音进行描写,有的语音学家对语言音质差异感兴趣,有的语音学家对听和说的认知过程感兴趣,而有的更关心语音的病理现象,一些语音学家尝试着帮助人们掌握英语中特殊的发音,还有一些语音学家在探索让计算机更灵活发音的方法,或者让计算机识别语音。为了达到这些目的,语音学家需要研究人们说话时的发音生理以及语音描写方法。

言语的产生

首先我们来描述一下语音是怎样产生的。大部分语音是舌和唇运动的结果。我们认为这些运动是形成特定语音的口腔姿势。尽管我们可以通过可视的手势来传递信息,但语音却是一种更有效的信息传递方式。舌和唇运动所产生的语音是可以听到的,因此人们可以听到并识别语音。

口腔调音器官的音姿只有通过肺部呼出来的气流和喉头各个部位的协调运动才可以产生语音,这种喉中发出的最基本的语音是通过舌和唇的运动变成不同的语音的。后面我们将研究舌和唇是怎样通过大约 25 种不同的动作变化来形成英语中的语音的。我们可以通过一个 X 光视频(参看 http://linguistics.berkeley.edu/acip/)来观察一些发音动作。图 1.1 是说短语 *on top of his deck* 的 X 光视频片段(详细的视频说明参照书后的"资料来源")。我们根据这 12 个片段序列(一个视频的每四个片段中取一)的图把舌头轮廓清晰地画出来。各片段右边的字母代表该片段所发出的语音。图 1.1 中每一张图片显示了舌和唇迅速地从一个位置移到另一个位置的过程。如果想了解舌和唇的运动速度,你可以从 X 光视频观看。

例 1.1 显示发短语 *on top of his deck* 时调音部位的运动过程。即使以正常的语速说这个短语，舌头运动也很快。舌头变化是人们能发出的最快、最精确的动作之一。

图 1.1 | 发 *On top of his deck* 的 X 光视频

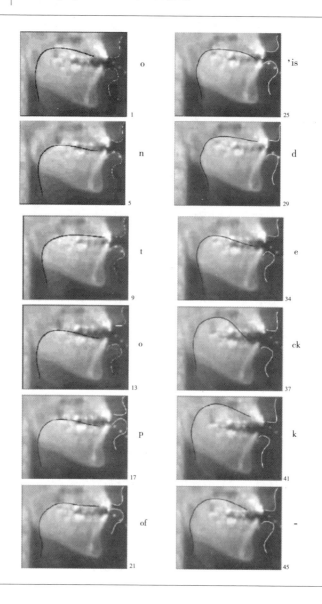

发出任何语音都需要能量,几乎所有语音的能量都产生于呼吸系统中的肺气流。请试着说话时吸入气流,尽管你能做到这一点,但是这比你呼出气流说话要困难得多。当你说话时,肺气流进入到气管,然后是经过由两块小肌肉组成的声带进入咽腔。如果声带是张开的(当呼吸的时候,你的声带就处于这种状态),气流会比较顺畅地进入咽腔和口腔;如果声带之间被调整成一条很窄的缝隙,气流会使声带颤动。声带振动形成的语音叫作带音或**浊音**(voiced);相反,声带张开形成的语音叫作不带音或**清音**(voiceless)。

为了区别浊音和清音,请试着发一个长 v,我们把这个长 v 标记为 [vvvvv]。(如左侧图标所示,网络平台中有相应的录音材料)现在再发一个长 f,标记为 [fffff],交替着发这两个音 [fffffvvvvvfffffvvvvv](按页边空白处的图标指示,网络平台上有相应顺序的录音文件)。这两种音都是同一个口腔部位形成的,它们的区别是:[v] 是浊音,[f] 是清音。发 [v] 时,如果把手指头放在喉头上,你可以感觉到声带振动。如果捂住自己的耳朵,你可以更容易听到振动的嗡嗡声。

浊音和清音之间的差异对区别语音常会起到重要作用。下面 fat, vat; thigh, thy; Sue, zoo 词中,每组第一个单词的第一个辅音是清音,而第二个单词的第一个辅音是带音。你自己试一下,发每个词的第一个辅音,并根据上面介绍的方法去体会浊音和清音的区别。再试着另找几组词,每组词中的第一个词开头辅音是清音的,而第二个词开头辅音是浊音的。

喉部以上的气流通道叫作**声道**(vocal tract)。图 1.2 显示了声道在头部的位置(实际上这幅图是赖福吉很多年以前的自拍照)。声道形状是形成语音的一个重要因素,我们将经常提到叠加在照片上的声道轮廓线。值得注意的是气流通过的声道分为口腔和鼻腔两部分。口腔包括口部和咽喉部,鼻腔在鼻内。当口腔后部的小舌下垂(如果闭着嘴用鼻子呼吸,就处于这种状态),气流从鼻腔进出。[m] 和 [n] 发音时声带振动,气流从鼻腔流出。因为鼻内气流通道的边界取决于鼻内软组织的变化范围,所以鼻腔上部用虚线表示。

声道内组成部分可以用来形成不同的语音,如舌和唇,称之为调音部位。在讨论这些

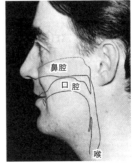

图 1.2　声道

调音部位之前,我们先整体上总结一下语音形成的机制。图1.3显示了语音形成中的四个主要组成部分:气流过程、发声过程、口-鼻过程和调音过程。气流过程包括所有为发音提供能量的气流排出方式。(我们在后面也会看到气流被吸入的方式)。目前,我们只考虑了呼吸系统,肺气流是这个过程中的主要原动力。发声过程这个名称主要以声带状态来命名的。这一过程只有两种可能,声带振动形成的浊音和声带不振动形成的清音。口-鼻过程决定了气流是从口腔呼出(如发[v]和[z]时)还是从鼻腔呼出(如发[m]和[n]时)。与口腔上腭和咽腔相关的舌唇运动是调音过程一部分。

图 1.3 | 发音机制的四个主要组成部分

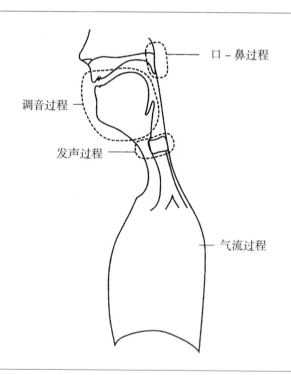

声 波

上文是从语音产生方面所进行的描述,也可以通过听到的语音来描述,这种描述方式取决于语音的声学结构。基于诸多原因,我们需要对语音的声学特征进行描写(参看凯斯·约翰逊的《声学和听觉语音学》)。语言学家和语言病理学家想知道一个音是怎样和另一个音相混淆的。当我们要描述一些音(如元音),描述声学结构会比描述其相关发音活动要好些。声学知识有助于人们认识计算机怎么合成语音和识别语音的(这部分内容在赖福吉的《元音与辅音》中有更详细的介绍)。而且我们常常不可能得到显示发音人说话时的照片或X光片,通常只能通过录音才能得到永久的语音数据,因此,如果想得到可供研究的永久语音数据,就必须对所录制的音进行分析。

语音和其他声音一样,可以从三个方面加以区别。它们在音高、音强、音质这三个方面存在异同。两个元音在音高和音强方面完全相同,但由于音质不同可以将其区分开来,如 *bad*、*bud*。另一方面,元音音质也许相同,但也可以通过语音的高低或强弱把这两个音区分开来。

声音是由在空气压力下瞬息发生的一个接一个的微小振动组成的。这些振动是肺气流冲击发音人的调音器官(大部分)而形成的。发浊音时,声带的振动将呼出的肺气流打散,以致高气压下的振动与低气压下的振动交替出现。由气压形成的振动以声波的形式在空气中传播,有点儿像池塘里的涟漪。当它们到达听者耳朵里时,会引起鼓膜振动。声波的曲线图和鼓膜运动的曲线图非常相似。

图1.4(第8页)的上半部分是赖福吉发的 *father* 一词振幅变化的波形图。纵轴代表气压(相对于常态环境气压),横轴代表时间(从开始那一刻计算)。如图所示,发这个词用了0.6秒。图的下半部分是 *father* 一词第一个元音的波形图。在空气压力下,主要波峰每隔0.01秒(百分之一秒)出现一次。这是因为我的声带约一秒钟振动一百次,使得空气也一秒钟振动一百次。这部分图显示了跟四次声带振动相对应的的气压变化。在空气压力下,每一秒钟振动一百次的同时还有一些比较小的振动,我们可以看到每0.01秒的振幅里有小小的变异,这是因为发音时声道形成了特定的形状,气流通过声道产生振动。

图 1.4 上半部分是 *father* 整个词的波形,但是由于时间刻度被压缩得很厉害,不能看到振幅变化的详情,能看到的是每一根几乎垂直的线所对应的每一次声带振动。*father* 中的 [f] 跟接下来的元音相比,振幅较低,振动比较小,也比较随意。因为声带没有颤动,所以振动没有规律。(因声音较低,气压变化很小,几乎等于零)。

人的耳朵在听到声音后,会按照频率把它分解为不同成分。因为听觉神经纤维对频率变化是非常敏感的。为了能让眼睛看到我们所听到的东西,只有对声音进行频谱分析,并制作成**语图**(**spectrogram**)。这个分析过程如图 1.5 所示(该图的网络平台有注解)。

图 1.4 | 赖福吉所发 *father* 一词元音时出现的振幅变化

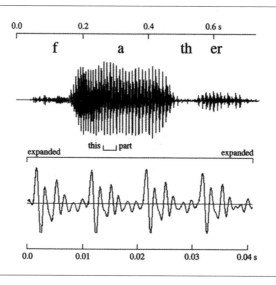

如图 1.4,擦音和元音在振幅和频率周期上存在区别。图 1.5 分析的语音序列是词 *shah* 中的 [ʃɑ]。箭头 1 代表 *sh*,箭头 2 代表元音 *a*。不同振幅用不同灰度表示,这一点从图上看一目了然。振幅随着时间的变化而变化,声谱反映的是极短时间内的变化。我们把振幅灰度表加以旋转(如箭头 3 和 4 所示)并把它们和语图(横轴表示时间,纵轴表示频率)并列放置。振幅高低用不同灰度显示,也就是,根据振幅的高度,语图用不同深浅的灰度表示。图 1.5 其实是由 213 个小的声谱"片段"组成的,在发音过程中它们之间平均间隔 2 毫秒。

图 1.5 语图是怎样制成的？在对声波进行分析的过程中，不同振幅用不同灰度表示；颜色越暗，说明振幅越高。然后将频谱片段加以旋转，并列放在三维的语图中。横轴表时间，纵轴表频率，灰度表振幅。

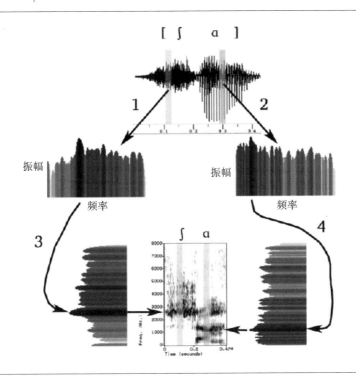

语图很好地模拟了人耳的听觉过程，可以说是对语音的最佳视觉展示。语图上所看到的信息和人耳如何接收语音信号密切相关。同时，语图也把音姿进行了简化，因为每一次发音都会在图上留下声学"印记"。比如，图 1.5 中的 *sh* 音和专家眼中（经过训练的眼睛）的 *s* 音完全不同。本书中有很多语图，网络平台上也有很多，慢慢地，你就能熟练地看懂图上的信息。

🔊 音姿部位

声道中可以形成声音的部分叫调音器官，它由上下两部分组成。下部器官很灵活，跟上部器官接触后就会形成不同的音姿。请发 *capital*，注意观察你的舌和唇主要活动情况。发第一个音时舌面后上抬跟腭接触,然后还原并准备发后面的元音。发 p 时,双唇紧闭,到发后面的元音时再分开。大部分人在发 t 和 l 时,舌尖上抬。

声道上部主要部位的名称如图 1.6 所示。上唇和上齿(前门齿)是常用部位。上齿后部可以用舌尖感觉到的突出部位是**龈脊**(**alveolar ridge**)。上腭前部是由骨组织构成的**硬腭**(**hard palate**),你可以用手指尖在口腔后部摸到。上腭的后部是**软腭**(**soft palate**)或**软口盖**(**velum**),大多数人都不能将舌头后卷到这里。软腭是一块肌肉,它能抬起顶住咽后壁,堵塞鼻腔,将口腔和鼻腔完全隔离开来,防止气流从鼻腔流出。这种状态就是人们常说的**软腭持阻**(**velic closure**)。位于软腭末梢的是小舌,小舌和喉壁之间的通道是咽腔。咽腔后壁也是声道上部的调音部位之一。

图 1.6 | 声道上部的主要部位

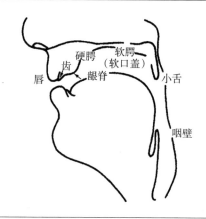

图 1.7 显示了下唇和声道下部舌头的不同部位名称。舌尖和舌叶是最灵活的部位。舌叶后部用专业术语称就是舌面前,实际上是舌体前部。在自然状态下,它位于硬腭下边。舌体其余部分又可分为舌面中、舌面后和舌根三个部分。舌面中跟硬腭和软腭部分对应,舌面后跟软腭上下对应,舌根跟喉壁前后对应。舌根的下部跟会厌软骨相接。网络平台第一章的练习 A 是个非常有趣的互动练习,能帮你记住这些调音部位的名称。

图 1.7 | 声道下部的主要部位

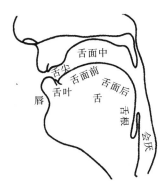

请记住这些术语,并发 *peculiar* 这个词,试着对调音器官的活动进行描写。你会发现,在发第一个音时,上下唇合拢,舌体中后部抬起,但它是跟硬腭还是跟软腭发生接触呢?(大多数人发音时,舌体中后部跟软硬腭相交的部位接触)注意发 *l* 时舌的位置,大多数人是用舌尖抵住龈脊。

现在比较 *true* 和 *tea* 两个词的发音,发哪个词时舌头更靠前?多数人发 *tea* 时用舌尖或舌叶抵住龈,而发 *true* 时,舌尖或舌叶的位置稍微靠后。试着区别其他辅音的不同。如 *sigh* 和 *shy* 以及 *fee* 和 *thief* 的第一个辅音。

看上面的示意图时,重要的是要记住这个图只是二维图。声道是一个管子,舌头两侧的位置和舌头中部的位置可能会很不一样。例如:发 *sigh* 时,舌头中部向下凹,而发 *shy* 时不会出现这样的情况。我们很难用一个仅显示舌头中线的二维示意图(就是所谓的正中矢状面图)来呈现这种不同。本书将很大程度地运用声道器官正中矢状面示意图来表示舌位的变化,但我们永远不会使这个简单的示意图成为表达语音概念的唯一基础。

要形成辅音,气流经过声道在某些部位必须受到阻碍。根据气流受阻的部位和方式,辅音还可以分类。在多数语言中,可以形成阻碍的主要部位有双唇、舌尖、舌叶和舌面后部。用双唇所发出的音叫**唇音**(labial articulations),用舌尖或舌叶所发出的音叫**舌冠音**(coronal articulations),用舌面后部所发出的音叫**舌面音**(dorsal articulations)。

如果无需详细指出调音部位,那么,我们可以用这些术语描写英语(和另外一些语言)辅音的发音。例如:topic,第一个辅音是舌冠辅音,中间的辅音为唇辅音,最后以舌面后辅音收尾。(可以通过自我感受来检测一下这种描写,发第一个辅音时舌尖或舌叶抬起,是舌冠辅音;第二个辅音双唇紧闭,是唇辅音;最后一个辅音发音时,舌后部抬起,是舌面后辅音。)

然而,这些术语并没有为以语音学为目的的研究提供足够详细准确的音姿。我们需要了解更多,不仅限于哪个调音器官发出的语音,了解唇部、舌冠和舌面后这些术语所包含的意思的同时也需要了解声道上部的哪些部位与发音有关。在图1.8中,已经用箭头从低到高将更多的特定调音部位标出来。由于很多音涉及舌冠部位,所以图的右边来做了更详细的说明。下面是根据描写英语的阻碍方式来归纳的主要术语。

1. **双唇音(Bilabial)**

    由上下唇形成。如发 *pie*、*buy*、*my*,注意在发每个词第一个辅音时双唇是怎样闭合的,请找一组以唇音收尾的词进行比较。

2. **唇齿音(Labiodental)**

    由下唇和上齿形成。大部分人发 *fie*、*vie* 等词时,使下唇抬起接触上齿。

3. **齿音(Dental)**

    由舌尖或舌叶和上齿形成。发 *thigh*、*thy* 时,一些人(多数是中西部以及西海岸说美式英语的人)将舌尖从上下齿之间伸出,另一些人(多数为说英式英语的人)的发音是舌尖位于上齿后背。两种发音在英语中都很普遍,被称为齿音。如果需要区别这两种发音的话,舌尖从上下齿之间伸出的音可以称之为**齿间音(interdental)**。

图 1.8 声道的矢状面示意图。箭头所指是英语的调音部位,右边是舌冠部位的详细情况。

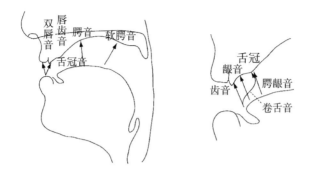

4. **龈音(Alveolar)**

由舌尖或舌叶和龈形成。在英语中,龈阻碍有两种可能性,你应该能找出自己用的是哪一种。如发 *tie*、*die*、*nigh*、*sigh*、*zeal*、*lie*,用的是舌尖或舌叶。你可能会用舌尖发这些词,用舌叶发另外一些词(比如,有些人发[s]的时候,舌尖放在下齿后背,在舌叶和龈脊之间形成缝隙;而有些人发[s]的时候舌尖上抬)。请体会一下你通常是怎样发这组词中的龈辅音的,然后再试试用另一种方法来发这些词。区别齿音和龈音较好的方法是发 *ten* 和 *tenth*(或者 *n*,*nth*)两个词,其中哪个 *n* 的发音更靠后一点?(多数人发第一个音是舌尖抵住龈脊,发第二个音——齿音,是用舌尖接触上齿背)

5. **卷舌音(Retroflex)**

由舌尖和龈后部形成。很多说英语的人完全不发卷舌音,但一些人把 *rye*、*row*、*ray* 等词的第一个辅音发成卷舌音。请注意发这些词时的舌尖位置。一些人发 *ire*,*hour*,*air* 词尾的 *r* 时,也可能发成将舌尖伸向龈的卷舌音。

6. **龈后音(Post-Alveolar)**

由舌叶和龈后部形成。如发 *shy*、*she*、*show* 这几个词。发辅音时,把舌尖平放在下齿后背,或者把舌尖抬起接近龈脊,但舌叶总是接近龈脊的后部。因为这些辅音的调音部位在龈脊和硬腭之间,因此也可以把这些辅音叫作**腭龈音(palato-**

alveolar)。请试发 *shipshape* 一词,先把舌尖抬起,然后放下。注意舌叶总是向上抬起。当吸气时,保持舌叶的位置不变,你会更清楚地感觉到舌叶这个调音部位。吸入的气流使你在舌叶和龈脊后部之间的最狭窄处有凉飕飕的感觉。

7. **硬腭音(Palatal)**

   由舌面前部和硬腭形成。慢慢发 *you* 这个词,你就可以离析出这个词的第一个辅音。如果只发这个辅音,你应该能感觉到舌面前部向硬腭靠近。试着保持发第一个辅音时的状态并吸气,你很有可能感觉到位于舌面前部和硬腭之间的冷气。

8. **软腭音(Velar)**

   由舌面后部和软腭形成。在英语中,*hack*、*hag*、*hang* 等词后面的辅音是调音部位最靠后的音。在这些辅音中,舌面后抬起接触软腭。

根据上面的描写,我们可以把这些音区别开来。第一、第二个音,即双唇音和唇齿音,可以称为唇音,因为它们起码都用到了下唇;后面四个音,即齿音、龈音、卷舌音、腭龈音,有一个共同点是舌尖或舌叶抬起,是舌冠音;最后,软腭音也叫舌面后音,用舌面后部发音。硬腭音有时归为舌冠音,有时归为舌面后音。有关这一点,我们后面还要提到。

要体会不同的调音部位,请仔细体会一下 *fee*、*theme*、*see*、*she* 等词第一个辅音的发音。自己发这些音,看它们是清音还是浊音?注意,发这组清辅音时,调音部位依次向后移动,从唇齿、上齿、龈到腭龈。

口-鼻过程

请体会一下 *rang*、*ran*、*ram* 等词末辅音的发音。发这些音时,要请注意让气流从鼻腔流出。在这些音形成过程中,成阻部位从 *rang* 的软腭部位到 *ran* 的龈部位,然后是 *ram* 的双唇部位,依次向前移动。发每个音时,气流都是从鼻腔通过。因为软腭下降阻止气流从口腔通过。

多数发音是软腭抬起,形成软腭闭塞。当软腭下降时,口腔通道堵塞,所发的音就是我们所说的鼻辅音。软腭的升降统辖着口-鼻过程,是口音和鼻音的一个区别因素。

🔊 调音方式

大部分的调音部位可以有几种基本音姿。调音器官可能会暂时或较长时间堵塞口腔通道,也可以将口腔变得很小,或者通过调音器官彼此接近来改变口腔的形状。

塞 音

调音部位完全闭塞,阻止气流从口腔出来。塞音有两种类型:

口塞音 调音器官在口腔中形成阻碍,软腭上升堵住鼻腔通道,使气流完全受阻。一旦口腔中的压力增大,就形成**口塞音**(oral stop)。当发音成阻部位分开时,气流得到释放,产生很小的爆发音。这类音出现在 *pie*、*buy*(双唇成阻),*tie*、*dye*(龈成阻)以及 *kye*、*guy*(软腭成阻)的辅音中。图 1.9 显示了发 *buy* 双唇塞音时调音器官的位置。这些音在国际音标系统中称作**爆发音**(plosives)。

图 1.9 发 *buy* 双唇塞音的调音器官位置

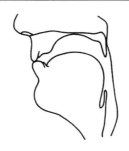

鼻塞音 软腭下降,气流在口腔中完全被堵塞,只能从鼻腔流出,从而形成**鼻塞音**(nasal stop)。这种类型的音出现在 *my*(双唇成阻)、*nigh*(龈成阻)中的第一个辅音和 *sang*(软腭成阻)的最后一个辅音中。图 1.10 显示了 *my* 一词双唇鼻塞音的器官位置。除了刚才说的软腭成阻,这个塞音与图 1.9 中所显示的 *buy* 一词中的双唇塞音之间没有什么区别。虽然这些鼻塞音和口塞音都可以归为塞音,但**塞音**(stop)这一术语通常被语音学家用来表示口塞音,而**鼻音**(nasal)通常用来表示鼻塞音。*day*、*neigh* 开头的辅音分别叫作龈塞音和龈鼻音。因此,塞音狭义上是指受阻的气流只从口腔流出所发的音,但广义上是指完全受阻的气流从鼻腔和口腔流出所发的音。

图 1.10 | 发 *my* 双唇鼻（塞）音的器官位置

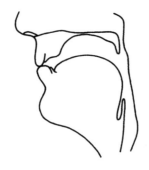

⌒ 擦 音

两个调音部位很接近，形成不完全堵塞的狭窄通道，从而产生湍流。发出这咝咝音就跟风在拐角处形成风哨声的机制类似。*fie*、*vie*（唇齿擦音），*thigh*、*thy*（齿擦音），*sigh*、*zoo*（龈擦音），以及 *shy*（腭龈擦音）等词中的辅音就是**擦音**（**fricative**）。图 1.11 是 *shy* 一词中腭龈擦音的调音部位图。注意舌叶和龈后部之间的声道狭窄情况。像 *sigh*、*shy* 中带有咝声的高频音被称为**咝音**（**sibilants**）。

图 1.11 | 发 *shy* 腭龈（龈后）擦音的器官位置

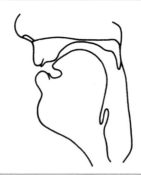

⌒ 近 音

两个调音部位接近，口腔通道变窄，但未到达形成湍流的程度。

发 *yacht* 的第一个辅音时，舌体前部向口腔顶部的硬腭靠近，但未产生摩擦。*we*（双唇和软腭近音）和 *raw*（龈近音，一些人所发之音）中的辅音，也是**近音**（**approximant**）。

🎵 边　音（边近音）

气流在口腔的中部受阻，在舌头的一边或两边跟口腔顶部形成不完全阻塞。请发 *lie* 一词，观察舌头是怎样抵住龈中部。延长发该词的第一个辅音，我们可以观察到，不管舌头跟龈闭塞有多紧，气流都可以畅通无阻地从舌两边通过。因为气流不受阻，也无摩擦，所以这种音也被归为近音。像 *lie*、*laugh* 中的辅音就是龈边近音，通常只称龈边音，它们的近音身份是被默认的。保持发辅音时的位置，并同时往里吸气，你会发现是舌头的哪一边没有与口腔顶部接触。舌头没有与口腔顶部接触的那一边会有凉飕飕的感觉。

🎵 辅音附加调音方式

在这基础性章节中，没有必要讨论世界众多语言所有的调音方式——在英语中也无需讨论。但是，了解**颤音**（**trill**），有时也称作**滚音**（**roll**）和**拍音**（**tap**），有时也称作**闪音**（**flap**）这些术语却是非常有用的。舌尖颤音出现在苏格兰英语的一些词语中，如 *rye* 和 *raw* 中的辅音就是颤音；西班牙语中的滚音 *r* 是颤音；拍音就是舌头直上直下地触一下龈脊像出现在很多美式英语中 *pity* 的中间那个辅音。

一些音的形成不止包含一种调音方式。请发 *cheap*，想想你是怎样发第一个音的。先是舌头抬起接触龈后部形成塞音持阻，然后持阻释放，因此在相同的调音部位产生了摩擦。这种先持阻，然后立即又形成摩擦的联合形式称为**塞擦音**（**affricate**）。在这种情况下形成的是腭龈塞擦音。*Church* 一词开头的辅音和最后的辅音是清塞擦音，而 *judge* 一词开头的辅音和最后的辅音是相应的浊塞擦音。发这些音时，调音部位（舌尖或舌叶跟龈脊）先是成阻，成闭塞状态，然后，成阻部位不是一下完全分开，只是轻微分离。因此在同一调音部位上形成摩擦。你可以自己发这些音来感觉一下调音器官的运动。

英语中以元音开头的词（如 *eek*、*oak*、*ark* 等）在发音开始时有一个**喉塞音**（**glottal stop**）。由于在词的拼写方式中没有表现出来，这个音很容易被忽略。但是，在两个相连词（第一个词以元音结尾，第二个词以元音开头）的发音序列中，喉塞音是比较明显的。比如，*flee east* 就和 fleeced 不同，east 之前有一个喉塞音。

总之，到目前为止我们所讨论的辅音是从五个方面来描写的：(1) 声带状况(浊或清)；(2) 调音部位；(3) 央音或边音；(4) 软腭抬起形成闭塞(口音)，或者软腭下降形成鼻音；(5) 调音方式。

因此 sing 一词开头的辅音是一个(1)清音，(2)龈音，(3)央音，(4)口音，(5)擦音；收尾的辅音是一个(1)浊音，(2)软腭音，(3)央音，(4)鼻音，(5)塞音。

在大多数情况下，不需要把五个方面描述到。除非需要给用来对比的音作一个精确的描述，通常假定辅音是央音而不是边音，是口音而不是鼻音。所以，(3)(4)常常可以省略。因此 sing 开头的辅音，简单地说就是龈清擦音。当描述鼻音时，(4)必须详细说明，但(5)可以不提。所以，sing 最后的辅音，可以简单称为软腭浊鼻音。

辅音的声学特征

这里，我们不会深入研究辅音的声学特征，只是简单关注辅音波形图和语图中的一些明显特征。任何波形都不能明显反映调音部位的特点，但是却能反映塞音、鼻音、擦音和近音这几种主要调音方式的明显差异。此外，正如上指出的，我们也可以从波形上看出浊音和清音之间的差异。调音部位在语图中更容易看出，尽管相较语言交际中的显著作用，语图上的特征依然十分微妙。

图 1.12 上面部分是 It's very central and the apartment is really nice 的波形图，用正常拼法粗略记写的。下面部分是这个句子的语图(该句子是由一个都柏林人发的，在网络平台的"Extras"部分，你可以听到这段发音)。其持续时间为 2 秒钟。

请主要看图中做标记的地方。不管是在波形图还是语图中，it's 和 nice 中的擦音和元音完全不同。但是，and 中的鼻音和 really 中的边音在语图上更明显。

在波形图和语图中分别找一找 nice 中的"n"。即使你还不知道怎么看语图，也很可能发现它上面的一些明显变化(发音时用的力量小了，图上相应部分的颜色就变浅。好像有人用橡皮在中间擦出了一个竖的白条)，而波形图上这一点很难看到。

图1.12　短语 *It's very central and the apartment is really nice* 的波形图和语图

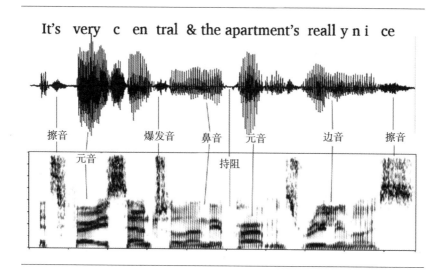

🔊 元音发音

发元音时，调音部位不接近，气流通道相对畅通。因此，发辅音比发元音时更容易感觉到舌头的位置。我们可以用舌头最高点的位置和唇形来大致描述元音（在后面将看到用声学术语进行的精确描述）。图1.13是 *heed*、*hid*、*head*、*had*、*father*、*good*、*food* 中一组词元音调音部位的位置。发这些音时，舌头和嘴唇的运动贯穿整个元音。我们可以从网络平台的X光视频图1.1中看到这些。图中所示的位置是发这些元音的目标位置。

正如你所看到的，所有元音的发音都是舌尖抵住下齿背，舌身呈弧形上抬。请你通过自己的发音来核对一下。你会发现[h]音可以延长，而且，[h]和其后元音之间没有口腔运动。[h]就好像是其后元音的清音版一样。前四个词的元音，舌头的最高点在口腔前部，所以称为**前元音**（front vowels）。在发 *heed* 一词元音时，舌头非常靠近腭部（先保持发这个元音的目标姿势后，试着往里吸气就能感觉到舌位很高，舌和腭非常接近），在发 *hid* 一词元音时，舌头跟口腔上部之间的距离比发 *heed* 一词中的元音时大（发这个元音或者其他大部分元音无法以上述呼气的方式来确定舌和腭之间的距离,因为两个调音器官之间距离比较大,很难通过往里吸气的方式来感觉到舌位的高低),*head* 和 *had* 中的元音,舌位较低。如果对着镜子发这四个词的元音,你会发现,虽然嘴的开口度越来越大,而舌头仍位于口腔前部。*heed* 一词的元音为前高元音,*had* 中的元音为前低元音。而发另外一些词中的元音时,舌位处在这两个端点之间,所以称为前中元音。*hid* 中的元音是次高元音,*head* 中的元音是次低元音。

图 1.13 | 1. *heed*,2. *hid*,3. *head*,4. *had*,5. *father*,6. *good*,7. *food* 中元音的调音器官位置。元音 2、3 和 4 的双唇位置位于 1 和 5 之间。元音 6 的双唇位置位于 1 和 7 之间。

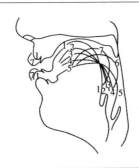

现在我们试着发 *father*、*good*、*food* 中的元音。图 1.13 是发这些元音的器官目标位置。发这三个词的元音,舌头接近声道的后部。这些元音被归为**后元音**(**back vowels**)。在发 *food* 一词元音时,舌体的位置最高(因此称作后高元音),而发 *father* 中的第一个元音时,舌体的位置最低(因此称作后低元音)。*good* 中的元音是后次高元音。当你保持着发 *food* 中的元音姿势时,由于舌头和腭很近,以至于当你吸入空气时,可以感觉到有一股冷气进入口中。

发不同的元音,唇形变化相当大。发次高元音和后高元音(如 *good*、*food*)时,上唇和下唇靠得更近,尽管在一些美式英语中不是这样。请对着镜子发 *heed*、*hid*、*head*、*had*、*father*、*good*、*food* 中的元音,看看你的唇位。你可能发现最后两个词除了因下颌的升降所产生的运动外,还有唇的运动。这种唇形活动叫做圆唇化。唇形前撮运动最值得注意,因此,元音还可以从**圆唇**(**rounded**,如 *who'd*)和**不圆唇**(**unrounded**,如 *heed*)角度进行描写。

总之,元音音姿可以从三个方面进行描述:(1)舌体的高低;(2)舌位的前后;(3)唇形圆展。图 1.14 提供了一个舌位最高点的相对位置。请发图中所示词的元音,检查一下你的舌头变化。虽然在发 *heed*、*hid*、*head*、*had* 这些词元音时你很难感觉到自己舌头的位置,但是可以在发这些元音时,通过观察自己的下颌位置来体会舌体高度。你也可以通过比较 *he* 和 *who* 中的元音来体会前后元音的不同。请默读这些词,集中体会一下与元音相关的舌唇变化。你也能通过发 *he* 和 *who* 中的元音来感觉舌头从前向后移动,并可以感到你的嘴唇变得更圆。

正如图 1.14 所示,从舌头的最高点来说明元音也不能完全令人满意。原因是:第一,一些被称为高元音的音舌位高度并不一致,后高元音(点 7)的舌头高度没有前高元音(点 1)的舌头高度高;第二,所谓的后元音在后的程度上也不一样;第三,你可以通过图 1.13 看到,这种说明忽视了前后元音在舌头形状方面的巨大差异。此外,在说明不同元音舌位高度时并没有考虑到咽腔的宽度,而咽腔的宽度变化范围较大,而且在不同的元音中咽腔并没有完全依靠舌头的高度来变化。我们将在第四章和第九章讨论一些元音描写的好方法。

图 1.14 | 1. *heed*,2. *hid*,3. *head*,4. *had*,5. *father*,6. *good*,7. *food* 中元音的舌体最高点的相关位置

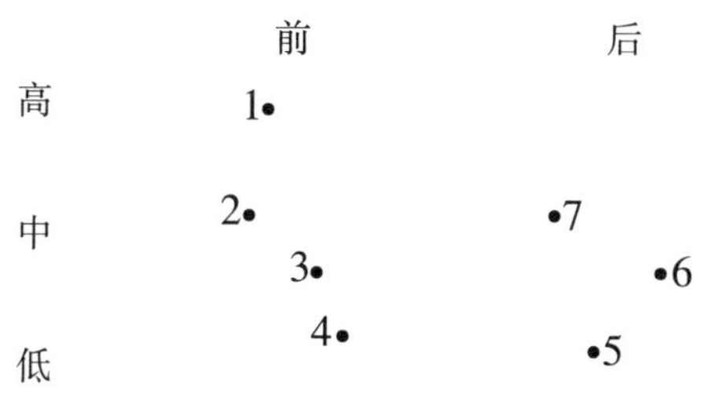

```
              前            后
    高       1•

    中       2•           •7
              3•          •6

    低        4•          •5
```

元 音

研究元音需要很多声学知识,比我们在本书这部分能够用来处理元音的知识要多。这里我们所用的声学知识并不多,但通过这些知识我们能够解释有关元音的一些十分明显的事实。除音叉造成的纯音外,所有声音,包括元音都有一个复杂的结构。我们可以把元音看成是由一系列不同

频率同时构成的声音。其中，它的基频取决于声带颤动所产生的脉冲，它的陪音(overtone)频率取决于声道共鸣腔的形状。这些陪音频率使元音具有与众不同的音质。从图 1.12 的语图中可以看到这些陪音。*Apartment* 中的第二个元音图上有标识，而且，还有三条明显的黑色横杠。这些横杠也出现在其他元音处。这一点我们将在第八章详细讲解，这里我们只是简要地说明如何通过陪音频率将一个元音和另一元音区别开来。

正常情况下，人们不可能把元音各自独立的陪音听成有区别性的音高。对音高的唯一感觉是，所发元音的音高取决于声带振动的频率。但在一些情况下，每个元音的陪音也能听到。请试着发 *heed*、*hid*、*head*、*had*、*hod*、*hawed*、*hood*、*who'd* 这些词中的元音，把这些元音发得长一点。现在再悄声发这些元音。此时声带没有颤动，也没有有规律的音频。但是，你可以听到这组元音形成的一系列声音，而且这些声音的音高依次降低。你所听到的是表现这组元音特征的陪音。*Heed* 中元音的陪音最高，*hawed*、*hood* 或 *who'd* 中元音的陪音最低。这三个元音哪一个的陪音最低取决于你的地方口音。英语口音在这些元音的发音上有一点儿不同。你可以在本章相配的录音材料中听到这些元音耳语声。

EXAMPLE 1.5

还有另外一种方式来形成与上面音相似的耳语音高。试着发一下高音调的哨音，然后发尽可能低的哨音。你将会发现，要形成一个高音调，你的舌头就得处在发 *heed* 一词元音的位置上。要发一个低音调，你的舌头就得处在发 *hawed*、*hood* 和 *who'd* 等词某一元音的位置上。这里我们似乎可以看到一些高的音高和 *heed* 中的前高元音有关，而一些低的音高和后元音有关。发最低的耳语音调时，舌头和嘴唇的动作非常像发 *who* 中元音的动作。我已经发现一种教人发后高元音的好方法，那就是让他们发最低的耳语音调，然后逐渐抬高声音。

将声带颤动的声音减到最低的另一种方式是用一种非常低的嘎裂声（请听网络平台补充材料例 1.4 中相应的录音）来发元音。如此很容易形成这种低音，如 *had* 和 *hod* 中的元音。一些人能发出嘎裂声，在发这种声时，声带颤动的频率非常低，以至你可以听到每一次声带颤动。

请试着用嘎裂声来发 *had*、*head*、*hid*、*heed* 中的元音。你应该能听到其间音高的变化，虽然这些元音的音高是相当低的嘎裂声的频率。当你按照顺序发 *heed*、*hid*、*head*、*had* 中的元音时，你可以听到元音的音高以大致均等的幅度稳定增加。现在用嘎裂声的方法发 *hod*、*hood*、*who'd* 中的元音。这三个元音带有音高平稳降低的陪音。你可以例 1.4 中有赖福吉用英式口音发 *heed*、*hid*、*head*、*had*、*hod*、*hawed*、*hood*、*who'd* 的一段录音。其中，前四个元音的音高逐步增加，而后四个元音的音高是逐步降低的。

总之，元音的音高是多变的，但是不同元音之间是通过两种跟它们陪音相关的典型音高彼此区别开来。*heed*、*hid*、*head*、*had*、*hod*、*hawed*、*hood*、*who'd* 中的元音，大部分都是高频向低频递减，这种情况大致与前后元音间的区别相对应。元音音高高，舌位就低；元音音高低，舌位就高。这跟我们在发音术语中所说的元音高度一致。这些典型的陪音就是元音的**共振峰**（**formants**）。音高比较低的（带有嘎裂声）的共振峰是第一共振峰，音高比较高的（在耳语时能够听到）是第二共振峰。

用共振峰的概念（实际是第二共振峰）来区别元音已经有很长一段历史了。大约在 1665 年，艾萨克·牛顿在他的笔记中就注意到了这一点。他写到："把啤酒或水连续地倒入一个很深的酒壶里，就会发出 w、u、ω、o、a、e、i、y 几个元音的声音。"（这里所用的符号是跟牛顿笔记手稿的字母最接近，这些手稿存放在英国博物馆。这些符号可能是指 *woo*、*hoot*、*foot*、*coat*、*cot*、*bait*、*bee*、*ye* 等词中的元音）。请用水（或啤酒）装满一个又深又窄的玻璃杯，随着杯子逐渐装满，看看你能否听到一些像这些词中元音的第二共振峰一样的东西。

🔊 超音段

可以认为，语音是由元音和辅音组合而成的。元音和辅音组成音节，从而构成话语。附加在音节之上的还有另一些特征，即众所周知的超音段特征，包括重音和音高变化。时长变化通常也被认为是超音段特征，尽管它能影响单一片段以及整个音节。我们把发音及其相对应的语音声学详解放到本书的后面再讲。

英语用重音变化来区分名词和动词，如 (*an*) *insult* 和 (*to*) *insult*。请你自己发一下，并确定哪一个音节是重读音节。然后，比较与其相似的词对，如 (*a*) *pervert*、(*to*) *pervert* 或者 (*an*) *overflow*、(*to*) *overflow*。听补充材料里的录音，你应该能觉察到，在名词中，重音在第一个音节上；在动词中，重音在最后一个音节上。因此，英语的重音可以表达语法意义。重音还可以用来表示对比强调（如：I want a **red** pen, not a **black** one）。重音变化是由(1)呼吸肌活动的增强来实现的。随之，所发出的声音变大；(2)把元音和辅音特征（如元音高度和塞音送气特征）加以夸张；(3)使音高发生变化，以致高音更高，低音更低。

你在发每个音节时试着用手指轻轻地拍打,通常很容易找到重音音节。试试发 abominable,在第一个音节处拍第一下,然后在第二个音节处拍第二下,在第三个音节处拍第三下,依此类推。如果以正常方式发这个词,你将非常容易在第二个音节上找到重音,而不是第一个音节。

由喉头活动引起的音高变化完全不同于重音的变化。这些变化和声带振动的频率有关。在本章的前半部分,我们把声带的振动频率称作"音高",以区别于元音的陪音特征("口腔音高")。音高其实就是唱歌时不同音符的变化。因为声带的每一次开合都在波形图上产生一个气压峰。我们可以通过观察波形图上气压峰出现的频率来估计声音的音高。更确切地说,我们可以用这种方式测量语音的频率。**频率(frequency)**是一个描述语音声学特征的专门术语,也就是一秒钟内振动循环完成的次数。计算频率的单位是赫兹,通常简写成 Hz。如果声带在一秒钟内完成了 220 次开合运动,我们就说语音的频率是 220Hz。图 1.4 中元音[a]的频率是 100Hz,也就是声带每 10ms(百分之一秒)振动一次。

EXAMPLE 1.7

语音的**音高(pitch)**具有一种可感知的特性,它能使听者在不考虑声学性质的情况下区分出语音的高低。实际上,当语音的频率增加时,音高也变高。一些介绍性的课程大多将语音的音高等同于它的基频(fundamental frequency)。但事实上,一些书并没有把这两个术语区分开来,用音高这个术语同时表示一种听觉属性和物理属性。

句子中的音高模式就是人们感知的**语调(intonation)**。当一个人说句子 This is my father 时,请听听它的语调(语音中音高的变化)(你也可以自己说这个句子,或者在补充材料中听它的录音)。试着找出音高最高的音节和最低的音节。多数人发音,音高最高的地方在 father 一词的第一个音节上,音高最低的地方在第二个音节上,也就是句子的最后一个音节上。现在观察一下问句 Is this your father?中的音高变化。此句中 father 的第一个音节的音高比最后一个音节的音高要低。英语中如 That's a cat,从陈述句到疑问句,尽管词序不变,意思却可能发生变化。如果用上升的语调替换下降的语调,就会产生表示惊讶语气的问句:That's a cat?

所有超音段特征需要通过相同话语中的其他成分来表现,音高、音长和重音程度的相对差异才有意义。不管你是大声喊还是轻声说,可以强调一个音节,暗示另外一个音节不重要。孩子跟大人一样也可以有相同的语调模式,尽管孩子的语音要高一些,但他们的绝对值没有语言学意义。当然,他们的语音传达了有关年龄、性别、情感和对讨论题目的态度等方面的信息。

🔊 要点回顾

本章我们介绍了以下几个基本概念:

▷ 声道不同部位的名称。
▷ 辅音发音特征的五个方面:(1)调音部位,(2)调音方式,(3)浊音/清音,(4)口音/鼻音,(5)央音/边音。
▷ 波形图和语图中辅音的声学特征,如振幅、周期和频率等。
▷ 元音描写中的三个方面:前/后、高/低以及圆唇/不圆唇。
▷ 以共振峰频率为焦点的元音的声学特征。
▷ 词重音、句重音和语调等超音段特征。

本书内容以螺旋式编排,本章出现的基本概念还会在书中出现两次:一次和英语语音学(中篇)有关,一次和普通语音学(下篇)有关。

🔊 练 习

A. 在图 1.15 上填写调音器官的名称。

图 1.15

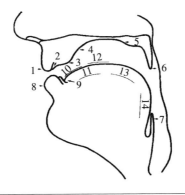

1. _____   2. _____   3. _____   4. _____
5. _____   6. _____   7. _____   8. _____
9. _____   10. _____ 11. _____ 12. _____
13. _____ 14. _____

B. 用下面图表描写 *skinflint* 一词中的辅音。

C. 仿照给出的第一个辅音将下面五栏填好。

	1 清或浊	2 调音部位	3 中央或旁边	4 口或鼻	5 调音方式
s	清音	龈音	中央	口音	擦音
k					
n					
f					
l					
t					

D. 图 1.16 a—g 列举了到目前为止除了卷舌音外我们讨论过的所有调音部位,(我们将在第七章讲解卷舌音)。下面填充:(1)调音部位,(2)调音方式,(3)举一个以这个音作为开头的英文单词。

	(1) 调音部位	(2) 调音方式	(3) 举例
a	_____	_____	_____
b	_____	_____	_____
c	_____	_____	_____
d	_____	_____	_____
e	_____	_____	_____
f	_____	_____	_____
g	_____	_____	_____

图 1.16 | 除卷舌音以外所有已讨论过的音的调音部位

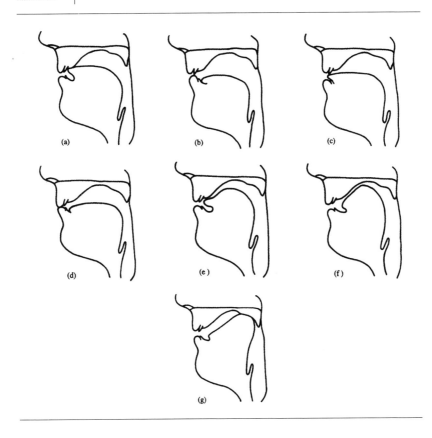

E. 学一门新的学科，经常要涉及大量术语。语音学在这方面又特别具有挑战性。在做这个作业之前请反复阅读本章术语的定义。先把每个词读一遍，然后听发音。注意不要混淆了拼写形式相近的词。发音时可以用镜子帮助区别语音。

1. 圈出以双唇辅音开头的词
   met   net   set   bet   let   pet
2. 圈出以软腭音开头的词
   knot   got   lot   cot   hot   pot
3. 圈出以唇齿音开头的词
   fat   cat   that   mat   chat   vat
4. 圈出以龈音开头的词
   zip   nip   lip   sip   tip   dip

5. 圈出以齿音开头的词

   pie　guy　shy　thigh　thy　high

6. 圈出以腭龈音开头的词

   sigh　shy　tie　thigh　thy　lie

7. 圈出以擦音结尾的词

   race　wreath　bush　bring　breathe　bang
   rave　real　ray　rose　rough

8. 圈出以鼻音结尾的词

   rain　rang　dumb　deaf

9. 圈出以塞音结尾的词

   pill　lip　lit　graph　crab　dog　hide
   laugh　back

10. 圈出以边音开头的词

    nut　lull　bar　rob　one

11. 圈出以近音开头的词

    we　you　one　run

12. 圈出以塞擦音结尾的词

    much　back　edge　ooze

13. 圈出中间辅音为浊音的词

    tracking　mother　robber　leisure
    massive　stomach　razor

14. 圈出含有高元音的词

    sat　suit　got　meet　mud

15. 圈出含有低元音的词

    weed　wad　load　lad　rude

16. 圈出含有前元音的词

    gate　caught　cat　kit　put

17. 圈出含有后元音的词

    maid　weep　coop　cop　good

18. 圈出含有圆唇元音的词

    who　me　us　but　him

F. 根据例子,将下列词中间的辅音区别开来

	清或浊	调音部位	调音方式
a**dd**er	浊	龈	塞音
fa**th**er			
si**ng**ing			
et**ch**ing			
ro**bb**er			
e**th**er			
plea**s**ure			
ho**pp**er			
se**ll**ing			
su**nn**y			
lo**dg**er			

G. 完成图 1.17 的剖面图并说明其中每个词第一个辅音发音时调音器官运动的目标位置。如果是浊辅音,在声门地方画一根波浪线表示声带振动。如果是清辅音,画一根直线。

图 1.17

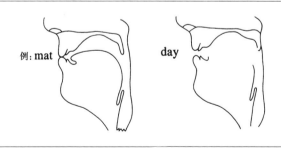

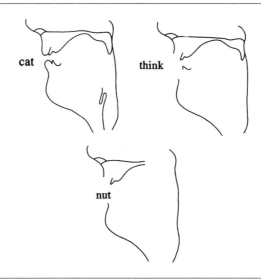

H. 图 1.18 是短语 *Tom saw nine wasps* 的波形。请仿照图 1.11,用通用的拼写字母来标记这个图,将字母标记写在每个音的中心,也要标写调音方式。

图 1.18 | 短语 *Tom saw ten wasps* 的波形

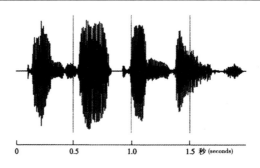

I. 自己说一句话,并制作波形图,展示不同的调音方式。你可以使用 WaveSurfer 软件(http://www.speech.kth.se/wavesurfer/),也可以用 Praat 软件(http://www.praat.org)。

J. 回忆一下 *heed*、*hid*、*head*、*had*、*hod*、*hawed*、*hood*、*who'd* 等词中元音的第一共振峰(嘎裂声中听得最清楚)和第二共振峰(耳语中听得最清楚)。把它们的共振峰和下面这些词的元音共振峰进行比较。

	第一共振峰和哪个词 中的元音共振峰相似	第二共振峰和哪个词 中的元音共振峰相似
bite	_____	_____
bait	_____	_____
boat	_____	_____

K. 下一章我们将开始使用语音学的音标。接下来的练习是通过强调语音和拼写之间的不同来为下一章学习音标做准备。

下面每个词中有多少种有区别的语音？圈出正确的数字。

1. laugh   1   2   3   4   5   6   7
2. begged   1   2   3   4   5   6   7
3. graphic   1   2   3   4   5   6   7
4. fish   1   2   3   4   5   6   7
5. fishes   1   2   3   4   5   6   7
6. fished   1   2   3   4   5   6   7
7. batting   1   2   3   4   5   6   7
8. quick   1   2   3   4   5   6   7
9. these   1   2   3   4   5   6   7
10. physics   1   2   3   4   5   6   7
11. knock   1   2   3   4   5   6   7
12. axis   1   2   3   4   5   6   7

L. 在下面这几组词中，每组词之间元音发音不同的只有一个词，请圈出这个词。

1. pen   said   death   mess   mean
2. meat   steak   weak   theme   green
3. sane   paid   eight   lace   mast
4. ton   toast   both   note   toes
5. hoot   good   moon   grew   suit
6. dud   died   mine   eye   guy

第二章 音系学和语音学标音

很多人认为学习语音学只是简单地学习使用音标。实际上在语音学学习中还有比学会使用这一套符号更重要的内容,语音学家能够描写言语、理解言语发生和感知的机制,并且知道语言是如何利用这一机制的。可见,音标不仅是描写语音的工具,也是理解言语的重要工具。

本章中我们将探讨如何给单念言语(展示某个目的发音模式和发音过程的形式)的语音标音。这叫作言语的**注音形式**(citation style)。它在语言的记录与词汇编纂工作中非常有用,同时也是音系学中最基本的语音描写方式。在第五章,我们将探讨如何给**连续言语**(connected speech)中的语音标音。在对单念言语的一段话进行语音描写时,语音学家一般关心这些语音是如何传达不同的意义。在多数情况下,他们只描写有意义的发音,而不是语音的所有细节。如,在发英语词 *tie* 时,一些人用舌叶抵住齿龈发出辅音 *t*,另一些人则用舌尖抵住齿龈发这个音。这种发音差异不会影响这个词(在英语中)的意义,所以通常不加描写。我们只从关注这种最简单的标音形式入手来研究语音,有时把这种音标叫作宽式标音(broad transcription)。

为了理解音标描写的对象,我们有必要掌握基本的音系学原理。**音系学**(phonology)是描写一种语言语音系统和语音模式的科学,它涉及对一种语言有区别意义语音的研究。也就是,对于形成对立的语音成分,我们首先要判断它是否能区别意义。儿童习得言语时需要作出这样的判断,例如 *white* 和 *right* 两个词的首辅音,儿童起初并没有意识到二者的差别,后来意识到这两个词以不同的音开头,最终他们学会了区分所有能改变词义的语音。另外,他们可能会意识到 *lip* 中的第一个音和 *pill* 中的最后一个音不同,但也有可能把 *pill* 的最后一个音发成起首的 *l*。在向标准的英语发音形式靠近的过程中,他们会逐渐认识到英语语音在词中的分布规律。所以,儿童在习得语言时,不仅要学会能区别意义的音,还要学会如何控制自己的发音器官,并认识到语音的使用和分布规律。

音系分布中有一个基本特征叫作**区别特征**(**distinctiveness**)或**对立特征**(**contrast**)。当两个音能够被用来区分词义时,它们就具有区别或对立特征。这一特征同时也是**音位特征**(**phonemic**)。在语音学和音系学中,"区别""对立"和"音位特征"这三个词几乎同义。比如,你在发 *pill* 和 *lip* 时,舌头是抵住口腔上部不同位置的。如果把 *lip* 中的 *l* 发成 *pill* 中的 *l*,那就应该写作 *llip*。这两个发音因为舌形和舌位不同而有所区别。然而,这种区别不是对立性的,因为不能区别词义——*lip* 和 *llip* 不是英语中的两个不同的词。

这就是说,如果两个词的不同表现在一个音的差异上,那么这肯定是音位差异,如 *white* 和 *right*、*cat* 和 *bat*。具有区别特征的音在语音学标音中具有重要意义,因为我们一方面需要简化标音(不能把所有细微的语音差别都记录下来),另一方面又不能遗漏掉如音位对立这样的重要信息。

我们不能凭拼写形式来判断两个音是否是不同的音位。如,*phone* 和 *foam* 尽管拼写不同,但它们起首音是相同的。再举个复杂点儿的例子,在 *key*、*car* 两个词中,尽管拼写形式一个是 *k*,另一个是 *c*,但我们认为两个词起首音是一样的。当然,在这个例子中,两个音存在着细微差别,并不完全相同。假如你用耳语方式发两个词的起首辅音,极有可能听出其间的差别。你会感到舌头碰到口腔上部的位置有所不同。这个例子说明,有些音之间存在细微差异,但它们并不形成对立。*Key* 和 *car* 起首音虽存在着细微差别,但这种差别在英语中并没有改变词义,因此它们都是同一个音位的成员。

在第一章我们注意到语音的细微变化不会影响意义。比如,发 *true* 时舌头比发 *tea* 时更靠后,*tenth* 中的 *n* 可能是齿音,而 *ten* 中 *n* 通常是龈音。在某些情况下,一个音位的某个成员跟其他成员之间存在很大差异。如,许多美国人(和一些更年轻的英式英语发音人)在读 *pity* 时,所发的 *t* 与 *pit* 一词末尾的 *t* 很不一样。*pity* 中 *t* 的发音更像 *d*。同样,在 *play* 中的 *l* 也是这样。在这个词中,你发起首的两个辅音，但仍然可以听到 *l* 的音(试着发这个音)。当你读出整个词 *play* 时，*l* 是典型的清音，与 *lay* 中 *l* 的发音很不一样。发 *lay* 起首音 *l* 时，你会非常清晰地听到一个浊音。

我们经常要记写所有的语音以及能区分词义的语音对立形式。这种标音被称为音位标音(phonemic transcriptions)。相对晚近的书面语言(如斯瓦希里语和很多其他非洲语言)都是音位拼写系统。在斯瓦希里语中一个句子的书写形式与它的音位标音之间差别非常小。英语的发音经历了几个世纪的变化，但其书面拼写形式仍与当初基本保持一致，所以，英语音位标音与它的书写形式不同。

🔊 辅音标音

在英语中我们可以通过辅音对比来探求音位。有一种分析音位的好方法，就是找到一组组押韵的词。如：所有在词起首位置上只有一个辅音且跟 *pie* 押韵的词。一组词中，能使彼此区别开来的语音单位叫作最小单位(minimal set)。表 2.1 第二栏列出了一系列最小单位。许多跟 *pie* 押韵的词，如 *spy*、*try*、*spry*，它们的最小单位都是以两个或两个以上的语音序列开头的。在列表中有些词的开头是两个辅音字母(*thigh*、*thy*、*shy*)，但它们都是单辅音。以 *shy* 为例，它并不像 *spy* 和 *try* 那样以两个辅音序列开头。你可以把这些词记录下来，这样就可以看到 *spy* 和 *try* 中起首辅音的不同。

有些辅音并没有出现在跟 *pie* 押韵的词中。假如我们允许把字母的名称看作词，那我们就会发现另外一大批以辅音起首的词跟 *pea* 押韵。我们把这类词列在表 2.1 的第三栏。(英式英语发音人要记住，在美式英语中字母表上最后一个字母 *z* 属于这个组而不属于跟 *bed* 押韵的一组词。)

即便在这个表中，我们仍落下了一些只跟那些在词中间或末尾形成对立的辅音。字母 *ng* 经常代表一个单辅音，而且不出现在词的开头。在 *rang* 一词的末尾你能听到这个音，它和其他鼻音如 *ram*、*ran* 中的鼻音形成对立，虽然，*rang* 中的元音在英语的不同变体中稍有区别。同样，*mission* 和 *vision* 的中间存在具有对立性的辅音，尽管现在英语中很少有词通过这个对立来区别。(在我的英语中有那么一组词是用此来区别的，表示一组岛屿名称的词——*Aleutian* 和 *allusion*)，我们把描写了这些辅音的词列在表 2.1 的第四栏。

表 2.1 中的大部分音标跟我们用来拼写词的字母一样,只有小部分有细微差异。语音拼写和语音学应用上的差异体现在字母 *c* 中。有时它用来表示辅音 [k],比如 *cup*、*bacon*,但有时又用来表示辅音 [s],比如 *cellar*、*receive*。在同一个词中,两个 *c* 甚至可以分别表示 [k] 和 [s],比如 *accent* 和 *access*。有时音标音值与相对应字母不同,如 [g],它被用来表示 *guy* 和 *guess* 中的音,但从来不会表示 *age* 中的 *g* 或者字母 *g* 的音值。

表 2.1	表中符号用来记录英语辅音(在其他书中也可能用别的替换符号,见括号),最后一栏是对第一栏语音学音标的传统叫法。			
p	pie	pea		小写字母 *p*
t	tie	tea		小写字母 *t*
k	kye	key		小写字母 *k*
b	by	bee		小写字母 *b*
d	dye	D		小写字母 *d*
g	guy			小写字母 *g*
m	my	me	ram	小写字母 *m*
n	nigh	knee	ran	小写字母 *n*
ŋ			rang	eng(或 angma)
f	fie	fee		小写字母 *f*
v	vie	V		小写字母 *v*
θ	thigh			希腊字母 *theta* 的竖起形式
ð	thy	thee		来源于盎格鲁-撒克逊语的字母 *eth*
s	sigh	sea	listen	小写字母 *s*
z		Z	mizzen	小写字母 *z*
ʃ(š)	shy	she	mission	esh(或长的 *s*)
ʒ(ž)			vision	长的 *z*(或者 *yogh*)
l	lie	lee		小写字母 *l*
ɹ	rye			例写的字母 *r*
j(y)		ye		小写字母 *j*
h	high	he		小写字母 *h*

请注意下面音标:

| tʃ(tš) | chi(me) | chea(p) |
| dʒ(dž) | ji(ve) | G |

我们还需要用另外一些符号来补充常规的字母表。我们将采用的符号是国际语音学会(International Phonetic Association)所创制认可的部分音标。国际语音学会成立于 1886 年,由法国、德国、英国、丹

麦等国家的语音学家组成。本书的封二、封三提供了一套完整的国际音标，从第六章一直到最后一章还将详细讨论这套音标。因为需要不断地提到这些音标，它们的名称都在表 2.1 的最后一栏里。

rang 末尾的软腭鼻音，是由字母 *n* 和字母[g]的尾巴组成，记作[ŋ]。有些人将这个音标称为 *eng*，还有些人称之为 *angma*。[θ] 是希腊字母 *theta* 的竖起形式，用来标记清的齿擦音，如 *thigh*、*thin*、*thimble*、*ether*、*breath*、*mouth* 等词中的 *th*；[ð] 叫作 *eth*，来源于盎格鲁-撒克逊语的一个字母，用于标记 [θ] 对应的浊音，如 *thy*、*then*、*them*、*breathe* 中的 *th*。这两个音标是竖起来的（字母标写在基准线上，而不在其下）。英文的拼写系统不能区分 [θ] 和 [ð]，因为它们都写成字母 *th*，如 *thigh*、*thy*。

shy、*sheep*、*rash* 等词中腭龈清擦音 [ʃ]（长 *s*），就像把 *s* 拉长、拉直，标写在基准线上下。与其对应的浊音音标 [ʒ]，就像一个长 *z*，延至到基准线下。这个音出现在诸如 *vision*、*measure*、*leisure* 几个词的中间，以及一些外来词的开头，比如法语词 *Jean*、*gendarme*，还有一些外来名字也有这个音，如 *Zsa Zsa*。

rye 一词起首的音被标记为 [ɹ]，一个倒写的字母 *r*。其实，究竟是用倒写的 *r* 还是正写的 *r* 来标记 *rye* 的起始音，问题并不大。但由于要和 IPA 系统保持一致，所以在这个版本中，我们用 [ɹ] 来标记。

世界语言中的 *r* 音一般以颤音或滚音形成出现在西班牙语、芬兰语、俄语、阿拉伯语、波斯语和泰语等语言中。国际音标系统需要使用字母[r]的最常见形式来标写 *r* 音的常见变体。这就造成了不同的语音学教科书使用不同形式的语音学标音方式。这并不是因为语音学家们对于使用哪一套符号没有达成一致，而是因为在某个特定的情况下用某种风格的标音会比其他标音方法更合适。本书与普通语音学相关，所以对 *yes*、*yet*、*yeast* 等词的第一个辅音我们用国际音标 [j] 表示，这样我们可以用音标 [y] 描写另一个音，即法语词 *tu* 中的元音。采用 [j] 的另一个原因是，在很多语言中（如德语、荷兰语、挪威语、瑞典语，等等）这个字母用在如 *ja* 这样的词中，它的发音在我们英语的拼写系统中用字母 *y* 来拼写。只关注英语语音学的著作一般都在该用 [j] 的地方用 [y]。一些语音学书用 [š] 和 [ž] 分别代替国际音标 [ʃ] 和 [ʒ]。*church* 和 *judge* 中的起始音和结尾音都是用两个符号标写的：[tʃ] 和 [dʒ]。这两个塞擦音是由一个擦音构成的（国际音标用两个符号来标写），但是它们在英语中的功能和其他单个音是一样的，尤其和其他单个的塞音一样。如果你读一下短语 *white shoes* 和 *why choose* 并做比较，就可以发现 *choose* 可能以 [tʃ] 起首。在第一个短语中，[t] 在前一个词的末尾，而 [ʃ] 在下一个词的起首处；但在第二个短语中，这两个音在第二个词的起首处一起出现。这两个短语的读音差异只是发音时间选择的不同而不是发音的不同。*why choose* 中的塞擦音有一个特别短促的擦音起始，塞音和擦音发音的前后顺序相比 *white shoes* 一词更严格。而且，有些发音人可能把 *white* 中结尾的 *t* 发成一个同时具有龈塞音和喉塞音性质的音，但塞擦音 [tʃ] 中的 *t* 永远不会发为喉塞音。另一组短语 *heat sheets* 和 *he cheats*、*might shop* 和 *my chop* 的读音也证明了这一点。因为英语没有以 [ʒ] 起首的词，所以就没有用来说明与 *jar*、*gentle*、*age* 等词同一位置上的浊音 [dʒ] 读音相同的短语了。

另一些语音著作认为 [tʃ] 和 [dʒ]（如在 *church* 和 *judge* 中）确实只是独立个体单位，最好用一个单一的符号给它们标音，比如 [č] 和 [ǰ]。这种用单个符号来标音的方式其实强调了塞擦音是单音的事实。有些语音成分是由两个音组成的（如双元音），在标音时，最好把两个音都展现出来。而且，我们还可以用连接符号 [⌢] 来说明所记的音是单个塞擦音而不是辅音丛。因此，*why choose* 中的塞擦音可被记作 [t͡ʃ]，以区别于 *white shoes* 中的辅音连缀 [tʃ]。以元音起始的词在发音时可能有一个喉塞音（第一章我们曾讲过 *flee east* 和 *fleeced* 的区别），标音时用类似问号的 [ʔ] 来表示。*flee east* 标写为 [fliʔist]，而 *fleeced* 则标写为 [flist]。因其分布的有限性，喉塞音在英语中是不是一个独立的音位仍有争议。其他辅音都能出现在词的不同位置（如 *cat*、*scab*、*back*、*active*、*across* 中的 [k]），喉塞音只出现在美式英语中以元音开始的词中。比较 *east* [ʔist] 和 *yeast* [jist] 的发音，"元音起始的"词 *east* 前有一个喉塞音。在伦敦考克尼口音中，喉塞音还出现在像 *butter* 和 *button* 这样的词的两个元音之间，其他方言可能把它发作 [t]。在美国口语中，*cat* 和 *bat* 中结尾的 [t] 也能被喉化，或（更常见的是）发音时加一个喉塞音（也就是 [bæt͡ʔ] 和 [kæt͡ʔ]）。

关于英语具有对立性的辅音标音还有一个小问题要考察。在大多数不同形式的英式英语和美式英语中，*which* 和 *witch* 并不对立。因此，*why* 和 *we* 在表 2.1（第 35 页）中我们都说它们是以 [w] 开头的。但一些说英语的人区别这一对对的词，如 which、witch；why、wye；whether、weather。这些词对儿中前一词的开头辅音听起来很像 [hw]，所以，这也不失为一个标写这个清音 w 的最佳方式，但国际音标系统使用的是[ʍ]。

🔊 元音标音

给英语中具有对立性的元音（元音音位）标音比辅音标音要更难。原因有二：一是英语口音中元音的使用差别比辅音大；二是专家们在使用哪种符号给元音标音的问题上有分歧。

我们采取寻找辅音对立的方法来找元音对立，请试着找找可以区别元音的一组最小对立的词。如，我们可以找一批以 [h] 开头、以 [d] 结尾的单音节词，并增补一批只有元音差别的单音节词，构成一组最小的词。表 2.2 是五组这样的词，你可以听听网络平台上五组词的发音，并阅读下面对这些元音的讨论。

我们会考虑到英式英语和美式英语两种形式的差异。这两种形式的最大区别在于，美式英语把元音前后的 [ɹ] 都发出来，而在英式英语中，[ɹ] 只出现在元音的前面。美式英语为了区别不同的词，如 heart 和 hot，不是通过元音的不同音质来区分（和赖福吉的英式英语发音不同），而是发 heart 时带着 [ɹ]，hot 跟 heart 的元音音质相同，只是其后没有 [ɹ]。发音人在发 here、hair、hire 时可能会分别把元音发得跟 he、head、high 中的元音一样，只是前面一组词每一个后面会跟着一个 [ɹ]。许多英式英语发音人通过使用不同的**二合元音**（**diphthongs**）——单一音节内一个元音到另一个元音的滑动，来区分这些词。

EXAMPLE 2.2

甚至美式英语内部在对立性元音的数量上也存有差异。美国中西部的许多发音人和大部分西部地区的发音人并不区分像 odd 和 awed、cot 和 caught 之类的成对词中的元音。美式英语中一些附加差异并没有在表 2.2 中体现出来。如，一些发音人（主要来自东海岸）区别助动词 can 和名词 can，名词 can 更具二合元音性质。在这本入门性质的教科书里我们将忽略这些微小的差别。

元音标音 | 39

| 表 2.2 | 表中的音标用来给英语对立性元音标音。第一栏适用于许多说美式英语的人，第二栏适用于大部分说英式英语的人。最后一栏是第一栏的语音学音标的传统叫法。 |

1	2						
i	i	heed	he	bead	heat	keyed	小写字母 *i*
ɪ	ɪ	hid		bid	hit	kid	小的大写字母 *I*
eɪ	eɪ	heyed	hay	bayed	hate	Cade	小写字母 *e*
ɛ	ɛ	head		bed			希腊语字母表中第五个字母
æ	æ	had		bad	hat	cad	*ash*①
ɑ	ɑ	hard		bard	heart	card	书体 *a*
ɑ	ɒ	hod		bod	hot	cod	书体 *a* 的倒写形式
ɔ	ɔ	hawed	haw	bawed		cawed	开口的 *o*
ʊ	ʊ	hood				could	希腊语字母表中第二十个字母
oʊ	əʊ	hoed	hoe	bode		code	小写字母 *o*
u	u	who'd	who	booed	hoot	cooed	小写字母 *u*
ʌ	ʌ	Hudd		bud	hut	cud	倒写的 v②
ɚ	ɜ	herd	her	bird	hurt	curd	希腊语字母表中第五个字母的反写形式
aɪ	aɪ	hide	high	bide	height		小写字母 *a*(+I)
aʊ	aʊ		how	bowed		cowed	(如上)
ɔɪ	ɔɪ		(a) hoy	Boyd			(如上)
ɪɹ	ɪə		here	beard			(如上)
ɛɹ	ɛə		hair	bared		cared	(如上)
aɪɹ	aɪə	hired	hire				(如上)
另请注意：							
ju	ju	hued	hue	Bude		cued	(如上)

表 2.2 列出了描写成对元音的几种可能的标音方法。本书所采用的两种主要标音见于上表的第一栏和第二栏。第一栏适用于描写美式英语的多种发音形式，第二栏则适用于描写英式英语的多种发音形式。我们已经将这两栏的标音尽可能记写得一致。在第四章你将会看到，我们已经尽量使自己的标音描写跟英语语音学权威专家保持一致。

---

① 译按：ash"在许多的字法或表音转写方法中用来代表音质介于定位元音 3 号和 4 号之间的不圆唇前元音，相当于普通美国英语 cat 中的元音，IPA 中符号[æ]用的就是这种定义。"(见《语音学和音系学词典》，R. L. 特拉斯克编)

② 译按：第五版有此音标，第七版无。根据第七版后文，应保留此音标。

如同上面所使用的辅音音标，表 2.2 中的元音音标也同样遵循国际音标的原则。跟字母表中普通字母形体一样的音标代表了跟这些字母发音相似的音值（与法语、西班牙语、意大利语中字母发音同样的音值）。当然，国际音标所使用的元音字母和世界上大部分的语言一样，也是用罗马字母标写的，使用这种字母的还包括其他一些语言，如斯瓦希里语、土耳其语和纳瓦约语（Navajo）。英语目前的拼写形式反映几个世纪前的发音，那时它仍然使用与标写其他语言元音相似的字母。

给英语标音时遇到的一个最主要的问题，即英语元音数远远多于字母表中标写元音的字母数。把英语词 sea 标写作 [si]，[i] 代表的音跟西班牙语或者意大利语中的 si 相似（并不完全相同）。但跟西班牙语与意大利语不同的是，英语能区分如 seat、sit 和 heed、hid 中的元音。seat、heed 与 sit、hid 的元音有两个方面的区别：在音质上它们有细微差别，前者音长要长一点儿。因 sit、hid 的元音在某些方面跟 seat、heed 的一样，它们用 I 字母的缩小形式 [ɪ] 记写。我们用符号 [ː] 表示音长的不同。后面我们将会看到，可以用这个符号来表示音长差异。在一些元音后加上这一符号可以表示语音上的细微差别。但是在音位标写中，它是不必要的，因为英语中的 [ː]（比如长 [ɪː] 和短 [ɪ]）不具备区别特征。

在 hay、bait、they 等词中，元音用两个音标序列 [eɪ] 表示。这表明许多英语发音者发这些音时包含二合元音。在这个二合元音中，第一个元音跟西班牙语和意大利语中的字母 e 一样，如西班牙语"牛奶"写作 leche，读作 [letʃe]。在英语 hay、bait、they 等词中的第二个成分是 [ɪ]，跟记写 hid 中元音用的是一样的音标。

表中不同于常用字母的两个音标是 [ɛ] 和 [æ]，分别用来记写 head、had 中的元音。第一个音标源于希腊字母 epsilon，而第二个音标是由字母 a 和 e 组成的。这两个音标分别以 epsilon 和 ash 命名。

多数美国人发 heart 和 hot 时元音相同，使用字母 a 的同一种形式来标音。这两个词被分别记写为 [hɑrt] 和 [hɑt]。但是，一些来自东海岸的美国人和说英式英语的人却与上面的发音不同，他们不是通过在元音之后发 [ɹ] 来区别这些词，而是用不同音质的元音来区别。他们必须使用字母 a 的两种不同形式来记写，于是这些词被记写为 [hɑt] 和 [hɒt]。

说不同形式的英式英语和美式英语的人多数能区别以下成对的

词,如 cot 和 caught、not 和 naught,音标 [ɔ] 是字母 o 的不封口形式,可以用在这些成对词的后一个词中,同样,bawd、bought、law 等词的元音也可以用 [ɔ] 记写。美国中西部和西部地区的许多人无需区别如 cot 和 caught 两词中的元音,所以就用不着这个音标了。若一些词中的元音后面跟 [ɹ],那么这些元音的发音就不同了,如 horse、hoarse;但若 cot 和 caught、not 和 naught 之间没有对立,那就没有必要用音标 [ɔ] 来记写这种差别。否则,只会显示出冗余的语音细节,偏离了音标只区别音位的原则。

另一个特殊的音标是 [ʊ],用来记写 hood、could、good 等词的元音,这个音标是将字母 u 的顶部弄弯后的形式。

hoe、dough、code 中的元音是二合元音。对多数说美式英语的人来说,第一个音与西班牙语、意大利语字母 o 记写的发音很相似。许多来自英国南部的人在发这些词中的二合元音时,前一个成分与上面发音不同,我们把它记作 [ə]——倒写的字母 e。下面的章节中,我们会全面讨论这个元音。hoe 和 code 中的二合元音的最后一个音有点类似于 hood 中的元音 [ʊ]。

[ʌ] 用来记写 bud、hut 中的元音,它是字母 v 的倒写形式。这个音标有时被称为楔号(wedge)。其发音类似[ə],出现在英式英语中一些双元音的开头。德国人把[ə]称作央元音(schwa)。另一个音标 [ɜ] 是希腊字母 epsilon 的相反形式,用来记写 pert、bird、curt 中的元音。多数操英式英语的人和那些不发这些词中的 [ɹ] 的美式英语发音人经常这么发音。在美式英语多数形式中,r 完全跟元音融合,所以用音标 [ɚ] 来记写,小钩 [˞] 表示元音带着 R 音化。[ɚ]还有一个名字叫卷舌化央元音(schwar)。

表 2.2 接下来的三个词包含我们已经讨论过的二合元音的构成成分。hide [haɪd] 中的元音由 cat [kæt] 和 hard [hɑd] 或 [hɑɹd] 中的元音开始,移向元音 [ɪ],如 hid [hɪd] 中的元音 [ɪ]。音标 [a] 用来记写这个二合元音的开头部分。how 中的元音 [aʊ] 由 [a] 开始移向 hood 中的 [ʊ],boy [bɔɪ] 中的元音是 bawd 中的 [ɔ] 和 hid 中的 [ɪ] 的组合。

多数美国人在读表 2.2 剩下的词时,总会在其中一个元音之后加 [ɹ];而大部分英式英语发音人会在这些词中额外添加的二合元音。这些词里的二合元音结尾都是 [ə],跟我们记写许多英式英语发音人所发的 hoe 中二合元音的第一个元音一样。下一段我们将进一步讨论这个音标。一些英式英语发音人(通常是老派)同样会在诸如 *poor*、*cure* 中发二合元音。可以将此记写为 [ʊə]。一些人会在 *fire*、*hire* [faə,haə] 中发二合元音。其他人发这些音时会把这些词当作两个音节来发(就像 *higher*、*liar*),它们的音标形式是 [faɪə,haɪə]。

表 2.2 中的词除了 *ahoy* 外都是单音节词。因此,它们中没有一个词同时包含重读和非重读的元音。最常见的非重读元音显然是 [ə],我们曾在讨论英式英语的一些二合元音的结尾成分时指出过。它通常用德语名称 *Schwa*(央元音)来称呼。它出现在诸如 *sofa*、*soda* [ˈsoʊfə,ˈsoʊdə] 等词的末尾,*emphasis*、*demonstrate* [ˈɛmfəsɪs, ˈdɛmənstreɪt] 等词的中间,以及 *around*、*arise* [əˈraʊnd,əˈraɪz] 等词的开头。在上面词中,[ˈ] 是重读符号,放在音节的前面表明是重读。虽然许多美式英语发音人在发 *bud*、*hut* 这些词时,用的是[ə]而不是[ʌ],我们认为仍然可以用[ə]来标写英语的非重读音节。对美式英语发音人来说,*above* 和 *among* 中的重读和非重读元音的区别在于时长而不是音质——[əˈbəːv][əˈməːŋ]。

在英式英语中,[ə] 一般是 *brother*、*brotherhood*、*simpler* [ˈbrʌðə,ˈbrʌðəhʊd,ˈsɪmplə]等词中 *-er* 的唯一形式。在美式英语中,这些带卷舌音色彩元音的词总是被记写为 [ˈbrʌðɚ, ˈbrʌðɚhʊd, ˈsɪmplɚ]。[ə] 和 [ɚ] 都是十分常见的元音。[ə] 经常出现在非重读单音节中,比如,表达语法功能的词 *the*、*a*、*to*、*and*、*but*,在连续言语中,被记写为 [ðə,ə,tə,ənd,bət]。

其他一些元音也同样出现在非重读音节中。但是因为英语口音的不同,不太容易说出哪个元音出现在哪个词中。比如,几乎所有说英语的人都会区别 *sophie*、*sofa* 和 *pity*、*patter* 词中的最后一个元音。但是有些地方口音把 *sophie* 和 *pity* 的最后元音发作 *heed* 中的 [i],其他人会发成 *hid* 中的 [ɪ]。同样,很多地方口音会区别 *taxis* 和 *Texas* 中的第二个音节的元音。有人会将 *taxis* 中发成 [i],而有人会发成 [ɪ]。几乎所有的人都将 *Texas* 发为 [ˈtɛksəs]。(注意在英语中字母 *x* 通常表示 [ks] 的读音)。请将你发这些词的读音跟网络平台上的音对比一下,然后确定你该用哪个非重读元音。

EXAMPLE 2.3

现在正是做一些标音练习的时候了,这一章的后面有很多这样的练习。为了确认你掌握了基本原则,你应该试着做一做练习 A、B、C、D。

🔊 辅音表和元音表

到目前为止，我们主要用辅音和元音音标来记写英语中具有对立性词的发音。我们还可以从完全不同的角度来思考标音问题。我们可以把它们看作相关调音的速记符号。[p]代表双唇清塞音，而[l]等于龈浊边近音。图2.1是辅音音标表。调音部位在表的上端，从最靠前的调音（双唇音）开始，到以口腔后部发的音（软腭音）还有喉部发音（喉音，glottal）结束。调音方式在表的纵轴上。按惯例，把清音音标放在浊音音标的左边来区分清音和浊音。图2.1辅音表中，音标[w]出现在两个地方。这是因为一个是由唇缝发出的唇音，而另一个是由舌后部向软腭抬起发出的软腭音。塞擦音[tʃ]、[dʒ]在表中没有单独列出，虽然它们在是英语中也是形成对立的音位。但如果表中列出了这两个音，是把它们放在腭龈音一列（擦音列）？还是齿龈音一列（塞音列）？国际音标系统的做法是：当塞擦音中的塞音和擦音的发音部位不同时，只列出塞音和擦音，以避免混乱。

图 2.1 下面是我们已讨论过的英语辅音表。只要一个单元格内有两个音标，那么，左边的表示清辅音，所有其他音标表示浊辅音。注意，表中没有塞擦音[tʃ, dʒ]。

		双唇音	唇齿音	齿间音	齿龈音	腭龈音	硬腭音	软腭音	喉音
调音方式	鼻音	m			n			ŋ	
	塞音	p b			t d			k g	ʔ
	擦音		f v	θ ð	s z	ʃ ʒ			h
	（央）近音	(w)			ɹ		j	w	
	边（近）音				l				

记写成对元音的音标也可以作为记写不同音质元音的速记标音法。在这一点上有些问题。我们对这些音标的使用比较宽泛，允许它们记写不同口元音的不同音值，但是，一般的音值如图2.2所示。这些音标记写在一个表明元音音值可能活动范围的四边形中。[i]表示一个前高元音，[u]是一个后高元音，[ɪ]是一个前次高元音，

[e]是一个前半高元音,[ɛ]是一个次低元音,等等。图2.2是元音简表,它只呈现元音音质的二维空间。如果用它们来描述舌头的运动,这两个维度不够精确(下一章我们将会看到)。由此可见,图2.2反映不出发不同元音时嘴唇圆展程度的差异,也没有反映出元音的音长。如,在很多情况下,它并没有显示出来[i]、[u]的音长比[ɪ]、[ʊ]要长。

图 2.2 元音表用一些记写英语的音标显示相关的元音音质。音标[e,a,o]作为二合元音的第一个成分出现在表中。

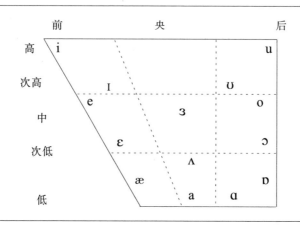

辅音表和元音表可以帮助我们理解第一章所做的分析,即英语语音涉及大约25种不同的舌、唇音姿。英语辅音表有23个不同音标,但发这些音只需要11种不同的唇、舌音姿。发[p,b,m]时唇姿相同,发[t,d,n]和[k,g,ŋ]时,舌姿分别相同。(用这些音姿发不同的音时会有细微的时长差别,但在此可以忽略不计)。擦音是另外4种音姿,(央)近音是另外3种,(边)近音另外1种,总共有11种音姿。元音表有14个不同音标,每一个都有单独的音姿。但是,正如我们所看到的,英语的不同口音在其区别元音的数量上有差异,这就是我所说的英语需要大约25种不同舌、唇发音姿势的原因。

所有这些语音同样需要言语机制中另3种主要组成部分——气流过程、发声过程和口-鼻过程。气流过程关系到发所有英语语音所需的肺气流,发声过程要区别清音与浊音的声带状况;而口-鼻过程则是通过软腭上升、下降来实现对鼻音和口音的区别。

🔊 音系学

我们在本章一开始讨论了为什么图 2.1 和 2.2 中的音标只反映语音的大体音值。到目前为止,我们只重点讲了英语音位的标写方式。从现在开始,当我们要明确表示音位时,就用双斜线//来标记。

如上所述,在语音学标音中,我们可以展现更多的语音信息。例如,hut、cat 结尾的/t/可以是送气的[hʌtʰ],也可以是不送气的[hʌt̚]。这和音位的区别性和对立性特征完全相反,我们把[tʰ]和[t̚]称作互为**自由变体**(free variation)。需要强调的是:这种自由变体只是英语的一个特征,其他语言也许并不是这样。比如,粤语中的/t/总是不送气的,而邹语(Tsou)中的/t/总是送气的。

除自由变体以外,还有一种有趣的语音分布现象——受特殊**环境**(environments)所决定的语音分布。例如,我们说过,lip 和 pill 中的/l/是不同的。当/l/出现在音节开头时,其发音特征是舌体下降,而当其出现在音节尾时,舌体是向上隆起的。音节尾的/l/称作腭化的/l/,标写为带有腭化附加符号的/ɫ/。/l/的这两种发音形式的分布模式为**互补分布模式**(complementary distribution),也就是:普通的/l/出现在音节首,腭化的/l/出现在音节尾。类似的互补分布情况也出现在 peak 和 speak 的"p"中。Peak 中的/p/是送气的,而 speak 中的/p/不送气。两者之间的区别用上标[h]来表示,如[kætʰ]中的/t/。因此,peak 的发音记作[pʰik],而 speak 应为[spik]。[pʰ]和[p]都是/p/的**音位变体**(allophone)。对于母语者来说,两个音都是"p"(母语者可能根本意识不到我们所说的区别)。

语音的三种分布模式如图 2.3(第 46 页)所示。在前两种情况(对立分布和自由变体)下,音位变体的分布环境有重叠——如表 2.1 中押韵的词。自由变体出现在完全相同的环境下,而互补分布出现在不同的环境中——要么是音节首,要么是音节尾;要么是/s/后,要么不在/s/后。不同的分布模式对于语音学标音具有重要意义。但在此,首先要强调一点:我们所讨论的语音变体都发生在单念言语而非快速或正常的语流中。自由变体和互补分布其实就是母语者拥有的关于发音的部分常识。也就是说,要想发音地道,你就得掌握点音系学知识。不光要学习如何发音,还要知道这些音是如何分布的。另外,如果我们想对一种语言进行精确的语音描写,不仅要描述每个音,还要描述各个音的分布情况。

当仔细分析某种语言的语音时，我们会发现：互补分布的情况很多，而且很复杂。事实上，整个音系学就是关于语音的互补分布的。第三章和第四章会重点谈英语的语音模式，但在这里我们不妨多给几个例子，以便于读者了解各种不同的语音学标音方法。

| 图 2.3 | 音位变体分三种情况：对立分布（也叫音位对立或区别特征）、自由变体、互补分布。如图所示，对立分布和自由变体之间的区别就是：前者能产生新词（区别意义），而后者不产生新词。 |

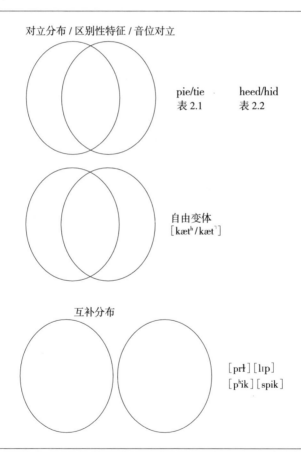

/l/和/r/一般表示浊近音。但是在 *ply* /plaɪ/ 和 *try* /traɪ/ 中，因受前面塞音的影响而变成清音。元音也有很多变体。*Heed* /hid/ 中的 /i/ 通常与 *heel* /hil/ 中的 /i/ 有很大差别，后者比发 *heat* 中的 /i/ 要长得多。

对上面讨论的诸多音位变体,我们可以用语音分布简单描写,因为有相关语音环境的词里都能发现这种模式。如:在美式英语的很多形式中,/t/不只是在 catty 一词中变成浊音,当它位于一个元音后、一个非重读元音前时同样也都变成浊音(如在 pity、matter、utter、divinity 等词中)。在几乎所有类型的英语中,只要/t/出现在齿擦音前,发音都是齿塞音,这是一条规则。我们可以通过在/t/下面加一个小符号 [̪] 来表示不同的/t/,记作 [t̪](因为这个音不表示一个音位,所以用 [̪] 标记)。这个规则也同样在/d//n//l/中适用,如 width /wɪd̪ð/、tenth /tɛn̪θ/、wealth /wɛl̪θ/。在所有这些例子中,[̪] 可以加在音标的下面来表示它代表一个齿音。

由此可知,音标下的小标记可以改变语音的音值,它被称为**附加区别符号**(**diacritics**)。采用这个方法标记可以提高标音的精确性。另一个附加区别符号是 [̥],它是标记在音标下面的一个小圆圈,用来表示这个音标所记写的音是清音。前面我们曾指出 play 中的/l/是清音。根据这种方法我们可以把它标为 [pl̥eɪ]。同理,ply 和 try 可以标写为 [pl̥aɪ] 和 [tɹ̥aɪ]。

除了记写自由变体和互补分布外,还有一个方法来表现语音的更多细节——使用更多的特定语音符号。我们注意到,发元音/i/比/ɪ/要长,像 sheep 和 ship 中的元音。只要这两个元音出现在相似的语音学语境下(位于两个相同的音之间或者有同样的重读,等等)就会有时长的差异。我们可以在发音较长的那个语音后增加一个长音标记来表现这种差异。国际音标提供了一个符号 [ː],用来表示前面音标代表更长的读音。我们因此可以把这两个音标记作/iː/和/ɪ/。这仍然展示了这种英语口音中的音位对立,只不过更加精确而已。

大家可能会有一种错误的想法:音位变体是用附加符号标写的,而对立的音位是用简单的语音符号标写的。举个例子来说,美式英语发音人所发的 letter 中没有[t],而有一个短促的[d]。这个[d]和国际音标的[d]完全不同(试比较 seedy 和 see Dee)。国际音标还规定**拍音**(**tap**)[ɾ]有两个音位变体:/t/和/d/。Letter 中的龈拍音用符号[ɾ]来标写,该符号源于字母 r。可见,音位变体的标写可以使用简单的音标符号,也可以使用简单符号+附加符号。

宽式标音(**broad transcription**)这一术语通常是指用一组尽可能简单的符号来标音的方法。与此相反,**严式标音**(**narrow transcrption**)则是反映更多语音细节的标音方法,它或者是用更多的精确符号,或者表现出更多音位变体的差异。*please* 和 *trip* 的宽式标音为/pliz/、/trɪp/。严式(仍然是音位的)标音可以是[pli:z]和[trɪp]。只要我们在可以将[i:]标成[i]的地方一律只用[i:]来标音，这种标音就是音位标音。这种方法不表现任何音位变体。严式的变体标音是 [pl̥i:z] 和 [tɹ̥ɪp]，其中，[l̥] 和 [ɹ̥] 分别是 [l] 和 [r] 的音位变体。

每种标音方式都应该考虑到两个方面。其一，音标文本形式本身；其二，对音标形式的解释规则，第二方面往往不明显，至少暗含了对语音文本本身的一组解释规约。这些规则通常涵盖两种意义：第一，赋予符号语音学价值。前面在说到一个音标应该被视为是对发音过程相对详细的说明时，这些规则就存在于我们的大脑中。第二，若要让读者想起跟音标相伴随的隐含意义，我们可以做出明确标音。比如，我们可以说其他方面都一样，只是/i/比/ɪ/长，或许在标音开始规定/i/=/i:/。同样，我们还可以进行音系学分析，用以指导我们对标音符号的选择。这是第四章我们还会谈到的内容。

当记写一种未知的语言或者标记一个儿童的发音，或者是记写从没见过的病人发音时，没有人知道哪些音属于对立分布，而哪些音不属于。在这样的情况下，音标反映的只是语音的语音学价值，缺乏音系学分析来断定某个音与另一个音是处于对立分布还是互补分布。这种标音方法称为**印象标音法**（impressionistic transcription）。

我们希望本节对各种不同标音方法的简要考察，能让大家明白，并不存在什么特定话语的国际音标标音。有时我们进行详细的语音学标音，有时进行音位学标音却更加方便。有时候，我们想指出一种特定的语音学特征，如元音的音长，而另一些时候，这些元音并不受关注，而辅音的发音细节比元音更重要。可见，国际音标标音的描写有很多种形式。

要点回顾

本章我们介绍了**国际音标字母**（International Phonetic Alphabet）对英语对立性音位的标写。美式英语和英式英语的元音形成对立（别忘了听网络平台上的录音材料）。国际音标符号在**元音表**（vowel chart）和**辅音表**（consonant chart）里都能找到，每个符号都有显著的语音特征。此外，本章还讨论了语音的不同**分布**（distributions）模式（对立分布、互补分布和自由变体），以及它们与音位标音、宽式标音和严式标音的关系。需要强调的是:并不存在一套完全正确的国际音标体系——因为不管用哪种方式所记下的音都来自主观判断。

🔊 练　习

A. 找出下列词中辅音音标的错误。每个词中都有一个错误,这是任何英语母语者不会发出的音。请在每个词后面的空格里写上正确的音标。

1. strength　　[stɹɛngθ]　　应该是　[　　]
2. crime　　　 [cɹaɪm]　　　　　　　[　　]
3. wishing　　 [wɪshɪŋ]　　　　　　 [　　]
4. wives　　　 [waɪvs]　　　　　　　[　　]
5. these　　　 [θiz]　　　　　　　　[　　]
6. hijacking　 [haɪjækɪŋ]　　　　　 [　　]
7. chipping　　[tʃɪppɪŋ]　　　　　　[　　]
8. yelling　　 [ˈyɛlɪŋ]　　　　　　 [　　]
9. sixteen　　 [ˈsɪxtin]　　　　　　[　　]
10. thesis　　 [ˈðisɪs]　　　　　　 [　　]

B. 找出下列词中的元音音标错误。每个词只有一个错误。但这些错误发音在不同形式英语中有差异,有时会有不同的改错方法。

1. man-made　　[ˈmanmeɪd]　应该是　[　　]
2. football　　[ˈfʊtbol]　　　　　 [　　]
3. tea chest　 [ˈtitʃest]　　　　　[　　]
4. tomcat　　　[ˈtomkæt]　　　　　 [　　]
5. tiptoe　　　[ˈtiptoʊ]　　　　　 [　　]
6. avoid　　　 [æˈvɔɪd]　　　　　　[　　]
7. remain　　　[ɹəˈman]　　　　　　[　　]
8. bedroom　　 [ˈbɛdɹoʊm]　　　　　[　　]
9. umbrella　　[umˈbɹɛlə]　　　　　[　　]
10. manage　　 [ˈmænædʒ]　　　　　 [　　]

C. 写出下列词的正确音标。每个词只有一个错误,它可能出现在元音或辅音中,也可能出现在重音上。

1. magnify　　　[ˈmægnɪfaɪ]　应该是　[　　]
2. traffic　　　[ˈtɹæfɪc]　　　　　　[　　]

3. simplistic   [ˈsɪmplɪstɪk]   [   ]
4. irrigate   [ˈɪɹɪgeɪt]   [   ]
5. improvement   [ɪmˈpɹʊvmənt]   [   ]
6. demonstrate   [ˈdəmɑnstɹeɪt]   [   ]
7. human being   [hʊmən ˈbiɪŋ]   [   ]
8. appreciate   [əˈpɹeʃieɪt]   [   ]
9. joyful   [ˈdʒɔyfʊl]   [   ]
10. wondrous   [ˈwɒndɹəs]   [   ]

D. 网络平台(根据录音材料链接来做)中下面的词或短语是由英式英语发音人或美式英语发音人读的。请写出它们的音标,注意把重音符号标在正确的位置上,并写出你标的是哪类发音人发的音。

1. languages
2. impossibility
3. boisterous
4. youngster
5. another
6. diabolical
7. nearly over
8. red riding hood
9. inexcusable
10. chocolate pudding

E. 下列词中的音属于对立分布、互补分布还是自由变体?

1. "l" sounds in: play, lean, feel _____
2. The first sounds in: pie, tie, sigh _____
3. The last sounds in: pat⌐, mat^h, seat⌐ _____
4. The "t" sounds in: bat, tub, steep, butter _____
5. The "n" sound in: ten, tenth _____
6. The medial sounds in: awesome, autumn, awning _____

F. Pirahã 语是亚马孙河雨林中的一种语言,为聚居当地 300 多名狩猎者所使用。这种语言只有 3 个元音(i、a、o),8 个辅音(p、t、k、ʔ、b、g、s、h)(喉塞音ʔ不涉及任何唇部和舌部的动作)。使用这种语言的人要做出几种舌音姿和唇音姿?哪些是元音音姿?哪些是辅音音姿?

G. 以 Havaiian 语为母语的人尽管只有几百人,但它现在正处于复兴阶段,它的元音和辅音是:i、e、a、o、u、p、k、ʔ、m、n、w、l、h。说这种语言的人需要做出几种不同的舌音姿和唇音姿？哪些是元音音姿？哪些是辅音音姿？

H. 在网络平台中，下面的短句是由英式英语发音人或美式英语发音人读的，请写出它们的音标，并说出所标音标是英式英语的还是美式英语的。

1. We can see three real trees.
2. He still lives in the big city.
3. The waiter gave the lady stale cakes.
4. They sell ten red pens for a penny.
5. His pal packed his bag with jackets.
6. Father calmly parked the car in the yard.
7. The doll at the top costs lots.
8. He was always calling for more laws.
9. Don't stroll slowly on a lonely road.
10. The good-looking cook pulled sugar.
11. Sue threw the soup into the pool.
12. He loved a dull muddy-colored rug.
13. The girl with curls has furs and pearls.
14. I like miles of bright lights.
15. He howled out loud as the cow drowned.
16. The boy was annoyed by boiled oysters.

I. 在网络平台中，下面的短句是由英式英语发音人或美式英语发音人读的，请给(a)做宽式标音，给(b)做严式标音，并说出所标音标是英式英语的还是美式英语的。

1. Please come home.
    (a)
    (b)
2. He is going by train.
    (a)
    (b)
3. The tenth American.
    (a)
    (b)
4. His knowledge of the truth.

　　　　(a)

　　　　(b)

　5. I prefer sugar and cream.

　　　　(a)

　　　　(b)

　6. Sarah took pity on the young children.

　　　　(a)

　　　　(b)

J. 读下面一段用语音学音标标出的短文。第一段是宽式标音，标的是赖福吉自己说的一种英式英语形式。第二段标的是典型的中西部或者西部地区的美式英语发音，比第一种标音稍严格一些，呈现了一些音位变体。到目前为止尽管你对每一个单词都准确发音还会有困难，但应该能够读出不同形式英语的音标了。因此，每段短文多读几遍，并试着按音标发音。注意：不要将重音读错了，读非重读音节中的元音要小心。现在请听网络平台中这个短文的发音，并对标音问题做出说明。

　◎ 英式英语

　　ɪt ɪz 'pɒsəbl tə tɹænˈskɹaɪb fəˈnɛtɪklɪ
　　'enɪ ˈʌtɹəns ɪn ɛnɪ ˈɪŋ ˈlæŋgwɪdʒ,
　　ɪn 'sɛvɹəl 'dɪfɹənt 'weɪz
　　baɪ ˈjuːzɪŋ ði 'ælfəbət ənd kənˈvɛnʃnz
　　əv ði 'aɪ 'pi 'eɪ.
　　ðə 'seɪm 'θɪŋ ɪz 'pɒsəbl
　　wɪð 'məʊst ˈʌðə ɪntəˈnæʃənl fəˈnɛtɪk 'ælfəbəts.
　　ə trænˈskɹɪpʃn wɪtʃ ɪz 'meɪd baɪ ˈjuːzɪŋ 'letəz əv ðə 'sɪmplɪst 'pɒsəbl 'ʃeɪps,
　　ənd ɪn ðə 'sɪmplɪst 'pɒsəbl 'nʌmbə,
　　ɪz 'kɔld ə 'sɪmpl fəʊˈnimɪk trænˈskɹɪpʃn.

　◎ 美式英语

　　ɪf ðə 'nʌmbɚ əv 'dɪfɹənt 'lɛɚz ɪz 'mɔɹ ðɛn ðə 'mɪnəməm
　　əz dəˈfaɪnd əˈbʌv
　　ðə trænˈskɹɪpʃn wɪl 'nɑt bi ə fəˈnimɪk,
　　bəɹ ən æləˈfɑnɪk wʌn.
　　'sʌm əv ðə 'foʊnimz, 'ðɛɹɪz tə 'seɪ,

wil bɪ ˈrepɹəˌzentəd baɪ ˈmɔɹ ðən ˈwʌn ˈdifɹənt ˈsɪmbl̩.

ɪn ˈʌðɚ ˈwɜ˞dz ˈsʌm ˈæləfounz əv ˈsʌm ˈfoʊnimz

wil bɪ ˈsɪŋɡld ˈaʊt fɚ ˈrepɹəzenˈteɪʃn̩ ðə tɹænˈskɹɪpʃn̩,

ˈhens ðə ˈtɝm ˈæləfɑnɪk.

（上面段落均摘自 David Abercrombie 的《英语语音学课本》[Salem, N. H.:Faber & Faber,1964]）

🔊 操　练

在学习理论概念的同时通过实践来发展语音学技能也是非常重要的。学习无意义词的发音是一种锻炼方法，同时还应该将你听到的无意义词的语音形式描写出来。描写无意义的词会迫使你去听别人发出的语音。网络平台上有下面所有词的录音。

A. 学会说简单的无意义词。有一种方法简单易行，即先说一个单元音，然后逐一在前面加上辅音和元音。用这种方法，你总会重复读之前读过的材料，不会有新的困难。组词如下：

ɑ

zɑ

ɪ ˈzɑ

tɪ ˈzɑ

ˈœtɪ ˈzɑ

ˈmœtɪ ˈzɑ

ʌˈmœtɪ ˈzɑ

tʌˈmœtɪ ˈzɑ

B. 读下面词，并听网络平台上的发音。让一位同学按不同的顺序点击这些词，你写出被播放词的顺序。

piˈsuz

piˈsus

piˈzus

piˈzuz

piˈzuʒ

C. 用下面一组词重复做练习 B。

tɑˈθeð　　ˈkipik　　ˈlæmæm　　ˈmʌlʌl

tɑˈθɛθ	ˈkɪpik	ˈlæmæn	ˈmʌɾʌl
tɑˈðɛθ	ˈkipɪk	ˈlænæm	ˈmʌwʌl
tɑˈðɛð	ˈkɪpɪk	ˈlænæn	ˈnʌlʌl
tɑˈfɛð	ˈkɪpɪt	ˈlænæŋ	ˈnʌɾʌl

D. 网络平台中有一组无意义词，序号从 D1 到 D5。每次播放一个并试着把它们的音标写出来。

1. _____
2. _____
3. _____
4. _____
5. _____

E. 完成了练习 D 之后，再看下面的无意义词，即练习 D 的答案。现在拼一组相似的词，并给你的同伴读出来。你拼的词可以按照自己的想法在语音上与样例有所不同。但是我们建议开始的时候不要拼得太长。建议你写下这些词并自己反复地练习发音，直到对同伴读这些词时你能很流畅地发音。

ˈskɑnzil
ˈbɹaɪgbluzd
ˈdʒɪŋsmœn
floɪʃˈθɹaɪdl
pjutˈpeɪtʃ

每个词读几遍之后，请你的同伴把听到的词记下来，并加以比较。你试着判断每个错误，是读词时产生的还是听音时产生的。如果可能的话，发音人应试着使用所发出的两种不同的音，以体现其差别，如"我说的是［ˈskɑnzil］，但你写的是［ˈskɑnsil］。"

这种训练听力的工作并没有最好的方法。我的方法是，先仔细看一个人发一个不曾知道的词，然后一听到自己立刻就说出来，尽可能发准确但别担心第一次听时忘掉了什么，然后尽你所能写下来，把空白留着等下次听的时候再填补。你会发现，这种方法对训练听力很有帮助。在第一次听时，至少获得正确的音节数量和正确的重音位置是很重要的。这样你才有一个框架知道下次观察之后怎么填写。尽可能经常去重复这种具有创造性和洞察力的练习。你应该每天做几分钟这种练习，这样你就能够做到每周至少有一个小时做操练题。

中 篇

英语语音学

第三章 英语辅音

我们将通过考察英语辅音发音音姿来学习这一章内容。网络平台中有两段与这一章相关的视频资料。第一段是不同调音部位辅音的发音。塞音[p, t, k]可以用无意义的词[həpa, həta, həka]来说明，它们是双唇音、齿龈音、软腭音。但这些音并不只是靠口腔上部位置来区分，也可以用唇和舌不同部位的运动来描述。请看网络平台中的视频资料，注意观察发第一个辅音时双唇、发第二个辅音时舌尖和发第三个辅音时后舌面的快速运动情况。

第二段视频资料显现了传统所谓的不同调音方式，可以列举无意义的词[hədɛ, hənɛ, həsɛ]来说明辅音[d, n, s]，这些词确实是话语中三个独立的片断。请看视频资料，图像左边的第一个片段中，发[hədɛ]要注意，在龈脊部位形成持阻前软腭是怎样抬起的。相反，在第二个片段中，发[hənɛ]要注意，软腭在舌头移动前微微抬起。发[n]时软腭并没形成完全闭塞，在舌尖和龈脊形成持阻之后，气流可以从鼻腔通过。视频资料中第三个是毫无意义的词[həsɛ]，发音时舌头和软腭音姿跟发[hədɛ]很相似。甚至当你一次跳过一个框，也很难在视频上看出舌形的细微差异。但是，如果你把[s]和[d]发音中段的发音部位图重叠在一起，就会发现：在[s]中，舌中央稍微下凹；而且，[d]的气流缝隙形成处比[s]稍靠后。同时，发[s]时，上下齿贴得更紧，也更靠前。气流是在舌头和龈脊间的狭窄空隙中形成的。这就解释了为什么视频资料中的发音人在发[s]、[d]两个音时，舌头和下颌的位置不同。

塞音

请讨论一下表3.1第一栏与第二栏之间相对应词的不同。这种对立应称为清塞音与浊塞音系列的对立。但你自己发这些音时会发现，它们之间的区别确实不仅仅是辅音持阻过程中的浊音与否。无论发 *pie* 还是 *buy*，多数人闭合双唇时都有点儿带声，但从本质上看两个塞音都是清音。在 *pie* 里，双唇闭合除阻后有一段**送气**（**aspiration**），在塞音发音后到元音的浊音开始之前有一段无声期。如果发 *pie* 时把手放在双唇前，你就会感觉到塞音除阻后的无声期有一股气流冲出。在网络平台链接到例 3.2 的语图中，*pie*、*tie*、*kye* 三个词发音开始时你就能观察到这股气流。

在严式音标中，送气可以在音标上方用小写 *h* 表示，记作 [ʰ]。上面三个词可以相应标写为 [pʰaɪ, tʰaɪ, kʰaɪ]。因为这些塞音在口腔中形成了完整的爆发，发 *tie* 和 *kye* 时你或许感觉不到那股冲出的气流，但是仔细听就能听出在塞音除阻之后的无声期。正是这个间歇表明了塞音具有送气的事实。表 3.1 前两栏词之间的主要区别不是清与浊，而是送气与否。塞音 [b, d, g] 的清浊程度取决于它们出现的语境。当它出现在两头都是带声的词或短语中间时（如表 3.1 的第三栏），浊音通常贯穿塞音闭塞的全部过程。但是多数英语发音人发的浊塞音在句首位置或者在一个清音的后面（如 *that boy*）时，它们并没有浊化。

本书的一个主要目的是教你通过仔细听辨来成为语音学家。你应该能够听出语音之间的差异，但你也可以通过计算机生成的语音波形来观察这些差异。图 3.1 是 *tie* 和 *die* 的波形，从波形上很容易看出音段间的差异。第一个词 *tie* 中出现了一个冲直条，表明塞音除阻时有一股噪音，噪音之后是很短暂的伴随性送气，然后出现一个声带振动的带有周期性的元音波。发 *die* 时，噪音爆发的力量要小一些，而且，噪音爆发和元音波形起始处之间有一个很小的空隙。正像你所看到的，*tie* 和 *die* 之间的主要差异，是塞音除阻和元音开始之间时长有所不同。我们将在第六章进一步讨论这种区别。

表 3.1		能说明英语塞音音位变体的词			
1	2	3	4	5	6
pie	buy	a buy	spy	nap	nab
tie	dye	a dye	sty	mat	mad
kye	guy	a sky	sky	knack	nag

图 3.1 | *tie*、*die* 的波形

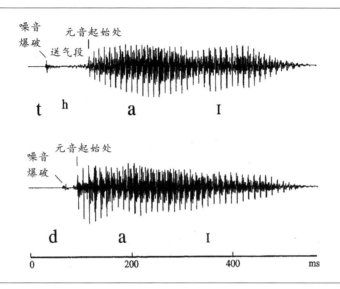

现在讨论表 3.1 第四栏的辅音,这些塞音的发音更像第一栏还是第二栏呢?许多情况下,英语拼写会误导人。事实上它们的发音更像第二栏。以/sp/和/sb/、/st/和/sd/、/sk/和/sg/开头的英语词之间没有对立。英语有以 sp、st、sc 或 sk 开头拼写的词,但没有以 sb、sd 或 sg 开头的。这些在/s/后的塞音实际发音位于词的起首音/p/和/b/、/t/和/d/、/k/和/g/之间的某个位置上,而且因为完全不送气,通常发起来就像所谓的浊塞音/b, d, g/。图 3.2 是 *sty* 的波形。在波形中你可以看到擦音/s/波形的细微变化,它之后出现直线段,这是因为/t/是完全塞音。随后出现的音波和表 3.1 中/d/的波形非常相似。

你若有机会使用既可录音又可观察波形的计算机,就可以证实这一点。在这里,我们推荐有关声学语音学的三种免费软件(网上可以查到):WaveSurfer 软件可以生成可视化图谱,呈现语音样本声学分析的结果;Praat 软件有基于用户需求的基础脚本,可以为用户提供很大支持;Audacity 软件具有良好的录音界面和简单的语音编辑功能。请分别录下 *spy*、*sty*、*sky*、*spill*、*still*、*skill* 等词的发音,找出每个/s/音波的开头和结尾,然后将这部分切掉。当你把编辑过的录音播放给他人听并要求他们把听到的词记下来时,他们几乎肯定会写成 *buy*、*die*、*guy*、*bill*、*dill*、*gill*。

图 3.2 | *sty* 的波形

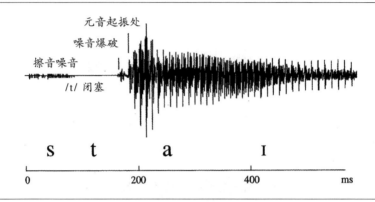

表 3.1 中第五栏和第六栏词的区别在哪儿呢？*nap*、*mat*、*knack* 的结尾辅音肯定是清音。但是如果仔细听 *nab*、*mad*、*nag* 的结尾辅音，你可能会发现这些所谓的浊辅音/b,d,g/几乎没有浊化，或者可以称为清音。请试着逐个说出这些词，当然你可以把每一个词尾辅音发成带短元音的爆发音，但是更常见的情况是无爆发或者至少爆发之后不带元音。如果 *cab* 是话语片段中最后一个词，发完词末辅音时你甚至可以长时间地闭着嘴。在这样的情况下，最后的辅音在整个持阻期间明显是不完全带声的。

但是，第五栏和第六栏词之间还有一个明显区别。请成对地说 *nap*、*nab*, *mat*、*mad*, *knack*、*nag*，判断一下哪组的元音更长。这几组词的元音跟接下来的这组词类似，如 *cap*、*cab*, *cat*、*cad*, *back*、*bag*：清辅音/p,t,k/前的元音比浊辅音/b,d,g/前的元音要短得多。除了声音上的区别以外，从例 3.2 的语图上，你还可以看到时长区别。这一组词间的主要区别是元音的长短，而不是末尾辅音的浊化状况。

EXAMPLE 3.3

在网络平台上你也能听出两个发音人是通过元音的时长来区分这些成对的词的。录音材料中，每个发音人都在相同的语音情境下说 *nap*、*nab*, *mat*、*mad*, *knack*、*nag* 的，这个语境是：*I'll say ___ again*。在同一个句子中同一位置说每一个词，更容易赋予它们相同的重音和语调，这样可以避免不同重音和语调等因素对单个词时长的影响。

图 3.3 | *mat*、*mad* 的波形

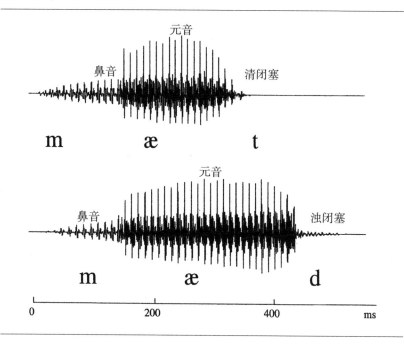

图 3.3 是 *mat* 和 *mad* 波形，它清楚显示了这种时长上的差异。*mad* 的元音几乎是 *mat* 的两倍长。*mad* 中你可以看到发 /d/ 有个很小的声带振动，但发 *mat* 的末尾辅音时，除了在持阻过程中有个轻微的不规则嗓音外没有什么值得注意的东西。我们将在这一节的后面重述这一点。

试比较 *Take a cap now* 和 *Take a cab now* 两个短句的时长差异。你如果用常规的节奏说这两个句子，就会发现 *take* 和 *now* 两个词之间的时长大致一样。原因是，*cap* 全词的长度只比 *cab* 稍短一点儿，*cap* 的元音比 *cab* 的短得多，但辅音 /p/ 却比 /b/ 长一点儿，从而弥补了元音的时长差别。这是英语（和其他大多数语言）的一个普遍规律：同一个元音后、音节末尾的清辅音比相应的浊辅音发得长。

Take a cap now 和 *Take a cab now* 两个短语还进一步揭示了处在词末（或者实际上是重读音节末尾）英语塞音的又一个特点。请发这两个短语，在 *now* 之前不要有停顿，在发 *now* 的 [n] 之前你的双唇打开了吗？或者发 [n] 的过程中双唇打开了吗？如果在发 [n] 之前打开，这两个单词之间就会有一个短暂的送气爆发音或类似元音的

EXAMPLE
3.4

音。这是塞音除阻产生的某种不自然的音。一般情况下当词尾塞音后接以鼻音开头的词时,它是非除阻的。若紧接的词以塞音开头,词尾塞音也是如此。如在 *the cat pushed* 中,*cat* 一词最后的 [t] 几乎总是非爆发的。在严式音标中,我们用添加符号 [̚] 表示无闻除阻。据此我们可以把这个短语标写为 [ðə ˈkʰæt̚ ˈpʰʊʃt]。

相同的现象甚至会出现在 *apt* [æp̚t] 或 *act* [æk̚t] 这样的词中。这种现象进而可以出现在跨词的环境里,甚至所涉及的两个辅音可以完全一样,如短语 *white teeth*。为了理解这种现象,请你注意这一短语中 /t/ 的两个例子,试着跟 *why teeth* 进行比较。不仅 *white* 中的元音比 *why* 元音短得多(因为 *white* 中的元音是在一个以清辅音结尾的音节中),而且,*white teeth* 中的塞音持阻比只有一个 /t/ 的短语中的塞音长很多。在 *white teeth* 中的确涉及 /t/ 的两个发音,其中第一个是不除阻的。

其他语言没有这样的规律。举个例子说,带意大利口音(电影电视中带有讽刺性的英语发音)发音人有一个标记,就是他们把所有的词尾塞音发成除阻音,在结尾产生一个冗余元音,就像通常他们说自己语言那样。编剧们试图说明,意大利口音的英语会把句子 *It's a big day* 写成 *It's a bigga day*,指出标准英语 [ɪts ə ˈbɪg ˈdeɪ] 和外国口音 [ɪts ə ˈbɪgə ˈdeɪ] 之间的不同。

有趣的是,*rap*、*rat*、*rack* 等词甚至在词尾辅音不除阻时也是可以互相区别的。所以这些词读音的差异一定在于它们元音结尾的方式上。辅音总是受到前后元音的影响,在音质上有一点儿细微不同,这种差异值得注意。请比较一下你对 *pip*、*tit*、*kick* 等词的发音。在 *tit* 发音过程中舌尖总是抬起的,而 *pip* 和 *kick* 里舌尖一直在下齿背。在 *kick* 中舌后部是抬起的,而在 *pip* 中唇姿影响到整个元音。含有浊辅音的词也是如此,如 *bib*、*did*、*gig*。辅音姿态叠加在元音上,它的影响差不多贯穿整个音节。

[p, t, k] 不是英语中仅有的清塞音,许多人还将一些词发成喉塞音。喉塞音是当声带紧贴在一起时发出的语音(或者更确切一点,是语音的缺失)。正如我们所看到的,喉塞音的音标是 [ʔ],像一个不加点的问号。

举重物的时候你可能会发出一个喉塞音,把气流聚集在胸腔内,腹部和胸部肌肉收紧。重物卸下时再发出一个"呵"音。咳嗽的时候也会发出喉塞音。你通过小小咳嗽声就应该能获得声带紧紧压在一起的感觉。接着,做深呼吸并张开嘴继续保持呼吸,听一听你吐气时出现的小爆发音。现在,请用嘴呼气,试着通过形成和消除短促的喉塞来控制和释放气息。发 [a] 这样的元音时也这样做。练习在元音之间发喉塞音,说 [ɑʔɑ] 或 [iʔi],这样,你就对喉塞音有所体会了。

最常见的喉塞音形式出现在表示"不"的言语片段中,常被拼写为 *uh-uh*。如果有人问你一个问题,你可以用 [ˈʔʌʔʌ] 来回答"不"(通常带有鼻化元音,我们将在后面用一个符号来描写这个鼻化音)。注意在表示"不"和"是"的言语片段之间有一个对比,这个对比取决于喉塞音是否出现。如果意思是说"是",你最好说成 [ˈʌhʌ]。人们可以用成音节辅音(用在辅音下方标注 [ˌ] 来表示)代替元音,用 [ˈm̩hm̩] 表示"是",[ˈʔm̩ʔm̩] 表示"不",依然能被很好地理解。根据这个事实,我们可以说喉塞音在表义上起了很重要的作用。只要在两个音节间有喉塞音,不管用的是什么元音或鼻音,这个言语片段表达的就是"不"的意思。

喉塞音经常作为 /t/ 的音位变体出现。可能多数美国人和许多英式英语发音人在发后接成音节鼻音的词时会有喉塞音,如 *beaten*、*kitten*、*fatten* [ˈbiʔn̩, ˈkiʔn̩, ˈfæʔn̩]。伦敦东区考克尼口音①和河口英语的很多形式中,两个元音之间也会有喉塞音,如 *butter*、*kitty*、*fatter* [ˈbʌʔə, ˈkiʔi, ˈfæʔə]。许多英国人和美国人在词尾的清塞音前都有喉塞音,如 *rap*、*rat*、*rack*。从其他塞音的发音动作中通常也能听出喉塞音,所以这些词可以记为 [ɹæʔp͡, ɹæʔt͡, ɹæʔk͡]。在录制图 3.3 的例词时,赖福吉将 *mat* 发成 [mæʔt],这时喉塞音和 [t] 的持阻几乎同时发生。

请练习发带喉塞音和不带喉塞音的词。在你对发喉塞音的感觉有些许了解之后,试着用几种不同的方式说 *rap*, *rat*, *rack*。首先,用喉塞音和末尾除阻辅音形式发 [ɹæʔpʰ, ɹæʔtʰ, ɹæʔkʰ];然后,用不带喉塞音和末尾塞音非爆发的形式发 [ɹæp̚, ɹæt̚, ɹæk̚];再用喉塞音和末尾辅音非爆发的形式发 [ɹæʔp̚, ɹæʔt̚, ɹæʔk̚];最后,用只有喉塞音而无其他末尾辅音的形式发 [ɹæʔ, ɹæʔ, ɹæʔ]。

EXAMPLE 3.5

当浊塞音和鼻音出现在同一个词中时,塞音通常无除阻,如 *hidden*。[d] 和 [n] 都是龈辅音。发 [d] 时舌头抬起接触到龈脊,发鼻音也在那个位置上,从而形成 [ˈhɪdn̩]。如图 3.4 所示,塞音闭塞后形成的气压通过降低软腭让气流从鼻腔释放形成鼻音。这个现象就是**鼻爆发**(**nasal plosion**),通常出现在如 *sadden*、*sudden*、*leaden* [ˈsædn̩、

EXAMPLE 3.6

---

① 译按:London Cockney,指以伦敦东区为中心的大都会地区富有特色的英语腔。原词来自 Coken-ey "cock's egg"〈公鸡蛋〉,喻过于拘谨柔弱的人,后该指城里的乡下人。

'sʌdn̩, 'lɛdn̩] 这些单词的发音中。加上元音被认为是外国口音的标志,记为 ['sædən, 'sʌdən, 'lɛdən]。鼻爆发也出现在/t/后有/n/的发音里,如 kitten ['kɪtn̩],但大多数说英语的人发这个词时都带喉塞音 ['kɪʔn̩]。

请花一些时间切实地想想你和他人是怎样发 kitten、button 之类的词,这是很有意义的,因为它能让你加强对具体音位的观察。这里存在很多不同的可能性。多数英式和美式英语的发音人在元音结束后、齿龈闭塞之前发喉塞音。然后,在仍然保持喉塞音的同时就降低软腭、抬起舌头形成齿龈闭塞。但哪个在前呢?如果他们在形成龈塞之前就降低软腭,就只有[ʔn]而没有[t]。如果先形成齿龈持阻,我们可以说有[ʔtn],但没有任何鼻爆发。因为[t]闭塞后将不再形成压力。鼻爆发只出现在没有喉塞音,或者在龈持阻形成之后软腭降低之前喉塞音解除的情况下。

图 3.4 | 鼻爆发

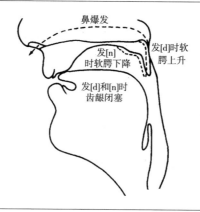

我们很难确定发这些音的先后顺序,但为了帮助自己发现所用到的调音器官及其活动情况,你可以做一些简单的工作。首先,找一根吸管和饮料,将吸管的一头含在嘴里,另一头放在(只能放在)饮料中。现在请发 [ɑpɑ],注意在发 [p] 时水泡是怎样形成的。这种水泡形式是由嘴唇闭合后形成的气压造成的。现在将吸管稍微再往嘴里伸一点儿,发 [ɑtɑ],发音就不会很准确,因为吸管对舌头形成齿龈持阻有所妨碍,你也许不得不试试用吸管的不同部位,直到你看见有气泡出来,确信气压是在 [t] 之后形成的。现在说 button。在发 [b] 时当然会有气泡,但在词末还有气泡吗?或者说你在词末发出喉塞音(而非[t])有气压形成吗?

如果两个音的调音部位相同，它们就是**同部位音**（**homorganic**）。辅音 [d] 和 [n]，都在齿龈部位发音，因此是同部位音。由于鼻爆发出现在词中，它肯定紧随在同部位的塞音之后。只有在这些情况下，气压才能在塞音闭塞过程中产生，然后通过降低软腭从鼻腔释放。英语很少有双唇塞音 [b] 或 [p] 后跟着同部位鼻音 [m] 的词，也没有软腭塞音 [k] 或 [g] 后跟软腭鼻音 [ŋ] 这样的词。所以，英语双唇和软腭鼻爆发没有龈鼻爆发那么普遍。但在快速交谈方式下，许多人把 *open* 发成 [ˈoʊpm̩]，尤其是后面一个词如果以 [m] 开头时，如 *open my door, please*。人们数数时经常把 *seven* 发成 [ˈsɛbm̩]，*something*、*captain*、*bacon* 有时发成 [ˈsʌmpm̩, ˈkæpm̩, ˈbeɪkm̩] 的。你应该试试用这些方法发发这些词。

EXAMPLE 3.7

当龈塞音 [t] 或 [d] 在同部位边音 [l] 之前出现时，也可能产生一个类似于鼻爆发的现象，如 *little*、*ladle* [ˈlɪtl̩, ˈleɪdl̩]。发塞音时形成的气压可以通过降低舌侧释放，从而产生**边爆发**（**lateral plosion**）①。请念 *middle* 并注意舌头的动作。许多人（特别是英式英语发音人）在发塞音和边音的过程中保持舌与龈的接触，到词末才除阻。其他一些人（多数美国人）把第二个音节里的元音发得很短。发边爆音的人在发 *little*、*ladle* 等词的第二个音节时不出现元音。这些词末辅音都是成音节的。*Atlantic* 这样的词也会有边爆音，其中的 [t] 可能音节重组②，从而位于重读（第二个）音节的开头。我们也应该注意到，不管有无边爆发，多数美国人发 *little* 时，确实没有清塞音。美式英语有一个普遍规律，即只要 /t/ 出现在一个重读元音之后、非重读音节之前（[n̩] 除外），它会变成一个浊塞音。对于那些有边爆音的美国人来说，这个塞音是 [d]。

这就带给我们另一个关于舌冠塞音和鼻音的重要观点。对于很多发音人，包括多数美国人来说，在诸如 *city*、*better*、*writer* 等词中元音间的辅音不是真正的塞音，而是一个舌尖迅速弹向齿龈的拍音。这个音可以用 [ɾ] 来记写，所以 *city* 可以记成 [ˈsɪɾi]。当 /d/ 出现在重读元音之后非重读元音之前时，很多美国人也发这种拍音。所以，他们无法区分像 *latter*、*ladder* 这样成对的词。但是有一些人通过这些词

EXAMPLE 3.8

---

① 译按：lateral plosion（又 lateral release，边除阻），是指一个爆发音发音时，只有舌的一侧或两侧开启，而中路仍然阻塞的现象。

② 译按：resyllabify（音节重组），指某种方法中的一种将音段从一个音节移到另一个音节的过程。如，*Atlantic* [ətˈlæntɪk] 经音节重组，发成 [ətˈlæntɪk]。

底层形式中的清辅音,如 *latter* 中发一个稍短的元音来保持区别。判断两个元音间的辅音是否带声,元音时长显得有点多余。但是,在带有拍音/t/、/d/的词中,反而是由元音时长来区分辅音是否带声。北美的某些英语方言,尤其是加拿大中部方言也区分像 *writer* 和 *rider* 这样的词,两个词发音时都带有拍音[ɾ],元音音质也有区别(像元音时长一样,元音音质在此也是多余的)。简言之,美国中西部人用二合元音时长来区分两个词,发成[ɹaːɪɾɚ]和[ɹaɪːɾɚ];而加拿大人却用"高化""央化"元音来区分,发成[ɹʌɪɾɚ]和[ɹaɪɾɚ]。

我们可以用图 3.5 所示的可能性来归纳有关塞音的讨论。首先要考虑的问题是塞音音姿是否除阻(爆发)。如果除阻,那么它是口音爆发还是由于降低软腭、气流通过鼻腔流出形成的鼻爆发?如果是口爆发,那么口腔闭塞的两个部分是全部打开,还是沿声道中央线某处完全闭塞,让气流从闭塞的一边或两边流出呢?你应该能够举出一些词例来说明所有这些可能性。另有一点在图 3.5 中没有标出,即在舌冠塞音[t]和[d]中哪个发成了拍音[ɾ]?

图 3.5 | 塞音爆发

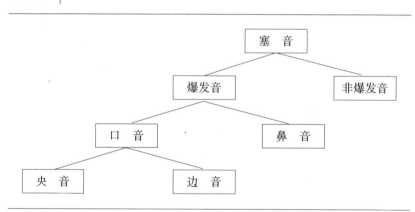

擦 音

英语擦音比塞音变化要少,但主要音位变体在许多方面跟塞音相似。前面我们看到,出现在清辅音/p,t,k/前的元音比在浊辅音/b,d,g/前的要短。在清擦音和浊擦音前,元音时长也会出现同样的情况。下列每组词中第一个词的元音都比较短：*strife*、*strive* [stɹaɪf, stɹaɪv]；*teeth*、*teethe* [tiθ, tið]；*rice*、*rise* [ɹaɪs, ɹaɪz]；*mission*、*vision* [ˈmɪʃn̩, ˈvɪʒn̩]。

英语辅音只有塞音和擦音有清浊之分。因此我们可以把"清塞音前的元音比浊塞音前的短"这一结论改为"清辅音前的元音比浊辅音前的短，不管是塞音还是擦音"。

我们还看到，音节末尾的清塞音比相应的浊塞音发得长，如 *hit*、*bid*。同样，在下列各组词 *safe*、*save* [seɪf, seɪv]，*lace*、*laze* [leɪs, leɪz]，以及本部分讨论的所有其他词中，清擦音发得比相应的浊擦音要长。还有一点要说明，因为擦音发音方式跟塞音相似，所以，如果认为这两类辅音完全不相干，我们就得不出上面语言学意义上的重要结论。

擦音在另一方面也跟塞音有相似之处。请你自己发一下，想一想 *ooze* 一词末尾擦音的带声程度。在多数发音中，[z]的带声成分并不贯穿发音的全过程，在最后变得像发 [s]。一般来说，词末尾的浊擦音，如 *prove*、*smooth*、*choose*、*rouge* [pɹuv, smuð, tʃuz, ɹuʒ]，只有当其后跟着另一个浊音时，带声成分才贯穿整个发音过程。如在 *prove it* 中，[v] 是完全浊音，因为它后面跟着元音。但是在 *prove two times two is four* 或 *try to improve* 中，[v] 后跟清辅音 [t]，或短语后有一个停顿，[v] 就不是完全浊音了。

EXAMPLE 3.10

简而言之，擦音和塞音之间的相似之处表现在三个方面：首先，塞音和擦音影响元音时长的方式相似，即清塞音或清擦音前的元音比浊塞音或擦音前的发得短；其二，词末的清塞音和擦音比同一位置的浊塞音和擦音发得要长；其三，除非邻近的音也是浊音，否则，被认为浊的词末塞音和擦音实际上带声成分并不能贯穿发音的始终。此外，这两类发音都涉及气流的受阻情况。所以既然二者有一个共同的发音特征，而且在音系学分析中也起作用，我们把擦音和塞音归为一种自然类别，称为**阻音**（**obstruents**）。

然而，擦音与塞音的确不同，它们有时涉及不立刻显现的唇部动作。请试发 *fin*、*thin*、*sin*、*shin* [fɪn, θɪn, sɪn, ʃɪn]。第一个词有一个唇部的动作，它涉及唇齿音[f]，在发其他三个词时你的嘴唇动吗？多数人会发现，在发含有 /s/（*sin, kiss*）的任何一个词时唇部要微微动一下，而发含/ʃ/的词（*shin*、*quiche*）时唇部的动感则更强。但发在含/θ/的词（*thin*、*teeth*）时唇部并不动。发跟/s/和/ʃ/对应的浊声擦音时唇部也动，如发 *zeal*、*zest* 中 /z/ 和 *leisure*、*treasure* 中的 /ʒ/，但是发 *that*、*teethe* 中的 /ð/时却没有。

这些擦音的主要音姿是两个调音器官非常接近，因此人们能听到摩擦成分。不涉及主要发音的两个调音器官的运动,因它们闭塞程度较轻而被称为次要发音。圆唇是次要发音,这是因为两个调音器官(下唇和上唇)虽相互接近但不足以造成摩擦。所以,加在另一个发音上的唇动作被称为唇化。英语擦音/ʃ, ʒ/是强唇化,擦音/s, z/是弱唇化。

🔊 塞擦音

此处我们回顾一下英语塞擦音的地位。塞擦音简单地说就是塞音后紧跟一个同部位擦音所形成的音,听起来好像是一个单个音。有一些"塞音＋擦音"序列(如 *eighth* 中的齿间塞擦音[tθ], *cats* 中的龈塞擦音[ts])是绝对的辅音丛(像 *spy* 和 *sky* 的开头一样),而不是塞擦音。但是,正像我们在讨论英语标音符号时所注意到的,辅音组合 [tʃ]、[dʒ] 不同于其他辅音,它们是英语中仅有的在词的首尾都可以出现的"塞音＋擦音"序列。而其他的"塞音＋擦音"序列只有形成复数形式或者做后缀时才出现在词末尾,如 *eighth* 的后缀。从音系学角度考虑英语的语音类型,腭-龈塞擦音很明显是独立的单位,但在 *cats* 之类的词中,[ts]只是两个连在一起的辅音。你可以自己试着发 *itch* 和 *badge*,并把音录下来,再回放(可以用 WaveSurfer 的"reverse"键),就可以感受到[tʃ]、[dʒ]是"塞音＋擦音"的语音组合,这种音通常在回放中听得更清楚。

🔊 鼻　音

跟塞擦音相比,英语鼻音在词形中的位置变化要小得多,鼻音跟[ɹ, l]一起出现于词末时可以自成音节。正像我们看到的那样,辅音下的 [̩] 符号表示其自成音节(当然,元音总是成音节的,所以不需要特别标记)。在严式音标中,我们可以把 *sadden*、*table* 记为 [ˈsædn̩, ˈteɪbl̩]。在多数读音中 *prism*、*prison* 可以记为[ˈpɹɪzm̩, ˈpɹɪzn̩],因为这些词末两个辅音之间通常没有元音。成音节辅音还可以出现在短语中,如 *Jack and Kate* [ˈdʒæk n̩ ˈkeɪt]。

鼻音 [ŋ] 跟其他鼻音在许多方面不同。英语中没有以 [ŋ] 开头的词,此音只出现在词中或末尾。即便在词中或词末它也不同于其他鼻音,它只出现在元音/ɪ, ɛ, æ, ʌ/、/ɑ/(美式英语)或者/ɒ/(英式英语)之后,而且不能自成音节(除了在非常特殊的发音中,如 *bacon*

[ˈbeɪkŋ]，还有上面提到的短语 *Jack and Kate*）。

[ŋ]在英语史上是/n/音位跟/g/音位组合的结果。据此，*sing* 记为/sing/，*sink* 记为[sɪnk]。如此得出这样一条规则：/n/出现在/g/和/k/之前就变成其音位变体[ŋ]，[sɪng]变为[sɪŋg]，[sɪnk]变为[sɪŋk]。另外，/g/只要出现在词末[ŋ]之后（如 *sing*），或词干加后缀之后（如-*er*，-*ing*），/g/（但不能是/k/）脱落。根据这条规则，在常后缀-*er* 的 *singer* 中/g/脱落，但 *finger* 中却保留/g/，因为 *finger* 中的-*er* 不是后缀。然而，有些纽约人对第二种音变规则毫不理会，他们把 *singer* 和 *finger* 发作完全押韵的词。

🔊 近　音

浊近音即 *whack*、*rack*、*yak*、*lack* 里的 /w, ɹ, j, l/。其中，前三个是央近音，最后一个是边近音。每个近音的发音根据其后的元音而稍有变化，在发 *we* 和 *water* 两个词中的第一个音时，你能感觉到它们舌位不一样，*reap* 和 *raw*，*lee* 和 *law*，*yes* 和 *yaw* 等三对词的第一个音也是如此。请发这些音，试着感觉一下自己舌头的位置。

这些近音也可能跟塞音一起构成复辅音。在 *pray*、*bray*、*tray*、*Cray*、*gray*、*twin*、*dwell*、*quell*、*Gwen*、*play*、*blade*、*clay*、*glaze* 等词中，近音 /ɹ, w, l/ 跟塞音组合在一起。清塞音 /p, t, k/ 后所跟的近音，大部分是清音，如：*play*、*twice*、*clay*。正如我们在这一章开头所讨论的，出现在清塞音后的清近音具有明显的送气色彩。当时我们介绍了一种标记在右上角的小符号 [ʰ]，可以用它来表示元音的前面部分是清音。当没有元音紧随其后时，我们可以用附加符号 [̥] 来表示清的近音，如：可以将 *play*、*twice*、*clay* 记为 [pl̥eɪ]、[tw̥aɪs]、[kl̥eɪ]。*you* [ju]一词中的近音 /j/，可以出现在跟上面相似的辅音丛中，如 *pew*、*cue* [pju, kju]，英式英语中的 *tune* [tjun] 也属这种情况。在更详细地讨论元音时，我们再来说明 [ju] 序列。

英式英语中，元音之前或两个元音之中的 /l/ 在多数情况下跟辅音前或词末的 /l/ 有很大的区别，如 *leaf*、*feeling* 和 *field*、*feel*。而在美式英语中，这两类/l/之间的区别要小一点儿。请注意自己的发音，试着体会在发 *leaf* 中的/l/时舌位在哪儿。你可能会发现舌尖接触龈脊，舌的一边或两边都靠近上齿背，但靠得不是很近。现在将它

跟 *feel* 中的 /l/ 比较一下，*leaf* 倒着念是不是像 *feel*？*feel* 倒着念是不是像 *leaf*？是用舌尖接触龈脊来发这个音的。但是，英式英语和美式英语都是舌的中部下拉，舌的后部像后元音那样向上拱起。若用舌尖接触龈脊发音，这是主要发音方式。而舌后部向上拱起，形成了我们称为**软腭化**（**velarization**）的次要发音。在美式英语的多数形式中，几乎所有的 /l/ 都相对软腭化了，只有在音节的开头和前高元音之间的 /l/ 除外，如 *freely*。英式英语中，元音前的 /l/ 通常不软腭化，如 *lamb*、*swelling*，但在词末尾或辅音前，/l/ 会软腭化，如 *ball*、*filled*。再通过发 *Don't kill dogs* 和 *Don't kill it* 比较一下 /l/ 的软腭化。尽管 /l/ 是出现在词末尾，很多人在 *kill it* 中没有软腭化，尽管 /l/ 是出现在词末尾，主要因为 *it* 更像一个后缀（或称为语素），跟后缀 *-ing* 在 *killing* 中的作用一样。（注：这两种 /l/ 的发音区别在英式英语中更明显）

EXAMPLE
3.11

表示软腭化的符号在第二章已经介绍过，是在音标中间加 [˜]。所以，*feel* 的严式音标是 [fiɫ]。对大多数人来说，整个舌体在口腔中向后上方抬起，舌尖不再接触龈脊。因此，严格来说，这个音在英语中不是龈辅音，而更像某种后元音。这个变体叫作"元音化"的 /l/。

最后，我们必须考虑 /h/ 的地位。早前我们认为，英语 /h/ 是其邻近清音的对应音。/h/ 出现在句子开头，发音像清化元音，但是 /h/ 还经常在词或短语中的元音之间出现，如 *behind the head*。当从一个元音通过 /h/ 向另一个元音滑动时，调音器官移动是连续的。发这个音已经有了带音弱化的迹象，但弱化并不能引出一个完全的清音。

英语的一些地方口音里，/h/ 只能出现在重读元音或近音 /j/ 的前面，如 *hue* [hju]。有些人也在 /w/ 前发 /h/，所以 *which* [hwɪtʃ] 跟 *witch* [wɪtʃ] 形成对立。[ʍ]（w 的倒写）音标有时用来表示与 /w/ 对应的清近音，是一个独立的音位。但在大部分英语变体中，/w/ 和 /ʍ/ 对立已经消失。所以，在一些方言中，/ʍ/ 更可能出现在那些不常见词的发音如 *whether* 中，而不是像 *what* 这样的高频词中。

🔊 音姿交叠

所有我们已经讨论过的语音都涉及调音器官的活动，人们常用特征化的调音部位来描述这些语音。但是，我们应该将每个发音看作是一种运动，而不是静止的部位。这样更容易理解诸如 *bib*, *did*, *gig*（本章前面提到过）中的辅音和元音音姿交叠的情况。正如我们所注意到的，在发 *bib* 的整个过程中，舌尖一直保持在下齿背；在 *did* 中，舌尖抬高发第一个 /d/，发元音时保持舌尖跟龈脊接近，为第二个 /d/ 做准备；在 *gig* 里，舌面后抬起发第一个 /g/，发元音时保持舌面后跟软腭接近。在这些情况下，元音和辅音的发音姿态交叠在一起。

同样的情况也出现在唇姿中。圆唇是发 /w/ 的基本动作。因为一个音姿趋势跟邻近音的姿态交叠，所以当塞音出现在 /w/ 之前，它们有点儿圆唇，如 *twice*、*dwindle*、*quick* [tw̥aɪs, ˈdwɪndl̩, kw̥ɪk]。这种第二个音姿在第一个音姿还没有结束之前就开始交叠的现象有时候也称为逆同化（*anticipatory coarticulation*）。这是近音和塞音的音姿交叠。很多人发英语 /ɹ/ 时也有某种程度的圆唇。请试着读 *reed*、*heed*，你是否感觉到，发第一个词时有唇部动作而第二个却没有呢？请照照镜子，看看发塞音 [t, d] 时是否先圆唇，你会发现，发 *tree* 和 *dream* 时嘴唇有点儿圆，而发 *tee* 和 *deem* 时却没有。

我们经常把不同的音姿看作是朝向特定目标运动的发音现象。调音器官要瞄向目标运动，但却不一定要抵达目标，这或许是因为还得瞄向另一个目标，所以得从这个目标移开。理想的发音描写应包括一串接连不断地向目标变化的音姿赋值，图 3.6 是法语的 [b]、[d]、[g] 在不同元音环境下的发音部位图，相应的有关英语的实验我们也做过。其稳定和变化模式非常有意思。比如，[b] 在发音时，嘴唇、下巴和软腭的位置在不同元音环境下保持不变，除了舌位和喉头高度稍有变化以外。仔细看你就会发现，法语 [b] 在元音 [i]、[u]、[a] 以及 [y] 环境下的舌位变化。同样，发法语 [d] 时，声道某些部分（舌尖、软腭、下巴）的位置在所有元音环境下保持不变。发 [b] 时的舌形变化（需要舌尖和舌叶一起动作）比发 [d] 时要大得多，而发 [d] 时的唇形变化比 [b] 更明显。和 [b]、[d] 不同的是，随着邻近元音的不同，[g] 的唇形变化以及舌前/舌后的位置变化都很大。[g] 和其邻近元音的协同发音似乎说明，元音音姿和辅音音姿在互相竞争，争夺对舌体的控制权。在元音 [u] 的环境下，[b] 舌位靠后（如图发音 [b] 所示），而 [g] 却使舌位靠前。在元音 [i] 的环境下，[b] 舌位靠前，而 [g] 舌位靠后。如图 3.6，[g] 持阻位置的变化比 [b]、[d] 更灵活。这可能是因为，发 [g] 时舌体动作幅度较大（像元音一样）。

语音间的协同发音总会使声道某些部位受到很大影响，而其他部位所受临近音影响较小。逆同化的程度取决于两个目标音所确定的调音器官位置，协同发音的程度也取决于两个音之间的间隔。如：当下一个音是圆唇时，如 *coo* [ku]，[k] 会带有明显的圆唇色彩。如果

[k] 和 [u] 之间被另一个音隔开，如 *clue* [klu]，圆唇度会小一点。如果在两个音之间还有词间隔，圆唇度就更小了。如短语 *sack Lou* [sæklu]。然而，即使跨越更长的序列，有些圆唇还可能出现，协同发音还可能被察觉到。在短语 *tackle Lou* [tækɬlu] 中，最后那个 [u] 的圆唇在发两个音段和一个词之隔的 [k] 时就开始了。

图 3.6 不同元音环境下的[b]、[d]、[g]发音矢状图（由 **Anne Vilain**、**Pierre Badin** 以及 **Christian Abry** 提供，并得到澳大利亚语音科技协会的允许）。（注意：由于原图未获得授权，图片更换为临摹线图。）

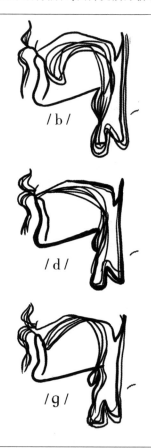

发音描写和音姿目标描写之间的关系绝非简单。有时候，由于交叠音姿的影响，可能会出现语音对立中新的成员。*key* 中的[k]和 *caw* 中的[k]，二者之间差异可以简单地解释为它们跟不同的元音交叠。同样，我们不必分别详细说明 *ten* 的龈音 [n] 和 *tenth* 的齿音 [n̪] 的目标，两个音的动作结果都是指向同一目标。而 tenth 中的音位/n/，可以理解为受到后续音所要求的齿音目标影响所发的音。然而，一些语音之间的差异的确是指向不同目标的结果。对于很多美式英语的发音人来说，reed 开头的 [ɹ] 带有舌音姿，这一点和 deer 结尾的 [ɹ] 非常不同。在英式英语的大多数形式中，leaf 中 [l] 和 feel 中 [l] 的不同之处不能归因于协同发音。总之，协同发音并不是造成语音变化的唯一原因。比较一下 button 中的 /t/ 在快速发音（[bʌʔən]）和慢速发音（[bʌtʰən]）时的区别，同一个词中的辅音有两个完全不同的音姿（[tʰ] 和 [ʔ]）。有时，交叠音姿会造成语音变化，产生所谓的固有音位变体（intrinsic allophone）；有时则涉及不同的音姿，可以称为外在音位变体（extrinsic allophone）。

总而言之，音姿目标是用来描述如何发音的单位。实际上，邻近音的所有音姿都会交叠在一起。因此，我们观察到的发音现象，可以用音姿时序交叠变化的不同来解释。下一节会提供更多的例子来说明。

英语辅音音位变体

现在，我们对英语辅音做一个较为深入的总结。最好的总结方法是：列出一套用以描述英语音位变体分布模式的规则来。第一条规则和辅音的长度有关：

(1) 当辅音处在短语末尾时发音较长。

通过比较 what will you miss 和 I'll miss it all 中 /s/ 的长度，你就能体会到这一区别。用 WaveSurfer 或 Praat 软件给一些词（该词要么位于短语末，要么位于短语中）录音，并画语图，就能验证短语末的辅音是否发音较长。

大多数语音变化模式只适用于选定的一组辅音。

(2) 清塞音（如 /p, t, k/）在音节开始时为送气音，如 pip、test、kick [pʰɪp, tʰɛst, kʰɪk]。
(3) 浊阻音（塞音和擦音，如 /b, d, g, v, ð, z, ʒ/），当出现在言语末尾或是清音之前时，带声成分非常弱。请说 try to improve，仔细听 /v/，再说 add two，听 /d/ 的音质。
(4) 在音节开头，所谓的浊塞音和塞擦音 /b, d, g, dʒ/ 是清的，除非立刻在其前面加上一个浊音，它们才发成浊音。（比较 a

day 和 this day）请你读一下 this day 并录音，听 sday 这一部分，是不是很像 stay？

(5) 清塞音 /p, t, k/ 在 /s/ 后为不送气音，如 spew、stew、skew。

(6) 处于音节末尾的清阻音 /p, t, k, tʃ, f, θ, s, ʃ/ 比相应的浊音 /b, d, g, dʒ, v, ð, z, ʒ/ 发得要长。

验证这一规则的词有 cap 和 cab、back 和 bag。请试着在句子中比较这些词，也许你能更清楚地听出其间的差异。

(7) 近音 /w, ɹ, j, l/ 在 /p, t, k/ 之后出现时，至少部分是清音，如 play、twin、cue [pl̥eɪ, tw̥ɪn, kj̥u]。

形成这种发音的原因是，送气需要的音姿和近音需要的浊音音姿交叠在一起（注意：正式的表述是，它们是至少部分清音，但是标音时把近音记为完全清音。这种表述和标音间的矛盾将于下文进一步讨论）。

(8) 相邻的塞音之间形成音姿交叠，使前一个塞音不爆发，如 apt [æp̚t]、rubbed [rʌb̚d]。

(9) 在很多英语口音中，音节末的 /p, t, k/ 伴随着出现一个交叠的喉塞音音姿，如 tip、pit、kick 发为 [tɪʔp, pɪʔt, kɪʔk]。（这是标音不能完全描写发音过程的又一种情况）

这一规则不适用于所有的英语变体。在上面语音环境中，有些人发音时没有任何喉塞音，而另一些人却用喉塞音完全代替一些清塞音，或者所有清塞音。在任何情况下，甚至对只简单加上喉塞音的那些人，这一表述也不完全准确。是否发喉塞音，在不同短语中会不一样，很多人在发 that's a cat 或者 the cat sat on the mat 中的 cat 时末尾处会出现喉塞音，但发 the cat eats fish 时，cat 却没有出现喉塞音。

(10) 很多英语口音中，当出现在同一个词的龈鼻音之前时，/t/ 被喉塞音所替代，如 beaten [ˈbiʔn̩]。

(11) 当紧随一个塞音并在词尾出现时，鼻音是成音节的，如 leaden、chasm [ˈlɛdn̩, ˈkæzm̩]。

值得注意的是，我们并不能说只要出现在词尾或辅音之后鼻音就变成了成音节的。多数英语口音中，kiln 和 film 的鼻音是不成音节的。然而，我们却可以简要说一条描写 /l/ 成音节的规则。

(12) 紧随辅音之后的边音 /l/ 在词末尾时是成音节的。

这一表述总结了 /l/ 自成音节的事实，即不仅出现在塞音和擦音之后(如 *paddle*、*whistle* [ˈpædl̩, ˈwɪsl̩]),而且也出现在鼻音之后(如 *kennel*、*channel* [ˈkɛnl̩, ˈtʃænl̩])。这一规则唯一问题是/ɹ/之后/l/的发音。这些规则对 *barrel* [ˈbærl̩] 之类的词来说是正确的,但在美式英语的大部分形式中却不起作用,如在 *snarl* [snɑɹl] 中,/ɹ/ 被认为是元音的一部分。

在美式英语中,当 /ɹ/ 不作为元音的一部分时,它就跟/l/一样,出现于词末和辅音之后时为成音节的,如 *sabre*、*razor*、*hammer*、*tailor* [ˈseɪbɹ̩, ˈreɪzɹ̩, ˈhæmɹ̩, ˈteɪlɹ̩]。如果引进一个新术语——**流音(liquid)**——只简单地作为包含辅音/l, ɹ/的术语,我们可以重新定义(12):

(12a) 词末尾处紧随辅音之后的流音 /l, ɹ/ 是成音节的。

下面(13)的表述依然更适用于美式英语而不是英式英语,它对 *fatty*、*data* 的 /t/ 读成 [ˈfæɾi, ˈdæɾə] 做出了说明。但是要注意这并不是出现这种变化的唯一情境。这一变化不仅仅影响重读元音后和一个非重读元音前的/t/,两个非重读元音间的/t/也受到影响(如 *divinity*)。但不是所有的在元音间的/t/都以这种方式变化。*Attack*(即在一个重读音节前)中的/t/是清塞音,在别的辅音后的/t/也是清音,如 *hasty*、*captive*。值得注意的是,多数说美式英语的人在相似的环境里发含有/d/和/n/的词时也有跟/t/非常相似的音姿,如 *daddy*、*many*。第一个单词可以准确地记为 [ˈdæɾi],第二个除了鼻化,其他音姿和第一个单词一样,所以,用严式音标可以记为[ˈmɛ̃ɾ̃i]。鼻化可以用加在音标上的附加符号 [˜] 表示。下面的表述是对上述所有事实的解释。

(13) 当出现在两个元音间(其中第二个非重读)时,龈塞音变成浊拍音。

很多说美式英语的发音人需要一个类似于上面表述的规则,来描述一组出现于塞音前的龈鼻音。如:在 *painter*、*splinter* 之类的词中,/t/ 脱落后产生了一个鼻音性拍音。用相同方法发 *winter*、*winner*、*panting*、*panning* 也会产生同样的鼻音性拍音。对这些发音人,我们可以重新定义(13),即:

(13a) 当出现在两个元音间(其中第二个非重读)时,龈塞音或龈鼻音后接塞音都变成浊拍音。

对这个表述,发音人在实际发音时却有不同的表现。一些人在熟知的词（如 *auntie*）中发拍音，在不常见的词（如 *dante*）中却不这样。有些人只在快速说话时发拍音。请您试着也概括一个规则来描写自己的发音。

(14) 龈音在齿音前变成齿音，如 *eighth*，*tenth*，*wealth* [eɪt̪θ, tɛn̪θ, wɛl̪θ]。请注意：这一表述不仅仅是指塞音，对所有齿龈音都适用，同时也经常适用于跨词界的发音，如 *at this* [æt̪ ðɪs]。这个表述说明，在英语中这两类辅音之间音姿交叠的情况很多，以致第一个辅音的调音部位发生了变化。

在快速发音时，齿音有弱化省略的趋向。请您先慢慢地发下面的短语，然后加快语速，体会一下自己的发音。至于辅音什么时候被省去我们很难做出精确的表述，因为这在很大程度上取决于言语风格。龈塞音经常在 *fact finding* 之类的短语中脱落。多数人将 *most people* 说成 [ˈmoʊs ˈpipl̩]，人们听不到 [t]；发 *send papers* 之类的短语时也听不到 [d]。据此我们可以得出下面的表述：

(15) 处在两个辅音之间的龈塞音发音弱化或脱落。

表述(15)提到了语音学中的一个有趣现象。请注意我们所说的"龈塞音常常听上去脱落"和"听不到 [d]"。但是，在 *most people* 中，龈塞音的舌尖音姿可能并没有被省略，而只是听不见，因为它和接下来的双唇塞音姿态完全交叠在一起。最常见的是，它是部分地被省略了。也就是说，为了跟龈塞音协同发音，舌尖发生移动但并未形成完全闭塞。我们可以用音位音标记写为 [ˈmoʊs ˈpipl̩] 或 [ˈmoʊst ˈpipl̩]，这样做的话，[t] 是否存在便成了问题。但是这并不是真正的问题。一部分舌尖动作已经完成，这是我们无法用符号记写的一个事实。

请检查一下你是怎样说 *best game*、*grand master* 之类短语的。请说一些带龈塞音和不带龈塞音的短语或者类似的短语。你会发现很难得出这样一个表述，即在你发音里可能不出现任何龈塞音。

我们不仅必须要说明辅音在何处脱落，还要说明它们在何处添加，如 *something* 常被发成 [ˈsʌmpθɪŋ]，*youngster* 常被发成 [ˈjʌŋkstɚ]。与此相同，很多人不区分 *prince* 和 *prints*，*tense* 和 *tents*。这些词的发音可能在鼻音和清擦音之间加上了短的清塞音。但这个塞音并不是一个真正的添加在词中的辅音音姿。原因很简单，就是鼻音音姿所需时间发生了变化。通过延迟发鼻音时软腭降低的时间（完全闭塞的时刻），从而产生了塞音。用这种方式将塞音很明显地插入一个词的中间，这就是众所共知的**增音**（**epenthesis**）。如果要从这

一现象中归纳出一个规律来,我们可以说:

(16) 同部位的清塞音可能会出现在同一个词中鼻音后、后接非重读元音的清擦音前。

上面表述所提到的后接元音一定是非重读音,这一点非常值得注意。发名词 *concert* 有塞音增音习惯的发音人,并不常在动词派生词里发这个增音,如 *concerted*,发 *concern* 之类的词也一样。关于鼻音之前的元音没什么需要特别说明的。增音也可能出现在非重读元音之间,像表述(13)中 [t] 变成 [ɾ]。我听到过有人在 *agency*、*grievances* 中插入 [t]。

表述(16)提出了一个跟(15)相似的观点。在(15)中我们关注的是一个音段是否会被删掉,现在我们关注的是音段是否增加。在各种情况下,人们都最好将上面所关注的问题看作是伪问题,我们只考虑所涉及的音姿,而不要担心标音符号是否能代表一个个的音段,因此将 *something* 记为 [ˈsʌmpθɪŋ] 也许更方便。但是,标音只是一种工具,不应该被认为是用于语音产生所必要的描写单位。

表述(17)说明:两个完全相同的辅音一个接着一个发出时会导致辅音发音缩短,如 *big game*、*top post*。说其中的一个辅音脱落了,这种说法通常是不确切的。因为两个辅音发音姿态交叠得很紧,从而形成音质缩短的效果。即使在随意的交谈中,多数人应该会区别 *stray tissue*、*straight issue*、*straight tissue*。(请试着说 *That's a stray tissue* 之类的句子,并体会一下自己的发音情况。)对所存在的这种音质缩短的效果,我们可以做如下表述:

(17) 两个相同辅音相邻时,前一个辅音发音较短。

表 3.2 一些具有符号价值的附加符号

̥	清化	w̥	l̥	kw̥ɪk, pl̥eɪs	*quick, place*
ʰ	送气	tʰ	kʰ	tʰæp, kʰɪs	*tap, kiss*
̪	齿化	t̪	d̪	æt̪ðə, hel̪θ	*at the, health*
ˠ	软腭化	ɫ		pʰɪɫ	*pill*
̩	成音节	n̩	l̩	ˈmɪʔn̩	*mitten*
̃	鼻化	æ̃		mæ̃n	*man*

我们可以描写导致 /k/、/g/ 的发音更向前的音姿交叠情况,如 *cap*、*kept*、*kit*、*key* [kæp, kɛpt, kɪt, ki],*gap*、*get*、*give*、*geese* [gæp, gɛt, gɪv, gis] 的发音。你应该能感觉到每组词中后面词的发音舌体接触的部位更靠前。因此,我们可以说:

(18) 软腭塞音后接舌位较前元音时发音部位更靠前。

最后,我们需要注意/l/在具体词中的音质差异,如 life [laɪf] 和 file [faɪɫ], clap [klæp] 和 talc [tæɫk], feeling [filɪŋ] 和 feel [fiɫ]。

(19) 边音/l/在元音之后或词末辅音之前软腭化。

要注意的是,处于不同语境中的/l/,会有清晰而不同的音姿。但这些不同音姿不能归为音姿交叠。

🔊 附加符号

从本章及前面的章节里可见,我们可以通过在英语音标上添加附加符号、小标记,来缩小音标的表意范围,使人们对它的运用更加细化。前面介绍的六个附加符号在表 3.2 中都可以看到。请你在尝试任何更细化的标音练习之前必须先学会使用这些符号。注意鼻化符号跟软腭化符号的区别:鼻化符号是加在音标上面的一个小波浪线(波浪号);软腭化符号是从中间穿过音标的波浪号,也可以用希腊字母伽马(γ)的上标形式来表示。与软腭化相比,鼻化在元音中更普遍,这个将在下一章讨论。

🔊 要点回顾

这一章详细介绍了英语辅音,重点在辅音的变体规则。其中最关键的一点是:就像在电脑上输入文字一样,辅音在发音时不易被省略。因为:(1)我们用来辨别语音的线索牵涉到相邻的若干个音。比如,*mad* 和 *mat* 中/d/、/t/的区别是塞音前元音的长度。(2)语音序列中相邻的音之间会互相影响。例如,*buttton* 中的[n]在发音时可以没有舌的运动——因为舌头一直保持在发[n]之前[t]的位置,仅仅是鼻腔打开,加上带声特征而已。在图 3.6 中,我们也看到了元音和辅音的不同组合会引发声道不同部位位置的改变。这些都使我们认识到:用字母来标音是非常便捷,用规则描述语音之间的对立和互补关系也是语音学最基本的问题。最后,通过把重点放在由不同音姿所造成的语音差异上,我们可以有把握地解释不同的语音模式。

🔊 练 习

A. 下面几幅有注释的图呈现了 *brench* 词末辅音的发音过程,请填空:

在元音终止前软腭 _____ ,使气流 _____ 。

在元音终止处舌叶抬起跟 _____ 接触,防止气流 _____ 。

双唇仍然保持 _____ 。声带继续 _____ 。

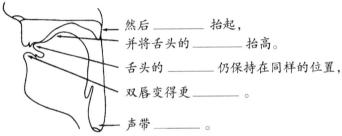

然后 _____ 抬起,
并将舌头的 _____ 抬高。

舌头的 _____ 仍保持在同样的位置,

双唇变得更 _____ 。

声带 _____ 。

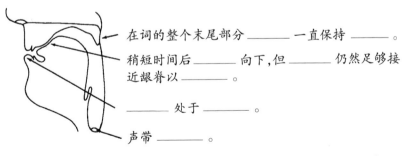

在词的整个末尾部分 _____ 一直保持 _____ 。

稍短时间后 _____ 向下,但 _____ 仍然足够接近龈脊以 _____ 。

_____ 处于 _____ 。

声带 _____ 。

B. 请根据 *implant* 一词中间辅音的发音特点,解释下页的调音器官图。要求:(1)在每一张图的解释中都要提到嘴唇的动作、舌头的不同部位、软腭和声带;(2)搞清楚一个辅音向另一个辅音过渡时调音器官哪一部分最先动。要解释的是正常对话的发音,注意双唇鼻音中舌的位置。

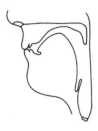 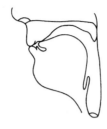 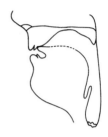

C. 画调音器官图,并对发音过程做出跟上面练习一样的解释。解释短语 *thick snow* 中间辅音发音动作的要求:(1)搞清楚发音动作的前后顺序,注意在发音过程中双唇、舌头、软腭和声带的动作;(2)在开始之前自己先以正常语速将这个短语说几遍,特别要注意在形成复辅音的发音时,舌体后部的下降是在舌尖动作之前还是之后。

D. 给表述(2)到(19)各举一组例子,并用严式音标记音。要求所举之例不是书中用过的例句。切记要在一个音节以上的词中标出重音。

 表述(2) 三个例子(每个清塞音举一个词)

  _____ _____ _____

 表述(3) 七个例子(每个浊阻音举一个词)

  _____ _____ _____

  _____ _____ _____

  _____

 表述(4) 八个例子(每个浊塞音或塞擦音举两个词)

  _____ _____

  _____ _____

  _____ _____

  _____ _____

 表述(5) 三个例子(每个清塞音举一个词)

  _____ _____

 表述(6) 四组例子(每个调音部位举一个词)

  _____ _____ _____

 表述(7) 四个例子(每个近音举一个词)

  _____ _____

  _____ _____

表述(8)　六个例子(每个浊塞音和清塞音举一个词)

　　　　　_____　　_____　　_____
　　　　　_____　　_____　　_____

表述(9)　三个例子(不一定是自己的发音)

　　　　　_____　　_____　　_____

表述(10)　三个例子(用三个不同的元音)

　　　　　_____　　_____　　_____

表述(11)　三个例子(至少用两个不同的鼻音)

　　　　　_____　　_____　　_____

表述(12a)　六个例子(带/l/和/r/各三个词)

　　　　　_____　　_____　　_____
　　　　　_____　　_____　　_____

表述(13a)　六个例子(带/t,d,n/各两个词,其中一个是/t,d,n/位于非重读元音后的例词)

　　　　　_____　　_____　　_____
　　　　　_____　　_____　　_____

表述(14)　三个例子(带/t,d,n/各一个词)

　　　　　_____　　_____　　_____

表述(15)　三个例子(可举任何一种)

　　　　　_____　　_____　　_____

表述(16)　两个例子(用两个不同鼻音)

　　　　　_____　　_____

表述(17)　三个例子(可举任何一种)

　　　　　_____　　_____　　_____

表述(18)　四个例子(用四个不同元音)

　　　　　_____　　_____
　　　　　_____　　_____

表述(19)　两组对比性例子(试着找一些可以正反两读的词对,如 $life$ [laɪf] 和 $file$ [faɪl])

　　　　　_____　　_____
　　　　　_____　　_____

E. 挑战性练习:试着给书中的一些表述列举两个例外。

　　表述(　)　_____
　　表述(　)　_____

F. 请为描写/h/的音位变体写一条表述。

_____
_____
_____
_____

G. 请分别为下面英式英语和美式英语标音
英式英语发音：
Once there was a young rat named Arthur
Who could never make up his mind
Whenever his friends asked him
　　If he would like to go out with them,
he would only answer, "I don't know".
He wouldn't say "yes" or "no" either.
He would always shirk making a choice.

美式英语发音：
Once there was a young rat named Arthur
Who could never make up his mind
Whenever his friends asked him
　　If he would like to go out with them,
he would only answer, "I don't know".
He wouldn't say "yes" or "no" either.
He would always shirk making a choice.

🔊 操　练

A. 请学着发一些非英语的音。为了体会一下连续发音时加上和减去带声的感觉，先请反复练习说 [ssszzzssszzz]。现在再试着用同样的方法说 [mmmm̥mmmmm̥mm]。要求双唇一直紧闭。在发 [m̥] 的过程中实际上应该做出跟通过鼻子呼气时一样的动作。现在，将 [m̥] 夹在元音之间说，试着在元音与辅音之间不要有任何间断，发出像 [am̥a, im̥i] 之类的音流。

B. 反复用 [n̥, ŋ̥, l̥, r̥, w̥, j̥] 做练习，学习发 [an̥a, aŋ̥a, al̥a, ar̥a, aw̥a, aj̥a]，并用另一些元音构成跟前面一样的音丛做练习。

C. 要求能将英语 *whether weather ；which, witch* 区分开来（即

使你平常不这样做）

请发：

[ʍɛðə(ɹ)]　　　whether
[wɛðə(ɹ)]　　　weather
[ʍɪtʃ]　　　　which
[wɪtʃ]　　　　witch

D. 学习发下列缅甸语的词（你可以暂时忽略标在元音上的声调，清音的附加符号放在[ŋ̊]上是为了避免和[ŋ]混淆。）

浊鼻音		清鼻音	
mâ	提起	m̥â	从……
nă	疼痛	n̥ă	鼻子
ŋa	鱼	ŋ̊a	借

E. 跟同学一起做练习，发几组乱编的词并给它们标音。你应该用一组比前面更复杂的词。请根据下面给出的一组词编一些自己的例子，包括喉塞音、鼻音、边爆发音，以及一些不可能在英语中出现的音丛。请记着标出重音。

ˈkl̥antʃʊpsˈkweɪdʒ
ˈʒiʒm̩ˈspobm̩
ˈtsɪʔɪˈbɛʔɪdl̩
mbuˈtr̩ɪŋ̊
ˈtwaɪbrɛʔɪp

F. 为了拓展你理解语音认知的记忆范围，你应该在发音理解联系中加入一些简单但较长的单词，下面给出一组这样的词。从中也许会发现，对你而言，听像最后两个那样包括八个音节的词太难了。但还是请你试着把自己的听力发挥到极致。当在听同伴听写单词时，请你试着做：(1) 看他的发音动作；(2) 随后尽可能自己立刻跟着做重复发音；(3) 最后尽快写下来，包括重音。

ˈkiputuˈpikitu
ˈbɛgɪˈgɪdɛˈdədɪ
tr̩iˈtʃɪʔituˈdrudʒi
ˈrilɛˈtolɛˈmɑnuˈdʊli
ˈfaɪθiðiˈvɔɪðuvuˈθifi

第四章 英语元音

🔊 标音与语音词典

英语元音可以用不同方法标写，这一方面是因为不同英语地方口音的元音有很大差异；另一方面，即使在一种英语口音中，标写元音也没有一种完全正确的方法。使用哪一套符号取决于标音的目的。如果记音人重点在于使用最少的符号来描写英语，那么，针对时长上不同的各组元音，如 *sheep* 和 *ship*，*Luke* 和 *look*，就可以简单地使用长音符号[ː]来区别，标写成[ʃiːp，ʃip]、[luːk，luk]。尽管这样可以有效地减少英语元音的音标数目，但读者要注意，用长音符号区别开的一组元音不仅在时长上有差异，而且在音质上也存在差异。另一种标音方法应该可以突出英语元音的所有差异，严格区分元音的时长和音质，即将 *sheep* 和 *ship* 标写为[ʃiːp，ʃɪp]。但使用这种方法标音，又会掩盖元音时长和音质之间的相互关系，所以没必要同时标出这两个特征。本书选用大多数语音学家的标音方法，用[ʃip，ʃɪp]标写，让读者自己去体会时长差异。

在第二章介绍过的这种简易标音方法也有一些缺陷。一些被广泛使用的兼有英式英语和美式英语发音的参考书都不使用这种方法来标音。其中一部是由英国语音学家丹尼·琼斯(Daniel Jones)编纂的。他对英语发音的准确描写曾风靡 20 世纪前半叶的英语语音学界。当前最新的版本《英语发音词典》(第 18 版)(*English Pronouncing Dictionary*)(剑桥：剑桥大学出版社，2011)，即人们所熟知的 EPD18。虽仍用丹尼·琼斯的名义，但实际上是由三位新编者皮特·罗奇(Peter Roach)、简·塞特(Jane Setter)和约翰·艾斯灵(John Esling)修订完成的。该书把美式和英式的英语发音全都标写出来。在附带的 CD 中读者可以听到英式英语和美式英语两种发音。

另一权威著作是约翰·威尔斯(John Wells)编纂的《朗文发音词典》(第 3 版)(*Longman Pronunciation Dictionary*)(英国哈洛：培生集团,2008)。这部词典就是大家熟知的 LPD3,附有 CD,也提供了英式和美式两种英语发音。约翰·威尔斯教授接替丹尼·琼斯供职于伦敦大学,是语音学领域的学科带头人,他被公认是至今世界英语发音(包括英式、美式以及其他各种形式)的最高权威,EPD18 和 LPD3 都标写了元音时长的差异,没有采用本书使用的只记音质差异的标音方法。我们用[ʃip, ʃɪp]来标写 *sheep*、*ship*,他们却用[ʃiːp, ʃɪp]来标写。第三部词典是克里夫·厄普顿(Clive Upton)、威廉·克雷奇马尔(William Kretzschmar)和拉夫·科诺普卡(Rafal Konopka)编纂的《牛津当代英语发音词典》(*Oxford Dictionary of Pronunciation for Current English*)(英国牛津：牛津大学出版社,2003)。与上述两本稍有不同,这本词典提供了英语更广泛的英式和美式发音。为了更详细地描述语音特征,这本书所使用的音标和音位变体音标比上述两本词典要多。

对英语发音有兴趣的人,可以选用上述三部词典中的一部来做参考。这三部书都是根据所谓的标准美国新闻播音员或英国 BBC 播音员的典型发音(这本书里简称为美式英语或英式英语)而编纂的。当然美国或英国都不存在真正的标准发音,即使新闻播音员也有明显的地方口音。但这些词典提供的发音在英国和美国都被广泛接受。词典详细地比较每个词的两种发音,例如,英国人发 *Caribbean* 的时候,第三个音节重读[kæɹɪˈbiən],但美国发音却是第二个音节重读[kəˈɹɪbiən]。

一般美国大学的词典也提供发音,但采用的标音符号与国际音标不完全相符,也很少用作语音对比的目的。美国词典编纂者声称,之所以不用国际音标是因为词典使用者多来自不同的地区,这样可以让他们学会用自己的口音发新的词。众所周知,国际音标可以描写不同地区的语音,所以词典编纂者在标注关键的词汇时,没有理由不给予国际音标和特别标音符号同样重要的意义。

上面提到的 LPD3 和 EPD18 两部词典用几乎同样的一套符号来描述英语发音,不同之处仅出现于标记美式英语 *bird* 的元音,LPD3 使用[ɝ]而 EPD18 使用[ɚ]。虽然《牛津当代英语发音词典》的音标稍有区别,但国际音标传统还是可以接受的。除了音长符号的省略和印刷差异外，本书使用的音标基本上与威尔斯的 LPD3 一样，LPD 在描写 head、bed 中的元音时用了[e]，但我们采用[ɛ]。在后面的章节中，对比其他语言的元音时（如法语和德语等），[e]和[ɛ]两个音标都需要。依照国际音标，我们也用[ɹ]来代替[r]，把[r]仍然视作不同语言中普遍存在的舌尖颤音。

🔊 元音音质

　　讨论至此，我们故意没有确切地解释每一个元音的音质。因为在第一章已经说过，传统的标音不足以充分描写元音。让语音学知识水平跟你差不多的人找出英语词 boy 的元音舌位，你可能会有很多不同的答案。你在发一套元音时能说清楚自己的舌位吗？

　　图 4.1 展示了英式英语的元音在发音中点时的核磁共振成像图[感谢牛津语音实验室的负责人约翰·考曼（John Coleman）教授提供图]。这些图片上都标有国际音标符号，而且，声道中气流通过的地方都用黑色阴影表示。（考曼教授建议国际音标用[a]来标写该发音人所发 pat 中的元音。）发音人面向左，但当时核磁共振仪并没有能够拍到他的嘴唇动作。在图 1.13 上我们看到舌头的运动轨迹，前元音之间的舌位高低差异是相当明显的。而在图 4.1 中，前元音的舌位高度变化更明显。发[i]时，舌前和硬腭之间形成的气流通道很小（图中阴影部分不太黑），发[a]时稍大。此外，还能看到在发后元音[u]、[ʊ]时，舌头向后拉。所以，关于元音发音的描述，此图还有哪一点不尽人意呢？首先，它漏掉了英语中某些元音。比如，[e]、[oʊ]，其舌位比[ɪ]和[ʊ]都高。这一点从对图上元音的描述中是难以推测到的。其次，关于英语的低元音[a]、[ɒ]、[ɑ]之间在发音方面区别不大，但听觉上差异明显。由于图中看不到唇部的动作，所以就不能区别[ɒ]和[ɑ]。但不管怎么说，元音发音差异跟听觉差异和语言学差异比起来都显得微不足道。

　　让问题变得更复杂的是，元音发音时，舌头没有接触口腔上顶的中线，发音人很难感觉到自己具体的舌位。同理，他也很难感受到别人的具体舌位，元音的标写也因此存在很多困惑。我们很难描写自己所发元音的舌位。人们常常不能确定自己说话时的元音舌位，只是根据语音学理论书的说明来描写舌位。创立一套术语很容易，但这些术语往往只起分类作用，并不能真正用于元音描写。

　　在第一章和第二章中我们就开始使用这套术语介绍这些元音的

性质,这一章还要继续介绍。但读者应当注意的是,这里所用的元音术语只起简单的分类作用,用来描述元音之间的联系,并不是对元音舌位的绝对描写。

图 4.1 英式英语元音舌位的磁共振照片
（注意：由于未获授权,图片更换为线图）

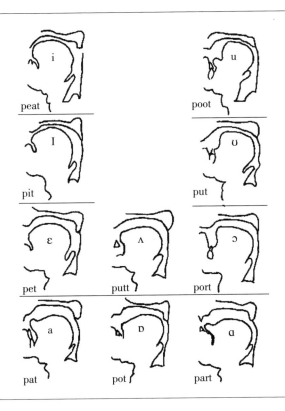

描写元音的难点之一是,此类元音与彼类元音之间的界线不清晰。相比之下,辅音的类别要清晰得多,一个辅音可能是塞音、擦音或者由塞音和擦音相连而成的塞擦音,但不会是介于塞音和擦音之间的某个音。但元音则不同,人们完全可以发出高元音和中元音之间的某一元音。从理论上讲（虽然实际上每个人会发的元音并没有理论上的那么多）,位于两个元音之间的任何一个音都是可能发出的。为了体会元音发音的连续性特点,请试着从一个元音滑到另一个元音。先说 had 中的[æ],然后逐渐滑到 he 中的[i]。不要只发[æ-i],试试尽量拉长，体会两个元音之间滑过的音。如果发对了，一定会经过像 *head* 中 [ɛ] 和 *hay* 中 [eɪ] 那样的元音。若没有发对，再试试发 [æ-ɛ-eɪ-i]，慢慢从前一个元音滑到后一个元音。

现在做反方向练习，慢慢流畅地从 *he* 的 [i] 滑到 *had* 的 [æ]。在两个元音之间尽可能拉长发音的时间。试着在这一发音过程的任一点停下来，就可以发出一个像 *head* 中的 [ɛ]，但是又接近 *had* 中 [æ] 的音。下一步，请试着从 *had* 的 [æ] 慢慢滑向 *father* 的 [ɑ]。当练习发 [æ-ɑ] 时，两个元音之间可能没有你自己言语里所使用的元音，但却存在一系列能够发出来的元音。在 [æ] 和 [ɑ] 之间，你可以听出另一些有地方口音的人说 *had* 和 *father* 时的元音。例如，苏格兰英语口音发 *had* 和 *father* 时并不区分两词中的元音（发 *cam* 和 *calm* 中的两个元音也是如此），有这些口音的人将 *had* 和 *father* 中的两个元音发成一个，这个元音恰好处在一般美国中西部人所发 [æ] 和 [ɑ] 之间。在波士顿地区的一部分口音中，*car* 和 *park* 的元音就是一般美国地方口音发 *cam* 和 *calm* 两个元音之间的一个音。他们虽然不分 *car* 和 *park* 两词中的元音，但却区分 *cam* 和 *calm* 之间的元音。

最后，为了进一步体会元音发音的连续性特点，请慢慢将 *father* 的 [ɑ] 滑到 *who* 的 [u]。你会发现，很难将所发的元音分得很细，不同地方口音在这两个元音之间所选元音点不同。但你还是能够听得出从一个元音滑到另外一个元音的动态过程，其中显示的元音音质到目前为止还没有深入讨论。

🔊 元音听觉空间

从一个元音移向另一个元音时，在听觉上可以感受到元音音质的变化。的确，你是通过舌和唇的活动来发这些音，但正如前面所说，要确切说出舌头如何运动是非常不容易的。由于语音学家也不能精确地描写元音的发音位置（除非是在 X 光或磁共振成像仪下对舌形进行严密监视），所以只能简单地对不同元音的听觉音质进行分类。称 *heed* 的 [i] 是前高元音，大致表示舌位在口腔中的位置前而高，更确切地说，是从听觉感知上说明它的音质前而高。*had* 的 [æ] 舌位较低，但更重要的是它的听觉音质是*前低*。*head* 的 [ɛ] 是 [i] 和 [æ] 之间的音，更接近 [æ]，我们称它为*前半低元音*。（请试着连着说 [i, ɛ, æ]，看看自己的发音是不是这样。）*father* 的 [ɑ] 舌位后而低，我们称之为后低元音。最后，who 的[u]是后高元音。这样，我们就形成了一个表现元音听觉音质的四边形，[i, æ, ɑ, u]位于其中的四个角上，可以画成图4.2。

其实，这四个元音并非处于图 4.2 的四个顶点上。比大多数人发 who 的[u]更靠后的[u]元音是能发出来的，你自己完全能发出这样一个非常靠后的[u]——先拉长[u]的发音，然后进一步将嘴唇拢圆、撅起，再把舌头拉后，注意让舌体一直保持着向软腭抬起的状态，这样可以发出完全靠后的[u]。发完全靠后的[u]，另外一个办法是，保持一个调子最低的吹口哨的舌姿和唇形，然后振动声带。请试着发 heed 的[i]，who 的[u]，然后再发更靠后的[u]（可用下面加横线表示更靠后）。你若连着发[i, u, u̱]，就会觉得[u̱]处于[i]和[u]之间，不过对于大多数人来说，它的发音更接近于[u]。

图 4.2 | 元音空间图

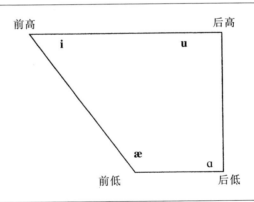

我们也可以用同样的方法发出比几个英语常见元音[i, æ, ɑ]音质差别更大的音。如发 had 中[æ]时，降低舌头或者稍微张开嘴巴，就可以发出比 heed 中[i]音质有更大差别的音。这个音可能跟 father 中的[ɑ]更相似。

通过赋予元音这种听觉空间的概念，我们可以以此来标写不同元音的相关音质。但要记住高-低、前-后等分类概念不是用于描写舌位，只是表示元音之间相互关系的简单示意法。这些术语描写的是与听觉相关的音质，而不是发音方法。

语音学的学生常常会问：如果高、低、前、后等术语不表示舌位，仅仅标写听觉上的音质,为什么还要用这些术语?在我看来,这是学术界的习惯。长期以来,语音学家都认为,用这些术语来描述舌位能更确切地说明元音的音质。但是,传统的舌位描写和听觉感知只是大体相符。如果用 X 光拍出[i, æ, ɑ, u]的发音,你可以发现相关舌位并不是图 4.2 所显示的那样。我们会在第八章看到,如果利用声学语音学的技术来构建听觉音质空间,就可以发现这些元音跟图 4.2 相关。

实际上,语言学家也曾使用过锐音(*acute*)和钝音(*grave*)这样的词来描述前元音和后元音。但由于种种原因,这两个词并没有被广泛运用。这里仍用传统的描述舌位的高、低、前后来描述听觉音质。

美式英语和英式英语的元音

EXAMPLE 4.1

图 4.3 左边是美国播音员标准英语的元音发音图,即典型的美国大多数中西部人的发音;右边是英国 BBC 播音员标准英语的发音。图中,每个点表示单元音,直线表示二合元音音质移动的方向。二合元音音标位置就是它开始发音的地方。图中元音分布都是有科学依据的。无论是单元音还是二合元音,它们的分布不只是靠听觉感知得到的,还根据很多权威的声学分析来确定。有关声学的内容将在第八章讨论。网络平台上你能够听到美式英语和英式英语元音的发音,从中能感受到图中所示的相关元音的音质。其他英语地方口音大体上也应该是一样的,只是在小的方面可能会有一些差异。在分析单个元音时,我们要注意这些本质差异。

图 4.3 | 标准美式英语(播音员)和英式英语(BBC 播音员)所发元音的听觉音质

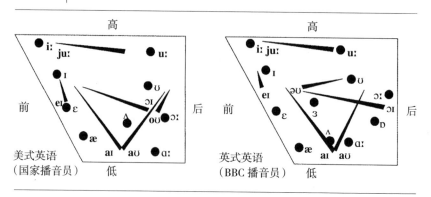

你自己发 heed、hid、head、had，注意听其中的元音[i, ɪ, ɛ, æ]（使用网络平台上与本书有关的例 4.1，听他们的发音，与自己的发音进行比较。如果英语不是你的母语，你可以去听网络平台上这些词的录音），这些元音的音质差异是否一直保持着同等距离呢？你再用相同的时长发元音[i, ɪ, ɛ, æ]（虽然实际中各词元音的时长各不相同），接着一对一对地依次练习，也就是，先发[i, ɪ]、再发[ɪ, ɛ]、最后发[ɛ, æ]。在英语的很多形式中，[i]和[ɪ]、[ɪ]和[ɛ]、[ɛ]和[æ]之间的距离大都一样。但是，美国东部一些人发 heed 时，元音是明显的二合元音，其中的[i]差不多从 hid 中的[ɪ]开始滑动。英国中部和北部的人发 had，元音后而低，听起来有点儿像 father 中的[ɑ]。结果，[ɛ]和[æ]之间的距离大于[ɛ]和[ɪ]之间的距离。实际上，由于[æ]的发音略低，导致[ɛ]也低，于是，四个基本元音[i, ɪ, ɛ, æ]之间的距离大致相同。

剩下的前元音就是 hay 中的[eɪ]，我们在看完几个后元音之后再回来讨论这个音。在不同的英语形式中后元音的差异很大，它们跟前元音不同，不能保持同等的音质距离。请你自己发 father、author、good、food，然后跟前面练习一样，按同等时长一个一个发[ɑ, ɔ, ʊ, u]（如果你的发音跟美国加州很多人的发音一样，不能区别 father 和 author 中的元音，那就只发[ɑ, ʊ, u]三个元音）。就像分析前元音一样，这里也成对地分析后元音。估计一下元音之间的大概距离，并跟图 4.3 进行比较。

我们注意到，美国西部和加州的许多人不区别 cot、caught 中的[ɑ]和[ɔ]。在他们的发音中，存在一个处于这两个元音之间的音，更接近[ɑ]。而在这个发音区域中，大部分说英式英语的人还有另一个元音。他们区别 balm、bomb 和 bought 的[ɑ, ɒ, ɔ]。结果如图 4.3 右边所示，英式英语后元音的数目与美式英语不同。多出的后元音[ɒ]比[ɑ]更靠后，而且更圆唇。

在 good、food 中，元音[ʊ, u]的差异也很大。许多人发 good 时，元音为非圆唇，food 的元音圆唇且位置在中间。请照照镜子，观察自己发这两个元音时的唇形。

英式英语中有中-低央元音[ʌ]，如 bud 的元音，美式英语发成[ə]。这样，英式英语中的[ʌ]舌位更低，和 bird 中的央元音[ɜ]区分得更清楚。美式英语 bird 的元音不在图 4.3 中，因为它是与 bud 的元音相对立的，区别在于带了卷舌音色彩。后面，我们将会探讨卷舌音化。

🔊 二合元音

现在,我们讨论图 4.3 的二合元音。每个二合元音都涉及一个元音内的音质变化。为标记方便,可以将其描写为一个元音滑向另一个。通常二合元音中前面的部分比后面的部分突出,实际发音中后面的部分常常比较短,音质不易确定。更进一步说,二合元音的前后两个音都不能简单地归为任何一个单纯的元音。

为了清楚地表示二合元音中两个元音的不同重要性,我们可在不重要的元音下加"非音节性"的附加符号,比如[aɪ̯]。这样,就可以区分两个音节的元音序列(如 *gnaw it* [naɪt])和单音节的二合元音(如 *night*[naɪ̯t])。除此之外,语音学家还常用上标符号来标写二合元音(如[aᶦ])。

根据图 4.3,在 *high*、*how* 中,二合元音[aɪ, aʊ]的前一元音在一定程度上多多少少有央低元音的色彩,对[æ]和[ɑ]之间的音,BBC 播音员发成最接近元音[ʌ]的音(在《牛津当代英语发音词典》中,美式英语 [aɪ]被标为英式英语的[ʌɪ])。请慢慢地发 *eye*,再试着将第一个元音从音节中分开。将这个元音跟 *bad*、*bud*、*father* 的[æ, ʌ, ɑ]进行比较。现在,将 *father* 的[ɑ]发得长一些,再用这一元音做 *eye* 的第一个元音,试着发一发。所发的音应该跟纽约或伦敦东区考克尼口音发的 *eye* 相似。请试着再用其他元音做这种练习,如用 *bad* 的[æ]作为 *eye* 的第一个元音。如此也会给发音带来一些影响。

在 *high*、*buy* 中,二合元音[aɪ]的发音是向前高元音滑动,但在英语多数形式中,它离前中元音并不远。请试着将 *buy* 的第二个元音换成 *bed* 的元音[ɛ](就像发[baɛ]一样)。这种二合元音的发音可能跟你日常发音差别不大(除非你是美国德州或者美国南部、西南部人。这三个地方人说 *buy*、*dye* 时,要将元音拉长,发成[ba:, da:])。接着请再将 *buy* 的第二个元音换成 *bid* 的元音[ɪ]。这一元音比许多人发的二合元音中的第二个元音要稍高。最后将 *buy* 的第二个元音换成 *heed* 的元音[i]。这一替换所带来的音质变化可能比这个词通常所见的发音要大得多,在苏格兰英语和加拿大英语中就有这种二合元音,如 *sight* 的发音,跟 *side* 的二合元音有区别。

在 *how* 的二合元音[aʊ]中,第一个元音跟 *high* 的第一个元音相似。请试着发 *owl*,看其第一个元音是否跟 *had* 的元音[æ]一样,并注意它跟这个词的平常发音有何不同。用伦敦地方口音和泰晤士河地方口音(一般称为河口英语①)发这个二合元音时,会出现复杂的音质变化,这一系列变化如同 *bed* 的[ɛ]转到 *bud* 的[ʌ]之后,再向 *food* 的[u]滑动。请快速连续地发出[ɛ - ʌ - u]。现在用这种二合元音说 *how*、*now*、*brown*、*cow* 等词。

在不同英语中,*hay* 中的[eɪ]有很多变异形式。一些说美式英语的人将其中的二合元音第一个音发成[ɛ],跟 *head* 中的元音一样(如图 4.3 左边)。大部分说 BBC 语音和美国中西部人的二合元音音质变化幅度较小,他们[eɪ]的起点更接近 *hid* 中的[ɪ]。像上面说到的,河口英语中二合元音音质相差较大,他们的 *mate*、*take* 有点儿像 *might*、*tyke*。相反,在包括苏格兰口音在内的其他英语地方口音中,这个二合元音含有更高的单元音[e]。请试着发 *hay*,然后确定应该如何在图 4.3 上标记你的发音。

hoe 中的二合元音[oʊ]在元音图中被看做是[eɪ]的后位对应音。多数说美式英语的人发[oʊ],表现为高-低范围的移动,而多数说英式英语的人则是前-后范围的变化,如图 4.3 所示。英式英语中,这个二合元音的第一个音跟[ɛ]的发音接近,而第二个音比[ʊ]略高一点儿。请试着发[oʊ],并将其中的两个元音跟其他元音做比较。

向高位移动的二合元音还有 *boy* 中的[ɔɪ]。其中的第二个元音也不是很高,跟 *bed* 中元音的发音接近。本书若不是为了尽量跟其他通用标音方式保持一致,我们认为 *boy* 最好标为[bɔɛ]。

最后一个二合元音是 *cue* 中的[ju]。它跟其他所有的二合元音有所不同,其音质最显著的部分在第二个元音上。这种特点是其他二合元音所没有的,有些语音学书甚至不将它看作二合元音,而视为辅音-元音的组合序列。但根据英语音系格局,我们还是认为它是二合元音。在英语语音史上,它是个元音,跟我们所探讨的其他元音一样。进一步讲,如果不把它看作元音,那么我们只能认为,在英语里存在着一组出现于某一特定元音前的复辅音,如 *pew*、*beauty*、*cue*、*spew*、

---

① 译按:根据《语音学和音系学词典》([英]RL. 特拉斯克 编,语文出版社),河口英语 (Estuary English),是非专业词,来自泰晤士河河口地区。"有时用来称呼英国东南部人们广泛使用的英语,这种英语口音介乎宽泛的伦敦东区口音和明确的标准发音(RP)之间。这种口音为地位正在上升的劳工阶层使用的同时,也被中产阶级因热衷于'大众'文化认同而采用。有些观察者认为河口英语将逐渐取代 RP 而成为英国南部的优势口音"。

skew 和（英式英语发音人的）*tune*、*due*、*sue*、*Zeus*、*new*、*lieu*、*stew* 等词中前面的音只能在[u]前出现（注意：英式英语 *do* 和 *due* 的发音不一样，前者为[du]，后者为[dju]）。英语中任何一个词都不会发成/pje/或/kjæ/，所有塞音加[j]的组合都不可能出现在其他元音之前。因此，如果将[ju]看作二合元音，就不必设定英语复辅音，如此描述英语语音分布特征就会更简单明了。

🔊 卷舌化元音

图 4.3 中唯一没有出现的美式英语重读元音是 *sir*、*herd*、*fur* 等词中的[ɚ]。这个元音不适合用这个图显示，是因为它不能以高-低、前-后、圆唇-不圆唇等特征来描述。[ɚ]可称为**带有卷舌音色彩的音，或卷舌化音**（**r-colored**①）。这涉及一个被称作**卷舌音化**（**rhotacization**）的附加特征。正如高-低和前-后一样，卷舌音化特征所描述的也是语音的听觉性质，即元音带 r 化。正如我们说元音的高低不是指舌头姿态而是听觉音质一样，我们说卷舌音化元音也是指它的听觉特征。在美式英语中，既有重读卷舌音化元音，也有非重读卷舌音化元音。年青人通常把 *further* 中的两个元音发成完全一样[ˈfɚðɚ]，但是，也有很多人通过重读与非重读音节来区分 r 化和非 r 化元音。对他们来说，*my sister's bird* 可以标写为[maɪ ˈsɪstɚz ˈbɝd]。

r 音化元音常常称为卷舌元音，它至少有两种不同的形成方法。一些人像发卷舌辅音一样把舌尖抬起，如图 4.4 左边；而另一些人则保持舌尖平放，将整个舌头上抬后发元音（如图 4.4 右边）。虽然发音方法有点儿不同，但所发出元音的音质非常相似。通过 X 光发现，这两种卷舌音化方法都有由会厌下面部分舌根收缩而导致的咽部收紧现象。

---

① 译按：coloured vowel 是带有特殊音色的元音，是指特定语言里的一种元音音位。它与另一元音音位有相似音质，但它带有某些次要发音或带区别性的发声类型，因而它们也就有了对立。如：鼻化（法语）、r 音化（美国英语）、耳语声（北部印第安的一些语言）、嘎裂声（丹麦语）等。

| 图 4.4 | 两个美国发音人所发[ɚ]的核磁共振成像图（Xinhui Zhou, Carol Epsy-Wilson, Mark Tiede, Suzanne Boyce 提供）

（注意：由于原图未获得授权，图片更换为临摹线图。）

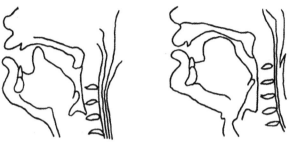

英语各种地方口音之间最显著的差异表现在是否带卷舌元音。美式英语很多词中，元音后面带[ɹ]时一般出现卷舌音化，如：*beard*、*bared*、*board*、*poor*、*tire*、*hour* 等。元音后带有[ɹ]的地方口音可以称为**卷舌音类**（**rhotic**）。卷舌音化一般在发元音开始时不是很明显，元音保留着自身的一些音质特征。但是，在像 *sir*、*herd*、*fur* 之类的词中，整个元音都卷舌音化了（这就是我为什么更喜欢使用[ɚr]而不是[ər]的原因）。如果用高低前后这些特征来描写，它是一个中-低元音[ə]的 r 音化。

r 音化是大部分北美英语的标志。这种音在英国莎士比亚时代曾风靡一时，现在在英国西部、苏格兰和远离伦敦的很多地方仍然存在。元音卷舌音化的消失首先出现于英国东南部，随后传播到美国的新英格兰地区和南部地区。现在，这些地区的口音在不同程度上远离卷舌音化了。找一个口音跟你不同、带或不带 r 音化的发音人，听一听他们发 *mirror*、*fairer*、*surer*、*poor*、*purer* 等词中的元音，然后再跟你的发音进行对比。

标准 BBC 英语发音没有卷舌化元音，但有由边沿音向央元音[ə]移动所构成的二合元音（图 4.3 未标出）。如：*here*、*there* 的元音可以描写为[ɪə]、[ɛə]。一些人以长音[ɜ]来代替[ɛə]，特别当元音在[ɹ]之前时，如 *fairy*、*bearing*。*poor* 中的[ʊə]有些人发成二合央元音，但在多数英式地方口音中可能用[ɔ]来发这个二合元音。在第二章里，我们也注意到了一些人在发 *hire*、*fire* 时有二合央元音[haə, faə]（虽然当时没有用二合央元音这个术语)。

🔊 命名词汇

对于学习英语语音学的学生来说,他们面临一个挑战:就是如何辨别不同的人口音的差异。每一种口音(或语言)都有特定数量的元音对立。两种口音之间最明显的差异可能就是元音对立的数量有所不同。如:美国加州口音跟中西部不同,其重要的一点就是加州英语 *cot* 的[ɑ]和 *caught* 的[ɔ]元音之间已经不构成对立,也就是说加州英语语音系统里少了一个元音。同样,多数英式英语语音系统跟美式英语语音系统也有差别,他们有额外的元音来区别我们表述为/ɑ, ɒ, ɔ/的 *cart*、*cot*、*court*。另一种区分地方口音的方式是通过特定词里出现的元音。BBC英语和美国播音员式英语发音都有如 *fat* 的元音/æ/和 *father* 的元音/ɑ/,但在 *glass*、*last* 等词中,BBC英语发成/ɑ/,美国播音员式英语发成/æ/。诸如此类的显著区别也存在于标准的英国北部口音和BBC播音员口音之间。两个语音系统都有数量相同的元音对立(即相同的元音系统),但发/æ/和/ɑ/的情况却不一样。英国北部口音跟美式英语一样,/æ/出现在 *castle*、*glass* 等词中。这种差异被认为是元音分布(元音音质)而不是元音系统(元音数量)之间的差异。总之,一些口音差异只不过是元音音质的问题。有时,两种不同口音可以有相同的元音系统和元音分布,但音质可能会有不同。美国德克萨斯州口音和美国中西部口音都有大体相同的元音系统和元音分布,但区分元音的方式却不一样,如 *pie* 和 *pa*("爸爸"的意思)。德克萨斯州人有发长元音的倾向,用[paː]、[pɑː]标写最合适,但美国中西部人更可能发成[paɪ]、[pɑ]。以英式英语为例,传统伦敦东区考克尼口音和时尚伦敦音(泰晤士河口音)可能有同样的元音对立格局(相同的元音系统),这些元音也可以在相同的词中出现(同样的元音分布),但它们之间音质却不同。发 *mate*、*might* 时,传统伦敦腔将元音发成[ʌɪ]和[ɑɪ],时尚的发音更接近[mɛɪt]和[mʌɪt]。

为了更清楚地表示英式英语发音人不同口音间的差异,语音学家威尔斯(J. C. Wells)发明了一套**命名词汇**(**lexical sets**)系统来表示英语中的元音。如表4.1所示,从KIT一直到CURE,各元音在口音上区别渐大。也就是说,KIT和DRESS([i][ɛ])几乎没有区别,而r化元音在口音间区别最大。表中大写词汇的选择既凸显了元音的音质差别,还把各元音用熟悉的、通常不会犯错的词来表示——似乎和第二章中的最小区别对的概念相反。用一个词来代表一组词中相似的元音。比如,威尔斯(1982:133)把 BATH 定义为"美式英语单念形式中含重读元音/æ/的词,同时也是英式英语朗读中含重读元音/a:/的词"。

表 4.1 不同元音的命名词汇以及这些元音在英语四种口音中的分布

	美式英语	英式英语	澳式英语	爱尔兰英语
KIT	ɪ	ɪ	ɪ	ɪ
DRESS	ɛ	ɛ	e	ɛ
TRAP	æ	æ	æ	æ
LOT	ɑ	ɒ	ɔ	ɔ
STRUT	ə	ʌ	ɐ	ʊ
FOOT	ʊ	ʊ	ʊ	ʊ
BATH	æ	ɑ:	ɐ:	æ:
CLOTH	ɔ	ɒ	ɔ	ɔ
NURSE	ɚ	ɜ:	ɜ:	ʊːɹ
FLEECE	i	i:	i:	jə
FACE	eɪ	eɪ	æɪ	eː
PALM	ɑ	ɑ:	ɐ:	
THOUGHT	ɔ	ɔ:	o:	a:
GOAT	oʊ	əʊ	ʌe	ʌʊ
GOOSE	u	u:	ʉ:	uʲ
PRICE	aɪ	aɪ	ɑɪ	ɪe
CHOICE	ɔɪ	ɔɪ	oɪ	aɪ
MOUTH	aʊ	aʊ	æɔ	ɛʊ
NEAR	ɪɹ	ɪə	ɪə	iːɹ
SQUARE	ɛɹ	ɛə	eː	ɛːɹ
START	ɑɹ	ɑ:	ɐ:	æːɹ
NORTH	ɔɹ	ɔ:	o:	aːɹ
FORCE	ɔɹ	ɔ:	o:	ɒːɹ
CURE	ʊɹ	ʊə		uʲɹ

命名词汇系统从三个方面整齐划一地显示了英语元音在口音上的区别:(1)每一列不同元音音标数表示一种口音中**元音的音系学类别数**(phonological vowel categories),(2)每一列中的国际音标符号也显示了**元音的音质差别**(phonetic vowel quatlities),(3)命名词汇所代表的**元音分布**(distribution of vowels)有重叠和交叉现象。比如,英式

英语和美式英语中的 TRAP、PALM、BATH 类。如表 4.1 所示，美式英语中发音为[æ]的词有两组（TRAP 和 BATH 类词），而英式英语中只有一组（TRAP 类）。

通过比较澳式英语和爱尔兰英语，我们能更清楚地看到不同音质的元音在词汇中是如何分布的：澳式口音和爱尔兰口音中都有[e:]音，但其在澳式口音中表现为 SQUARE 类词，而在爱尔兰口音中表现为 FACE 类词。试比较 *hair* 的澳式口音[he:]和 *hay* 的爱尔兰口音[he:]，说明口音差别不仅牵涉元音的音质问题，也和元音在词汇中的分布有关。

请试着将你自己的口音跟其他英语地方口音比较一下，然后说明哪种差异是元音系统差异，哪种差异是元音分布差异，哪种差异只涉及音质差异。通常，这三个因素（系统差异、分布差异和音质差异）都可以将一种地方口音跟另一种口音区别开来。认真细想这三个因素为我们提供了一条有益的途径去观察口音间的哪些差异。

🔊 非重读音节

在各种形式的英语变体中，音标[ə]代表一系列的中低元音。如我们在第二章所看到的，这个元音多出现于表语法意义的词汇中，如 *to*、*the*、*at*[tə, ðə, ət]，也在 *sofa* [ˈsoʊfə]、*China* [ˈtʃaɪnə] 或者大部分英式英语词 *better*[ˈbɛtə]、*farmer*[ˈfɑmə]的末尾出现。在美式英语中，词末元音如果由 *-er* 拼写而成，它的发音常常是[ɚ]，音质跟[ə]很相似，只是带着卷舌音化特色。图 4.3 的元音听觉空间，边沿元音之间的音质差异比中间的更明显，元音之间的音质差异随着元音向中央靠拢逐渐减小。音标[ə]常用于标记一些央化、**弱读元音**（reduced vowel）。

下一章我们将分析英语重读的性质，但这里我们注意到，非重读音节的元音音质并非完全弱读。英语所有元音都能以非弱读的形式出现在非重读音节中。如表 4.2 所示，很多元音都能出现在以下三种形式中。表中第一列是要分析的元音，第二列是词中音质清晰的重读元音。第三列是非重读音节的例子，其中元音与第一列重读音节里的元音一样，没有弱读。第四列是同一底层元音的弱读情况。在第四列弱读元音上许多人的发音非常相似。尽管有些词在不同的地方口音中音质稍有不同，但它们仍然处在能用[ə]标音的央-中元音空间内。

在一些词中(如 *recitation*)还有一个元音[ɪ]，或高央元音[ɨ]（这一音标有时被称为横线 i）。另有一些人，特别是说各种美式英语的人，发第四列词的元音时，并没有弱读，而是保持跟第三列元音一样的音质。有时用不同的音标标写元音会掩盖这样一个事实，即我们所讨论的元音具有居中的特色，既不是完全非重读也没有弱读为[ə]。请试着按表 4.2 的词来发音，观察你自己的元音位置。

表 4.2 重读、非重读、弱读音节中元音的例子。粗体表示需要注意的元音。

元　　音	重读音节	非重读音节	弱读音节
i	appr**e**ciate	cr**e**ation	depr**e**cate
ɪ	**i**mplicit	s**i**mplistic	**i**mplication
ɔ	c**au**se	c**au**sality	
ʊ	h**oo**dwink	neighb**ou**rhood	
ʌ	c**o**nfront	**u**mbrella	c**o**nfrontation
ɚ, ɜ	c**o**nfirm	v**e**rbose	c**o**nfirmation
aɪ	rec**i**te	c**i**tation	rec**i**tation
ɔɪ	expl**oi**t	expl**oi**tation	
ju	comp**u**te	comp**u**tation	circ**u**lar

有些弱化元音对应于具体词里的非弱化元音，如表 4.2 中第二列和第四列的词。需要强调的是，这种词汇对应关系是历时音变而非共时语音弱化的结果。许多(如果不是大部分)弱化元音并不完全对应于某个具体词里的非弱化元音。比如，*along*[əloŋ]中的[ə]（当然，可以想象它对应于 *alongize*['eɪləŋ,aɪz]），*along* 起首音的弱化是历时音变的结果。现在，[ə]可以说只是人们努力要达到的发音目标。从这个意义上来说，[ə]的弱化是由于它位于听觉音质空间的接近中央的位置，但它并不是任何底层元音的弱化形式。以下这种观点可能是对的：英语中的弱化元音来自于历史上的非弱化元音(可从 *recite/recitation* 中[aɪ]/[ə]的对应关系中看出来)，但弱化元音并不完全对应于非弱化元音的事实说明了英语历时音变的复杂性。

EXAMPLE 4.2

在多数英国人和部分美国人的发音中，一些以龈音结尾的词，它们的后缀（如 -*ed* 或 -(*e*)*s*）都有一个更接近[ɪ]的元音（如：*hunted*['hʌntɪd]和 *houses*['haʊzɪz]）。他们发 *pitted* 一词时，前后两个元音的音质相同，即['pɪtɪd]。在后缀 -*ful* 中可能出现跟[ʊ]更相像的弱读元音(如：*dreadful*['dɹɛdfʊl])，但有些人将这个后缀发成成音节的[l̩]，即['dɹɛdf̩l̩]。

松紧元音

英语元音可分为两类：**紧元音**（**tense**）和**松元音**（**lax**）。这两个术语是用来表示英语中两组差别迥异的元音。这两组元音的差异是语音学上的，而不仅仅是简单的松紧对立。它们的不同在一定程度上跟英语发展的历史有关，二者的差异在英文拼写上仍有所体现。紧元音出现于以所谓的不发音的 e 为尾的词中，如：*mate*、*mete*、*kite*、*cute*。松元音出现在相应的无 e 尾的词中，如 *mat*、*met*、*kit*、*cut* 等。此外，由于历史演变的原因，英语 *good* 一词的末尾没有不发音的 e，它的元音也属于松元音。拼写差异只是大体反映两种元音的不同。参照表 4.3 的例证就更容易理解两类元音的性质。

表 4.3	美式英语重读音节中松紧元音的分布					
紧元音	松元音	闭音节	开音节	[ɹ]尾音节①	[ŋ]尾音节	[ʃ]尾音节
i		beat	bee	beer		(leash)
	ɪ	bit			sing	wish
eɪ		bait	bay			
	ɛ	bet		bare	length	fresh
oʊ		boat	low	(boar)		
	ʊ	good				push
u		boot	boo	tour		
	ə/ʌ	but		burr	hung	crush
aɪ		bite	buy	fire		
	ɔɪ	void	boy	(coir)		
ju		cute	cue	pure		

EXAMPLE 4.3

我们可以从元音在音节中的分布来探讨两类元音的差异。表 4.3 是一种美式英语元音的音节分布情况。第三列是词末有辅音的**闭音节**（**closed syllables**）。所有元音都可以出现在这个语音环境中。第四列是词末无辅音的**开音节**（**open syllables**），只有有限的元音可以出现在这类音节中。②

[ɪ,ɛ,æ,ʊ,ʌ]不能出现于重读的开音节中，如 *bid*、*bed*、*bad*、*good*、

---

① 译按：此处原文为[r]，但根据全书观点，应改为[ɹ]。
② 译按：原文"The first column of words illustrates a set of closed syllables... The next column shows that in open syllables."根据表 4.3 疑为写错了，改为"第三列是词末有辅音的闭音节""第四列是词末无辅音的开音节"。

bud 等词中的元音。这些元音跟其他词中的紧元音相对应,是松元音。为说明松紧元音之间的差异,我们可以找音质相似且有松紧对立的元音来进行比较。在[i](如 beat)和 [ɪ](如 bit)、[eɪ](如 bait)和[ɛ](如 bet)、[u](如 boot)和[ʊ](如 foot)三对松紧元音中,松元音都比紧元音更短、更低,而且更接近舌中央。剩下的两个松元音[æ](如 hat,cam 中的元音)、[ʌ](如 hut,come 中的元音),在美式英语中没有与此对应的音质近似的紧元音。但从音长来看这两个低松元音都比低紧元音[ɑ](如 spa)要短。英式英语中还有一个松元音[ɒ],只能出现在闭音节中,如 cod、common、con [kɒd, kɒmən, kɒn],而[ɑ]是紧元音,在开音节或闭音节中都可以出现,如 calm、car、card 中的元音。

如表 4.3 第五列所示,美式英语元音可以出现在以/ɹ/结尾的闭音节中,这个位置的元音没有明晰的松紧对立。所以,正如当两个音无音质对立时,它们的实际发音常常是在两个音之间(我们曾观察过其他有这种语音倾向的例子。以/s/为起首音的词中,出现在/s/后的/b, p/、/t, d/、/k, g/之间不构成对立关系,因此,spy、sty、sky 等词中的塞音都是清音和浊音之间的音,不送气音,但也绝对不带声)。

第五列将 boar 和 coir 放在括号里,是因为在很多人的发音中,[oʊ]和[ɔɪ]不常出现在/ɹ/之前。将 coir 发成[kɔɹɹ],是我们听到的唯一发[ɔɪɹ]的例子,很多人的词汇中已经没有这个词了,同样也有很多人不区别 boar 和 bore。但是有些人在发这两个词时存在着[ɔ]和[oʊ]的对立,在 horse 和 hoarse 等词里也有[ɔ]和[oʊ]的对立。

第六列元音出现在[ŋ]之前。在这个语音环境里不可能有松紧对立的元音,一般来讲,这里的元音都是松元音。然而,有很多年轻一代的美国人在发 sing 时,元音更接近 scene,而不是 sin。在有些地方口音里,length 的元音跟 bet 的不同,但却跟 bait 的元音相同,在其他英语地方口音里又发得跟 bit 的元音相同。Long 的发音有很多变化,美式英语有[lɑŋ]和[lɔŋ]两种发音,而英式英语只发[lɒŋ]。在美式英语的多数形式里,鼻音之前的元音存在音变现象。如,与 bad、lab 相比,ban 和 lamb 中[æ]的发音相对较高。在许多英语地方口音里,pin、pen 的元音跟 gym、gem 的并无区别。

最后一列在[ʃ]之前的元音也有类似的限制。到目前为止,多数人在以/ʃ/收尾的词中将元音发成松元音,但有些英语地方口音(如阿帕拉契亚山的部分地区)还将 fish 的元音发成[i](就像是在发 fiche),将 push、bush 的元音发成[u]。在赖福吉的地方口音里,/ʃ/前边出现紧元音/i/的词只有 *leash*、*fiche*、*quiche*。有些人只在一些新词或不常用词里才有紧元音，比如说 *creche*[krɛʃ]、*gauche*[goʊʃ]。*wash* 读音变化跟 *long* 一样，在美式英语中有[wɑʃ]和[wɔʃ]两种读音。

🔊 英语元音音位变体规则

跟上一章讨论辅音音位变体一样，我们也用适合于元音的一系列表述来总结本章。首先，要考虑元音的时长。

(1) 其他条件相同，元音在开音节中时长最长，在浊辅音结尾的闭音节中次之，而在以清辅音结尾的闭音节里最短。

请比较 *sea*、*seed*、*seat* 和 *sigh*、*side*、*site* 这两组词，你可以发现每组中第一个词的元音最长，其次是第二个，最短的是第三个。图 3.3 显示 *mat* 和 *mad* 的声学音波，可以用来支持这个结论。由于一些元音的音长（尤其是紧元音）本来就比别的元音（松元音）长，因此表述（1）的适用范围仅限于规定了音质的元音。虽然 *bid* 是以浊辅音收尾的词，但其中的松元音常常要比以清辅音收尾的 *beat* 中的紧元音短。我们要注意"其他条件相同"，在后面的表述中还将看到有些其他的条件会影响元音音长。

当我们考虑音节中的相同元音和辅音时，也会存在音长的差异。重读音节中的元音比相应非重读音节中的元音要长。请比较一下 *below*、*billow* 中元音音长，你会发现第一个词里重读音节的[oʊ]比第二个词非重读音节里出现的同一元音要长。所以，我们可以得出如下表述：

(2) 其他条件相同，重读音节里的元音时长更长。

为了留有余地，我们还是保留"其他条件相同"这一句话，因为还有其他因素影响元音的时长。以 *speed*、*speedy*、*speedily* 三个词为例。当同一个词后添加额外的音节时，其重读音节中的元音持续变短。我们在下一章再解释这种情况的原因。这里我们简单归纳为：

(3) 其他条件相同，单音节的元音时长最长，其次是双音节，最短的是双音节以上的元音。

我们还要加一个关于非重读元音的表述。非重读元音可能是不带声的，如在 *potato*、*catastrophe* 等词中。对一些人来说，这种情况只在接下来的以清塞音为开头的的音节里才会发生；但一般来说，多数人在通常的会话中也会发生此类情况,如发 *permission*、*tomato*、*compare* 等。从音姿的角度来看,这只不过是声门的清音姿势,是开头的清塞音叠加于元音的浊音姿势而导致的结果。用一句适当的话概括如下:

(4) 清塞音后的非重读元音(或两个清塞音之间的元音)可能是不带声的。

括号里的话仅限于部分人。

(5) 元音在以鼻音收尾的音节里鼻化。

元音鼻化的程度有很大差异。很多人发 *man* 的时候,从词开头的鼻音到末尾的鼻音一直保持软腭下降,从而使其中的元音完全鼻化。

最后,我们看一下以 /l/ 收尾音节里的元音音位变体。请比较 *heed*、*heel* 中的 /i/、*paid*、*pail* 中的 /eɪ/ 和 *pad*、*pal* 的 /æ/。在每对词的发音里,你可以听到在腭化音 [ɫ] 之前的元音音质有明显的不同。在这个语音环境里,所有的前元音后缩。它们变得像以 [ʊ] 为后元音的二合元音。在严式标音里,*peel*、*pail*、*pal* 可以标为 [pʰiʊɫ, pʰeʊɫ, pʰæʊɫ]。注意,我们省略了二合元音 [eɪ] 中的第二个元音,为的是显示在这种情况下元音音质从前-中移向央-中而不是移向前-高。

haul、*pull*、*pool* 等词中的后元音受尾音 [ɫ] 影响比较小,因为它们舌位原本就类似于 [ɫ] 的。但是,*hoe* 和 *hole* 中的元音音质有很大差异。正像我们前面看到的,很多英式英语发音人在发二合元音 [əʊ] 时,第一个元音是相当靠前的。但在以 /ɫ/ 收尾的音节中,/ɫ/ 之前的 [əʊ] 会后缩。请比较一下无尾音 [ɫ] 的音节和有尾音 [ɫ] 的音节,看看它们的发音变化,如 *holy*(没有 [ɫ])和 *wholly*(第一个音节以 [ɫ] 音收尾)。

[ɫ] 之前的元音音质变化也是音姿交叠的另一例证。就每个发音人而言,[ɫ] 前的元音音位变体都有所不同,我们无法用一个确切的表述来详细说明每种变体。但是,根据英语主要元音的音位变体,我们还是可以得出以下结论:

(6) [ɫ] 在音节末尾时,[ɫ] 前面的元音后缩。

一些英语发音人在发 /r/ 前面的元音时也有类似倾向,如 *hear*、*there* 也会发成 [hiər, ðeəɹ]。如同在上一章讨论辅音时所发现的,/l, ɹ/ 的音变方式很相似。

我们再次强调,这六点表述只是粗略地说明英语发音的一些主要问题,它们并没有涉及受规则支配的英语所有的元音,也不是完全精确的公式。比如，用一个词或音节来明确说明它的含义时会产生一些问题。我们可以找出这些表述的例外情况，并为此设定一些附加说明。

🔊 要点回顾

本章强调了从听觉方面界定元音的重要性。我们认为，发音特征（比如舌位最高点）不能给元音一个科学、可靠的语言学上的分类。我们把"高""低""前""后"等术语在听觉音质空间里进行了重新界定，希望读者能通过不断练习去感受元音在听觉方面的异同——也就是元音音质的异同。此外，我们讨论了美式英语和英式英语的单元音和二合元音、/ɹ/对元音的特殊影响，非重读元音的弱化特征以及松/紧元音的对立。我们还提到了"命名词汇"描述英语不同口音中元音的差异，简要介绍了元音的音位变体。我们认为，不同环境中的元音属于不同的语音类别——闭音节一类、开音节一类和以/ɹ/、/l/结尾的另一类。

🔊 练 习

A. 参照表 4.1 中的命名词汇，把你的元音标在下面的声学图中。表 2.2 中的哪些词完全符合表 4.1 中的命名词汇？注意听每一个元音跟其他元音有什么不同。你可能会将每个元音描述为有三个特征（高-低、前-后、圆-展）的中间音，最上面和最下面的元音构成这个系列的首尾音。注意二合元音，要标记起点和终点。

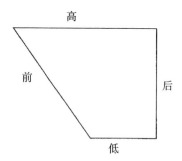

B. 找一个跟你的口音不同的英语发音人（或者是英语作为第二语言的外国人），用下页的空图重复练习 A。

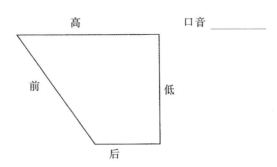

C. 列出一些以下列元音加/p/尾的单音节词。不要用人名、固有名词和外来语。你将发现有些元音不能出现在以/p/作为音节尾的单音节词上。

  i
  ɪ
  eɪ
  ɛ
  æ
  ɑ
  ɔ
  oʊ
  ʊ
  u
  ʌ
  aɪ
  aʊ
  ɔɪ

D. 将练习 C 中不能出现在以/p/收尾单音节词中的元音写下来。看看这些元音是否能在下列辅音收尾的音节中出现，如果可以出现，请写出例词。

  b   l
  m   s
  f   z
  t   k
  n   g

E. 哪一个元音不易出现在辅音之前？哪一类辅音最易出现在元音之后成为音节尾？（根据辅音发音位置确定辅音的类别）

_____
_____
_____
_____

111

F. 请看表 4.2，找出能够说明第二列词和第四列词之间关系的另外的例子。参照下面有/i/元音的词例，标写每一对词。

元音	重读音节	弱读音节
i	secret[ˈsəkɹit]	secretive[ˈsikɹɪtɪv]
ɪ		
eɪ		
ɛ		
æ		
ɑ 或 ɒ		
oʊ		
aɪ		

G. 造一个句子，要求其中至少包括八个不同元音，并标出这个句子的音标。

_____
_____
_____

H. 按照元音规则(1)至(6)找出适当的例子并用国际音标标写。不要用书上已经解释过的例子，注意在多音节词中要标记重音。

(1) 写三个例子（每个音节类型需要举一个例子）

_____ _____ _____

(2) 写两对例子（每一对以重音别义）

_____ _____
_____ _____

(3) 写两组例子（要求每组包括单音节词、双音节词和三音节词，且重音在第一个音节上）

　　_____　　_____　　_____

　　_____　　_____　　_____

(4) 写四个例子

　　_____　　_____

　　_____　　_____

(5) 写四个例子（用不同的元音和鼻音）

　　_____　　_____

　　_____　　_____

(6) 写两组例子，要求每组包括可对比的词例

　　_____　　_____

　　_____　　_____

I. 听网络平台上的美式英语和英式英语发音，用国际音标记写下面的句子。

(1) I've called several times, but never found you there.

(2) Someone, somewhere, wants a letter from you.

(3) We were away a year ago.

(4) We all heard a yellow lion roar.

(5) What did you say before that?

(6) Never kill a snake with your bare hands.

(7) It's easy to tell the depth of a well.

(8) I enjoy the simple life.

不同的老师在布置标音练习方面会有不同的考虑，我们这里和后面的章节不再涉及太多的标音习题，你可以根据网络平台第十一章的相关内容以及"extras"部分做更多的练习。

🔊 操　练

A. 练习发 *hay* 中[eɪ]的第一个元音，并试着用这个音来发常见的双元音词，如 *they came late*。用同样的方法练习发[oʊ]中的央后高元音[o]，再念 *Don't go home*。网络平台第四章的"performance exercises"部分有这些词句的发音。

B. 请用下面无意义音节做[e]、[o]的组合发音理解练习。这些音节里还包括清化音[m̥, n̥, ŋ̊, w̥, j̊]。先请自己反复发音，再跟同学一起相互练习。先从下面容易的音节开始练习：

mɑˈŋ̊ɑ

ˈn̥eme

ˈŋ̊ɑle

ˈmoʔi

ˈj̊ele

再练习下面较难的音节：

heˈm̥ɑn̥e

ˈŋ̊ɑmbm̥beḻ

ˈspoʔetn̥ʔɔɪ

ˈw̥oθʃoˈr̥esfi

ˈtlepr̥idʒiˈkuʒ

C. 根据下图例示，跟同学一起做练习。请先在元音图上随便点五个点，将每点上的元音组合成无意义的单音节，并做发音练习，例如[dub]。之后再请同学听你的发音，并在另一空元音图上标出所听到的元音。当你发完这五个元音之后，请比较一下两个图中元音位置是否一致，若有不同，请分析其中的原因。然后再跟同学互换，按上面的方法反复练习。

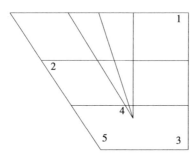

D. 请跟更多的同学再做操练 C。虽然你对不同元音音质做准确的判断有一定难度，但是仍然可以得到一个大致的结论。

E. 为了提高听辨能力，除了做操练 B 外，还要继续用下面的无意义音节做发音练习，每个音节要念两三遍。为了发好元音并理解它们的差异，每星期至少要练习一个小时。

θeˈmifeˈði m̥e
ˈserapoˈsapofiˈpos
moˈpretepleteˈki
n̥aˈkotoˈtakpoto
laˈkimitiˈnoneʔe

第五章 英语词语和句子

语流中的词语

前几章中,我们通过对一系列词的分析说明了辅音对立和元音对立。这是观察构成英语音姿的好方法(实际上我们在后面将看到,这对任何语言都是一种好的方法)。但是,言语发音实际上并不是由一系列区别性的音姿构成的,而且我们通常不是用孤立的词来说话。正如在第一章所看到的,短语 *on top of his deck* 在视频中的所有动作都是连续发出的,很难看到独立的音姿。为了能看到每个元音和辅音的主要特征,观察那些形式简短、结构固定的短语非常有用,正如我们在第二章和第三章看到的 X 光图片一样。但是,现在我们必须注意,单个的词在更常见的连续话语中出现时,它是怎么发音的。

EXAMPLE 5.1

我们将交流中单说的词形称作**单念形式**(**citation form**)[①]。它的特点是,至少有一个音节重读,元音音质没有削弱。但在语流中,音质却发生了很多变化。比如图 5.1(我们遇到的第一个语流语图),只要具备看这种图的基本常识,你就能意识到:*opposite* 这个词在句中两个地方的发音不同。发音人当时接受了采访,话题是关于人生的选择。他在犯罪和宗教约束之间徘徊不定。他说:"*or I was going to go in the opposite direction, and I went in the opposite dinection.*(或者,我就要走一条相反的路,而后我也真的走了一条相反的路。)"仔细听网络平台上这句话的读音,能感觉到 *opposite* 前后两个地方发音不同吗?虽然听起来都是美式英语的发音,但语图却显示了一些小

---

① 译按:citation form,《现代语言学词典》([英]戴维·克里斯特尔编,沈家煊译)作"注音形式"。

的差别:后一个 *opposite* 是**弱化**(**reduced**)形式。注意,图上元音下面都标有箭头。前一个 *opposite* 下有三个箭头(代表单念形式中的三个元音),而后一个 *opposite* 只有两个箭头。

图 5.1 | 语流"*the opposite direction, and I went in the opposite direction*"的语图

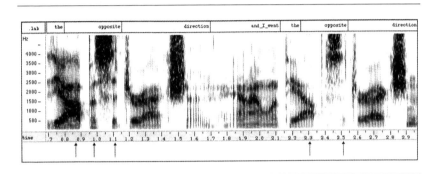

读懂语图的第一个基本常识是:图中有三种不同的音——一段空白(无声阶段)加一条很细的竖线(塞音爆发)代表塞音。如图 5.1,两处 *opposite* 中的[p]都是如此。图上部的黑色块儿状阴影代表擦音。如图,两处 *opposite* 中的[s]和 *direction*[ˈdɹɛkʃn̩]中的[ʃ]都很明显。元音、近音和鼻音属于第三类音,图中显示为二至五条平行的横杠,其中一条在 1000 赫兹以下(纵轴表示赫兹),一条在 1000 到 2000 赫兹之间,另一条在 2000 和 3000 赫兹之间。图中你会看到,第一个 *opposite* 中的非重读元音很短——不到 0.05 秒(横轴代表时间)。但在第二个 *opposite* 处,这两个元音中的一个完全消失了(发音是[ɑpsɪt])。除此之外,图中还有其他证据表明第二个 *opposite* 的弱化:所有音段都比较短;第一个元音没有稳定期(图中第二条横杠的频率逐渐下降,而第一个 *opposite* 的杠看上去是一块平整的黑色阴影);在语图上方表示[s]的阴影颜色较浅。

由于强调程度不同,词在语流中的重读和非重读形式也跟单念形式有所不同(单念形式是该词的**完整**(**full**)语音形式,也是强调程度最高的读音形式)。在第三章和第四章,我们曾讨论过元音和辅音的变体规则,这些规则帮助我们描述单念形式中的不同发音。而语流中的语音变化比单念形式中的变化要多得多,细微得多。因此,通过音标符号的变换来描述一段语流的语音形式是非常困难的,因为还要考虑

时长、振幅和频率等因素。尽管如此,语流中的语音弱化现象还是比较容易标写的。

单念形式和连续语流的基本区别在于:语流中的每个词都有不同的强调程度。这个"强调程度"也许和词语所承载的信息量有关。比如,图 5.1 中 *opposite* 的第二次重复是个弱化形式。弱化在重复时常有发生——这里,我们注重语音弱化,而不是语义弱化。此外,单念或在语流中的发音区别在一类词上表现得尤其明显:封闭词类(如冠词 *a*、*an*、*the*;连词 *and*、*or*;介词 *of*、*in*、*with*)。这些语法词在语流中很少被强调,它们在语流中的读音也因此跟单念时区别很大。

像其他词类一样,封闭词类在句中被强调时,有**强读式**(**strong form**)。如 *He wanted pie **and** ice cream, not pie **or** ice cream* 。另一种是**弱读式**(**weak form**),这些词处于非重读位置。表 5.1 所列的是英语一些常用词的强读式和弱读式。

表 5.1 英语常用词的强读式和弱读式。强弱式变化使用超过五次之上的词容易列入表中。

词	强读式	弱读式	弱读式举例
a	eɪ	ə	a cup [ə ˈkʌp]
and	ænd	ənd, n̩d, ən, n̩	you and me [ˈju ən ˈmi]
as	æz	əz	as good as [əz ˈgʊd əz]
at	æt	ət	at home [ət ˈhoʊm]
can	kæn	kən, kn̩	I can go [aɪ kn̩ ˈgoʊ]
has	hæz	həz, əz, z, s	He's left [hɪz ˈlɛft]
he	hi	i, hɪ, i̥	Will he go? [wɪlɪ ˈgoʊ]
must	mʌst	məst, məs, ms	I must sell [aɪ ms̩ ˈsɛl]
she	ʃi	ʃi̥	Did she go? [ˈdɪd ʃ ˈgoʊ]
that	ðæt	ðət	He said that it did [hɪ ˈsɛd ðət ɪt ˈdɪd]
to	tu	tʊ, tə	to Mexico [t ə ˈmɛksɪkoʊ]
would	wʊd	wəd, əd, d	It would do [ˈɪ t əd ˈdu]

EXAMPLE 5.2

表 5.1 中的一些词有不止一种弱读式。有时候没有很明确的规则来说明什么时候读这种形式,什么时候读另一形式,如 *and* 的发音。如果词末辅音是龈音,大部分英语发音人都趋向于将元音丢掉,发成 [n̩] 或者 [nd],如短语 *cat and dog* 或者 *his and hers* 的发音。但是这不是一成不变的。

然而,对有些词来说,有些规则却总能适用。辅音前的 *a* [ə] 和元音前的 *an* [ən] 之间的交替,已成为大家公认的拼写规则。交替规则在 *the* 和 *to* 中也存在,辅音前读成 [ðə, tə],元音前读成 [ði, tu] 或

[ðɨ,tʊ]。请听你自己所发的 *The* [ðə] *man and the* [ðɨ] *old woman went to* [tə] *Britain and to* [tʊ] *America*。句中两个 *the* 的读音通常不同。现在,有一种发展的趋势值得注意,美国的年轻人在任何语境下都将 *the* 发成 [ðə],甚至在元音前也一样。如果以元音开头的词前插有一个喉塞音,更常用 [ðə] 这种形式,这是美式英语发展的另一趋势。

表 5.1 中一些词令人困惑,同一拼写形式代表两个意义迥然不同的词(即同形词)。*that* 在短语 *that boy and the man* 中是一个指示代词,而在句子 *he said that women were better* 中是一个从属连词。连词通常用弱读式,指示代词通常读作强读式 [ðæt]。同样,*has* 作情态动词时,读作 [z],如 *she's gone*,但当"有"讲时,读作 [həz] 或 [əz],如 *she has nice eyes*。

说到这儿,应该注意表 5.1 以及上面讨论过的弱读现象。我们也一直在用语音学音标记录所发生的语音变化。然而,对于语音学家来说尽管音标是一种很好的工具(请继续使用这个工具),但它并不很完善。所有的音标都是仅仅使用一套有限的符号,所以标音给人的印象是,一个语音非此即彼。如 *has*,一般标写为 [hæz] 或者 [əz],或者是 [z],但实际上其中还有很多中间音姿。*to* 也不止有 [tu,tʊ,tə] 几种发音的可能性。同样,在前面的章节中,我们讨论了 *potato* 类似词第一个音节的读音,注意到了元音音姿可以出现也可以被略去,但其实不是那么绝对。如 *potato*,从一个 [pʰ] 开始,经历了由一个元音的简单声门振动,再到形成一个完整的元音 [oʊ](相当不常见),其间可能有各种情况发生。言语是一个发音姿态的连续统一体,可能是一个完整形式或弱读形式,也可能完全脱落。

上述分析也适用于另一种情况,即词在一个连续语流中发音可能会受到前后音的影响而发生变化。众所周知,语音通常会受毗邻音的影响,如:在 *tenth* 中,因为受后面齿擦音 [θ] 的影响,[n] 调音部位是齿(或接近齿)。词语之间的读音通常也存在这样的语音影响,如 *in the*、*on the* 中的 [n] 是一个受后面 [ð] 影响而齿化了的音 [n̪]。所以鼻音不是简单地变成齿音或者龈音。但运用音标标写就只有这两种可能。音标把语音不是归为这一个就是那一个,但是通常在两个可能的音标中间还有一系列可能性。

最后,在讨论音标的局限时,请想想你是怎样发 *fact finding* 这样的短语的?你发出 *fact* 后面的 [t] 了吗?多数人不会将此短语发成无 [t] 音姿的 [ˈfækfaɪndɪŋ],也不会发成有一个完整 [t] 的

[ˈfæktfaɪndɪŋ]，而只是让舌尖稍微移动一下，有一个不完整的 [t] 音姿。类似的发音情况在 *apt motto*、*wrapped parcel* 之类的短语中也会出现。你不能简单地说这里有或者没有 [t]。

由于毗邻音的影响，一个音成了跟这个毗邻音接近的另一个音，这现象叫作**同化**（**assimilation**）。在短语 *in the* 中，由于 [ð] 的同化作用，[n] 变成齿化的 [n̪]。如果鼻音完全变成齿音，这是完全同化。如果发音是处于齿和龈之间，我们就无法用音标符号来标写这个形式，这现象是部分同化。到目前为止，逆同化是英语中最普遍的形式。在这个发音过程中，一个语音的音姿受到后面语音调音部位的影响，即一个语音的音姿被下一个语音的音姿同化。顺同化就是一个语音的音姿同化下一个语音的音姿。将 *it is*[ɪtɪz]发成 *it's*[ɪts]，是清辅音 [t] 顺同化的结果。

当然，发音中弱读式和同化读音并不是由发音人懒散或懒惰所造成的。只有人们带有个人目的评价所谓"好"的声音时，才会使用形容的方法，给这些我们已经分析过描述过的语音贴上"好"的标签。采用弱读式和同化读音是为了发音更有效，而不是懒惰，人们用它能以较少的努力传达相同的意思。所以，弱读形式和同化普遍存在于英国和美国人的话语中。因为没有充分运用这些形式，非英语母语者的英语发音听起来显得很别扭。

🔊 重　音

在词的单念形式中，重音比较容易辨认。但在正常语流中，当某个词处于非强调的位置时，其重读音节特征较为模糊。在单念形式中，跟其他音节发音相比，重读音节呼出的气流通常比较强。也就是说，重读音节比毗邻的其他非重读音节所呼出的能量强。它可能还有一个增强的喉部动作。重音可以定义为，在话语中某一语音片段发音要比其他音节重的现象。

从听者角度来给重音下定义是比较困难的。重读音节一般比非重读音节声音大（但并非总是这样），在演说或演讲中它的音高一般较高（但并非总是这样）。对听者来说，能觉察到的最可靠的特点是，同一元音在重读音节总是比在非重读音节里的要长。但这并不意味着所有长的元音都是重读音。例如：*radio* 中的第二和第三个元音相对较长，但是它们并没有像第一个元音那样有从肺部呼出的额外气流。

相反，*cupcake*、*hit man* 中的第一个元音相对较短，但是其中有额外的气流能量，因而让人感觉是重读的。

重音与其说是与一些特殊的声学特征有关，不如说是与说话者有关。因此，你将发现决定一个音节是否重读的最好方法是，当读一个词时请试着有节奏地打拍子。这是因为在重读音节中肌肉活动很容易增强——一个节拍会刚好落到一个肌肉的增强时间点上。当作为听者来感别人发出的重音时，我们能够集中某一特殊话语中所有可以利用的线索来推测运动神经动作(主要是呼吸姿势)，用这些发音动能形成相同的重音。这好像是听者通过参照自己的运动神经动作同时感知发音。当听别人说话时，我们可能会从某些方面思考，我们怎样才能发出跟他人一样的声音。我们在后面一章讨论语音学理论时仍然会谈这个问题。

英语重音有几个作用。第一，它可以用来强调一个词，或者是将两个词进行比较。正如我们所看到的，甚至一个词也可能被赋予一个对比重音①，如 *and*。对比重音可能不很清楚，很隐晦。比如，如果某人说或者如果你认为某人可能会说(规范的拼写要使用重音符号)：

'John or 'Mary should 'go.

那么在没有任何上下文情况下，你可能说成：

'I think 'John 'and 'Mary should 'go.

英语重音的另一个重要作用是表示词对儿之间的句法关系。许多名词重音跟动词相对，如 'insult(名) / in'sult(动)、'overflow(名) / over'flow(动)、'increase(名) / in'crease(动)。名词的重音在第一个音节，动词的重音在最后一个音节。重音位置的不同反映了词句法功能的差异(当然，也有不少名词是第二音节重读，如 gui'tar、pi'ano、trom'bone；动词是第一音节重读，如 'tremble、'flutter、'simper。所以，重音的位置并不取决于语法范畴，而只是上述某些动、名词对儿中识别动词和名词的一条线索。)

类似的对立也出现在由两个短语构成的复合形式中，如 a 'walkout、to 'walk 'out, a 'put-on、to 'put 'on, a 'pushover、to 'push 'over。在这种情况下，名词性复合形式只在第一个部分上有重音，动词性复合形式却有两个重音。重音还有一个句法功能，它可以区分复合名词

---

① 译按：对比重音(contrastive stress)，是指置于话语中某个成分之上，能把这个成分同话语里的其他成分或某些语境中的其他成分区分开来的重音。

与"形容词＋名词"的短语，如 a 'hot dog（一种食物，名词）、a 'hot 'dog（激动的狗，短语）。复合名词的重音出现在第一部分，"形容词＋名词"短语在两个部分上都有重音。

EXAMPLE 5.4

重音的其他变化形式跟词的句法结构有关。表 5.2 举例说明了可能出现的重读变化形式。第一列所有词的重音在第一个音节上。名词后缀 -y 出现时，这些词的重音移至第二个音节上。在第三列中，你可以看到，形容词性后缀 -ic 使得重音立即移到它的前面，即第三个音节上。如果制定一系列充分而复杂的规则，你就能预见英语多数词的重音位置。很少有句法功能相同但重音模式却不同的例子（如 differ 和 defer，都是动词）。另外，重音的不同并不仅仅体现在名词和动词之间的区别，如 'billow 和 be'low。

表 5.2 英语词重音交替		
ˈ_ _ diplomat	_ ˈ_ _ diplomacy	_ _ ˈ_ _ diplomatic
monotone	monotony	monotonic

 重音度

EXAMPLE 5.5

一些比较长的词似乎不只有一个重音。请发 multiplication，试着轻轻地拍出其中的重读音节。你会发现可以拍到第一个和第四个音节上——'multipli'cation。第四个音节的重音似乎比第一个读得更重。其他较长的词也一样，如：'magnifi'cation、'psycholin'guistics。但是，词中最后一个重读音节明显重于其他音节的情况，只出现于单说的词，或者短语最后面的词。请试着说（The 'psycholin'guistic 'course was 'fun），你如果在每个重读音节上轻拍一下，就会发现，（'psycholin'guistic）中第一个音节重音跟第四个音节重音没有什么不同。如果你将第四个音节重音读得重，就是给予这个词以特别的强调，这就如同用心理语言学课（a psycholinguistics course）跟其他某种心理学课（other psychology course）做比较。The de'gree of 'magnifi'cation de'pends on the 'lens 中的 'magnifi'cation 也一样。只要你没有把这个句子读成两部分，并把这个词放在短语最后，magnification 一词第四个音节的重音不会比其他重读音节读得更重。

位于短语最后面的词,或者单说的词(其实也就相当于处在短语最后面),为什么好像有两个重音呢?答案是:在这样的情况下会出现影响重音的另一个因素。在下面部分我们将看到,短语最后面的重读音节通常都伴随着语调最高点(语调重音,tonic accent)而出现。较长的词有两个重音,重音之间有明显的轻重差异,这是由语调模式叠加所产生的。当这些词处于一个没有语调影响的句中位置时,两个重音并没有什么程度差异。

EXAMPLE 5.6

程度较轻的重音似乎也有可能出现在英语的一些词中。请比较表 5.3 中的两列词,重音都在第一个音节上。第一列词似乎在最后一个音节上有一个比较弱的重音,但它并非真正的重音。第一列与第二列词之间的差异是:第一列词最后一个音节的元音音质完整,它的发音总是比弱读元音要长。弱读元音通常是指 [ə],它出现在第二列词的最后一个音节上。这种差异就形成了两列词的不同节奏。这是元音不同所造成的,而非重音。

表 5.3 列举三音节词,说明其中最后一个音节非弱读元音(第一列)和弱读元音(第二列)之间的读音差异	
'multiply	'multiple
'regulate	'regular
'copulate	'copula
'circulate	'circular
'criticize	'critical
'minimize	'minimal

总之,我们可以观察到话语中音节变化的突显程度,但这些变化不是所有的都跟重音有关。一个音节可能因处在语调的高点而特别突显,我们认为这种重音是调核重音。若有调核重音,我们就可以指出英语中的音节不是重读的就是非重读的。若是重读的,它们可能是也可能不是短语中承担主要音高变化的调核重音。若是非重读的,它们可能有也可能没有弱读的元音。这些关系如图 5.2 所示。

图 5.2 | 句中不同音节的突显程度

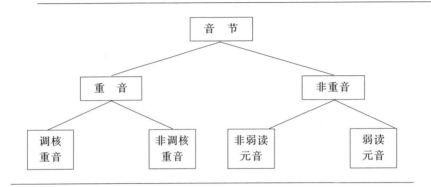

为了有助于理解词重音和调核重音的发音不同,请体会下面这两组词：*explain / explanation*, *exploit / exploitation*。如果每个词都作为一个单独的音调组来单说,它们的发音如下(用↑表示语调高点)：

```
语调顶点           ↑           ↑           ↑           ↑
重音           exˈplain    ˌexplaˈnation   exˈploit   ˌexploiˈtation
音段           ɪksˈpleɪn   ˌɛkspləˈneɪʃən  ɪksˈplɔɪt  ˌɛksplɔɪˈteɪʃən
```

表 5.4 以另一种方式呈现这些事实。在词的每个音节中有无语调高点(调核重音)、词重音和一个完整的元音用(＋)(－)来表示。首先来看重音(在中间那行),注意[＋重音]在双音节词中标在第二个音节上,而四音节词在第一个音节和第三个音节上都标注了[＋重音]。

表 5.4 一些词中重音、语调和元音弱读的混合现象

	Explain	Explanation	Exploit	Exploitation
重音	－ ＋	＋ － ＋ －	－ ＋	＋ － ＋ －
完整元音	－ ＋	＋ － ＋ －	－ ＋	＋ ＋ ＋ －

通过对两行词的比较,你会发现,每个词的最后一个[＋重音]音节都标有[＋调核重音]。如果元音不弱读,第三行有一个[＋]。请注意 *explanation* 和 *exploitation* 在节奏上的差异,那就是 *explanation* 的第二个音节有一个弱读的元音,而 *exploitation* 的第二个音节元音没有弱读,是完整的。正如我们在前面章节中所看到的,有很多元音在弱读音节中消失了。在不同的地方口音中,弱读音节中的元音音质变化很

大。我们将 *explain* 中第一个元音记为 [ɪ],那是赖福吉使用的形式,但是其他口音(如凯斯·约翰逊)可能是 [ɛ]。

有的书并没有在这些方面对重音做出区分,维持着英语中有几种不同程度重音的观点。程度最高的重音叫作第一级重音,其次是第二级重音,再次是第三级重音,程度比较低的称之为第四级重音,等等。值得注意的是,在这个系统中,程度较低重音的数量比较多。

你可以轻而易举地将我们的重音系统转换为多级重音系统,通过在表中对一个音节增减 [+] 符号(我们已经使用过的)的数目来转换。如果有三个 [+] 符号,那就是第一级重音;有两个 [+] 符号,就是第二级重音;一个 [+] 符号,是第三级重音;如果没有,那就是第四级重音。请你自己试着用表 5.4 中的数据来转换。在元音右上角写上重音的级别,你将发现 *explanation* 和 *exploitation* 是 $e^2xpla^4na^1tio^4n$(2-4-1-4 模式)和 $e^2xploi^3ta^1tio^4n$(2-3-1-4 模式)。

我们认为根据等级来划分重音没有多大的用处,这种描写与语音事实并不一致。但若像通常所说的那样,英语中有许多重音等级,那我们应该解释怎样使用这些术语。不过本书中我们将一直坚持这个观点:英语音节中要么有重音要么没有,而且我们把元音弱读和语调看作是独立的过程。

我们有时可以通过一些规则来预见一个元音是否会弱读为 [ə]。
比如,我们可以归纳出一条说明 [ɔɪ] 从来不会弱读的规则。但关键问题是这些词近来是如何通行的呢。这种因素似乎可以说明为什么 *postman*、*bacon*、*gentleman* 最后一个元音要弱读,而 *mailman*、*moron*、*superman* 最后一个元音却不弱读。

🔊 句子节奏

词作为句子的一部分,它的重音有时会发生变化。最常见的变化
就是一些重音丢失了。*Mary*、*younger*、*brother*、*wanted*、*fifty*、*chocolate*、*peanuts* 这些词单说时,重音都在第一个音节上。但进入句子后这些词的重音就很少了,如:*Mary's younger brother wanted fifty chocolate peanuts*。请用正常说话的方式说句子,并用你的手在重读音节上打拍子。你可能发现会自然而然地在 'Mary's younger

ʹbrother wanted ʹfifty chocolate ʹpeanuts 中用重音符号标过的第一个音节上打拍子。但是 younger、wanted、chocolate 的第一个音节却没有重音(但它们带有完整的元音)。

我们可以用单音节词来证明这种现象。请说 The big brown bear bit ten white mice。如果每个词都重读,听起来就会很不自然。多数人会读成 The ʹbig brown ʹbear bit ʹten white ʹmice。英语句子的发音总试图避免重音离得太近,这是一条通则。句子中相邻的词重音离得太近,通常就会丢失。

避免词重音之间靠得太近的趋向,可能引起同一多音节词中的重音在不同句子中有不同的位置,此句在这个音节,彼句在另一个音节。请想一下 He had a ʹclarinet ʹsolo 和 He ʹplays the clariʹnet 两句话中 clarinet 的重音位置。重音是在第一个音节还是在第三个音节,这取决于句中其他重音的位置。类似的重音移动也出现在短语中,如 ʹVice-president ʹJones 和 ʹJones, the vice-ʹpresident。数数时数字的重音在第一个音节上如 ʹfourteen、ʹfifteen、ʹsixteen,但在短语中有时却不在这个位置,如 She's ʹonly six ʹteen。请用标注出来的重音来读所有短语,检查一下节拍是否自然地落在重读音节上,然后一边念下面段落,一边试着在标出重音的音节上打拍子。

> **EXAMPLE 5.9**
> ʹStresses in ʹEnglish ʹtend to reʹcur at ʹregular ʹintervals of ʹtime. (ʹ) It's ʹoften ʹperfectly ʹpossible to ʹtap on the ʹstresses in ʹtime with a ʹmetronome. (ʹ) The ʹrhythm can ʹeven be ʹsaid to deʹtermine the ʹlength of the ʹpause between ʹphrases. (ʹ) An ʹextra ʹtap can be ʹput in the ʹslience, (ʹ) as ʹshown by the ʹmarks withʹin the paʹrentheses. (ʹ)

> **EXAMPLE 5.10**
> 图 5.3 展示了另一段语流的节奏。这是奥巴马 2008 年在爱荷华州竞选获胜时演讲词(前 47 秒)的乐谱。中间,观众的欢呼声长达 16 个节拍,而在被欢呼声打断之后他又能重新找着节奏。公众演讲一般都有明显的节奏,音乐家甚至可以给每个词都标上音符和调子。

图 5.3 奥巴马在爱荷华州竞选获胜时的演讲词（前 47 秒）

Obama Iowa Victory Speech
(First 47 seconds)

tempo = 150

Thank you, Iowa. [jōu] they said – they said – they said this day would never come.
cheers (exactly 16 beats)

They said our sights were set too high.

They said this country was too di-vided; too dis-il-lusioned to ever

come to-geth-er a-round a common pur-pose.

But on this Jan-u-ar-y night – at this de-fining moment in his-tory –

you have done what the cynics said we couldn't do.
cheers

当然，并不是所有句子都像上面的话那样有规律。我是说重音倾向于以有规则的间隔重复出现。认为英语中重音之间的间隔都是相等的，这种说法是非常错误的。英语恰恰是由一系列共同起作用的程序来维持语音的韵律节奏的。我们已经提到了两个程序。第一，一些词本该重读，但通常没有重读，这是为了避免太多的重音一起出现。再举一个例子，*wanted* 和 *pretty* 在 She 'wanted a 'pretty 'parrot 中都可以重读，但在 My 'aunt wanted 'ten pretty 'parrots 中却不能重读。第二，一些词的重音位置是可以变化的，请比较 the 'unknown 'man 和 the 'man is un'known。

我们也可以将前一章提到的一些事实，看作减少重音之间间隔变化这一趋势的一个部分。我们知道 *speed* 中的元音比 *speedy* 中的第一个元音要长，而 *speedy* 中的第一个元音又比 *speedily* 中的第一个元音长。这可以理解为一种趋向，在只含有一个重音的词中，缩短词的长度变化,使邻近词的重音与之保持大体等距的韵律。

现在我们把所有的句重音事实放在一起说,也包括那些在本节中没讨论过的事实。英语似乎有一种保持句子规律性节奏变化的默契,但这种默契并不稳固,还未达到完全制约那些由非重读音节数目和类型引起的不规则变化的程度。如 The 'red 'bird flew 'speedily 'home,第一个音节和第二个音节之间间隔就要比第三个音节和第四个音节之间短得多。虽然重音倾向以规律性的间隔出现,但是英语语音模式并没有使这种倾向成为一个最重要的需要,用来调整音节的长度,从而达到句子完全有规律的节奏变化。重音之间的间隔受到诸多因素的影响,如重音组中的音节数、音节中元辅音的数目和类型,以及其他因素(如为了强调一个词而出现的变化)等。

语 调

在某人说话时,听一听他声音的音高,你会发现它不停地在变化。说话跟唱歌不同,唱歌时你必须在一段时间里保持一个既定的调子,然后才跳到下一个调子的音高。但说话时却没有稳定的音高,正常会话中每一个音节的音高都一直在时升时降地变化(请试着用一个稳定的音高来说话,你会发现这种声音听起来怪怪的)。

句调是出现在句中的音高变化模式。带有某一特定调型的句子片段叫作**语调短语**(**intonational phrase**)。下面句(1)是一个短句所形成的简单语调短语。这一章中,在这个语调以及接下来所有不同语调的例子里,都用两条曲线来显示它们的语调。上方那条通常代表英式英语发音人的音高变化,下方那条代表美式英语发音人的音高变化。

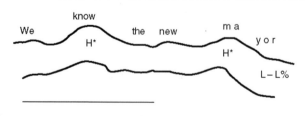

(1) We 'know the new *mayor.

这些曲线不是非常平滑的,因为它展示的是话语的实际音高(网络平台上有所有句子的录音,供你仔细聆听和分析)。曲线不规则的地方反映了说这些句子时声带振动的情况。在这些曲线上大多没有标明音高刻度,这是因为在一个重要的短语里通常发的是相对音高。为了使曲线图符合书页的尺寸,随着话语的不同,时间刻度也在变化。在美式英语发音人的语调曲线图下边总有一根表示500毫秒(半秒钟)持续时间的细线。曲线图上的星号(H*)代表主要的语调重音,而百分号(L%)则代表短语的边界。下面我们还会详细讨论语调的标写方式。

音高曲线下方是用一般拼写形式拼写的言语句子,并在音节前加上了国际音标重音符号和星号。在一个语调短语中,被强调的音节通常有一个增强的音高,由于它承载着主要音高变化,因而显得特别突出。这个承载调核重音(tonic accent)的音节一般用星号标出。在句(1)中,mayor 的第一个音节是语调音节,正如你所看到的,这个词的音高变化在全句中是最大的。尽管在 know 的重读音节上音高上升,但全句音高变化却在 mayor 上最为显著。

语调重音通常出现在一句话的最后一个重读音节上(除非你想特别强调某个词)。但是,如果某个词需要强调,那么调核重音可能会提前。如果我们想要强调"我们知道的"是 new mayor,而不是 old mayor,我们会使 new 成为语调重音,如句(2),new 以后再无其他重音。

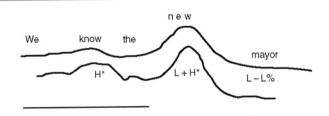

(2) We 'know the *new 'mayor.

一个话语片段有时有两个或更多的语调短语。此时,第一个语调只上升了一点儿就结束了,我们称之为继续升高。这表明将有更高的音高出现,说话人还没有说完话。两个语调短语之间的停顿用一根垂直线来标记,如句(3)。在句(3)中,英式英语发音人通过降低 in 的语调暗示后面还有更多的话要说,图上表现为 in 之后有一段平缓的语调上升。短语最后一个词的音高有一个明显的伴随性的上升。美式英语发音人通过延长 in (从音高线的最高点开始)来暗示后面还有更多的内容,图上表现为一段更平缓的语调上升,紧接着是语调的突然下降。后面的音高有大幅度的降低,接下来的部分稍微有一点儿上升。通过这种方式来显示后面还有更多的内容(出现非常频繁),但这并不是说明音高继续大幅度上升,而是说句子结尾处没有降调。另外还请注意:英式发音人的 when 有重音,美式发音人没有。

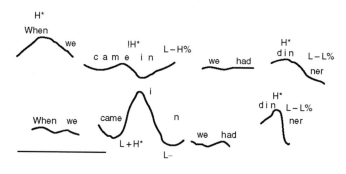

(3) 'When we came 'in, | we had *'dinner.

在句(3)中,两个语调短语跟这个句子中的两个子句有关,但是语调通常不是由子句结构决定的。一个语调短语是一个信息单元,而不是依据句法来定义的单元。因为是由信息来决定,所以很难确定哪儿有语调停顿,语调重音落在什么地方。正如一位语言学家所说的:"语调是可以预见的(如果你是一个有心的读者)。"你必须在你能够准确地说出发音人将重读哪些音之前知道发音人想说什么。但是说话人的风格对语调有相当大的影响。当以正式的风格慢慢地说时,说话人可能会把整个句子分成几个语调;以教堂华丽的演讲风格讲演时会产生大量的语调短语;奥巴马的演讲词中就有多个语调短语。但是以快速交谈的风格说话,每个句子可能就只有一个语调短语了。

虽然不能完全预见语调短语中哪个音节会是调核音节,但我们还是可以做一些一般性的说明。新信息比已经提到过的内容更容易成为语调重音。句子主题跟那些用来叙述主题的部分相比成为语调重音的可能性要小。如果想告诉某人一些有关狮子的事实,你也许会说句(4)。讨论的主题是狮子,但用来叙述主题的是"狮子是哺乳动物"。句(4)中两个说话人发音稍有不同:美式英语发音人特别强调"狮子"和"哺乳动物",使用了最基本的由低到高的调型($L+H^*$)。但是,即使是对于这个发音人来说,语调重音也落在短语的最后一个重音上;也就是,对英、美两个发音人来说,语调重音都落在最后一个词 *mammal* 上,使得这个用来陈述已知主题的新信息显得非常突出。

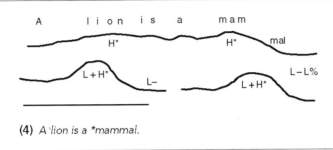

(4) A 'lion is a *mammal.

在有关哺乳动物和考虑所有符合这一类动物的讨论和评论中,新信息就是狮子符合哺乳动物这一类,如句(5)所说明的。这里,两个发音人的重音都在 *lion* 上。

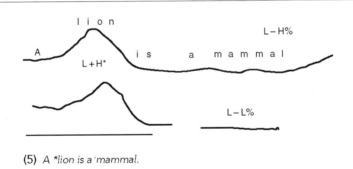

(5) A *lion is a 'mammal.

在语调重音中,各种音高变化都可能有。除句(3)中间有一个持续的上升外,从句(1)到句(5),语调变化可以被简单地描写成下降的曲线。另一种可能的语调变化是,在调核音节处有一个平滑上升的曲线。这类音高变化(我们称之为升调),是一种典型的疑问语调,要求回答"是"或是"不是",如句(6)。对说英式英语的人来说(上面的音高曲线),句子前半句音高相当平稳,但到了最后一个词上音高有了很大提升。说美式英语的人在句子后三分之二处音高有比较大的提升。说美式英语的人并没有用升调,但他在句子的后三分之二处(从 *mail* 到 *money* 处)音高确有提升,可以说用了一个升调,接着是降调。

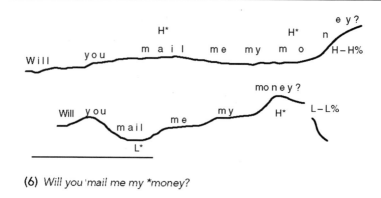

(6) Will you 'mail me my *money?

语调短语中随着音高降低，音高显著升高的音节没有必要是最后一个重读音节。如果句(6)的问题是"钱是否要被寄走"或者"钱是否必须存起来"的话，那么要强调的是句中较靠前的词，音高就会从这个词开始升高，如句(7)所示。对于说英式英语的人来说，在 *mail* 处音高大幅上升，然后经过一个相对平稳的变化之后，在 *money* 上将继续上升。说美式英语的人这个句子说得相当快，从 *mail* 音高开始上升，在 *money* 第一个音节处下降，然后在句子最后一个音节上有比较小的上升。

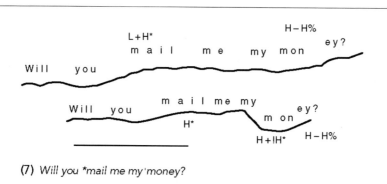

(7) Will you *mail me my 'money?

现在讨论一下若遇到不能用"是"和"不是"来回答的疑问句时该怎么说，如句(8)。当然，这个句子可以用很多可能的方式，但最常用的很可能是音高在最后一个重读音节上开始降低，这就是英式英语发音人所说的音高曲线。显然，英式英语发音人把重音过早地放在 *when* 上，然后在 *mail* 上有一个次重音。（这个例子说明，语调的标写不仅要靠听,还有看音高曲线——仔细听网络平台上的发音,你能理解为什么我们在英式英语发音人的 *mail* 上也标上重音吗?)。如果用 *wh-* 开头的疑问词来提问,如 *where*、*when*、*who*、*why*、*what*,通常有一个下降的语调,但音高曲线图却显示每个词都可以有不同的调子,即使是在整句话的调型是降调的情况下。

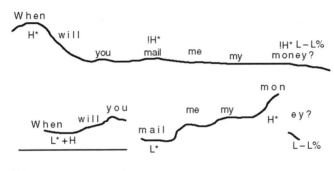

(8) ˈWhen will you ˈmail me my *money?

正如在句(3)所看到的,句中出现一个较小的上升调,这个位置正是语调短语的末尾。这里再另举一个例子:句(9)。英式英语和美式英语之间的发音有所不同。当发 *winning* 这个词时,英式英语发音人先有一个下降调,接着在 *winning* 语调有所上升;而美式英语发音人先有一个大的上升语调,然后明显下降,最后变得平稳。

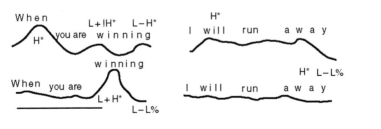

(9) ˈWhen you are *winning, | I will run a*way.

在列举清单时,清单上每个词都可以是升调,如句(10)。前三个名字的第二个音节音高较高。第四个名字,也就是最后一个,跟平常一样音高在句末下降。

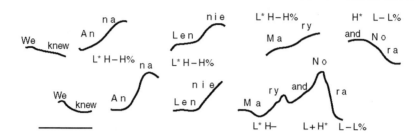

(10) We knew ʼAnna, ʼLenny, ʼMary, and *Nora.

请注意那种用"是"或"不是"来回答的问题通常可以重复地说，因此这些句子符合这种暗示下面还有更多内容的上升语调模式。英式英语发音人在 mail 和 money 处音高均有上升，接着便是以 or not 结束的语调下降的规则句子。说美式英语的人从 money 开始上升，一直持续到 or not，最后又很快降低到嘎裂声。

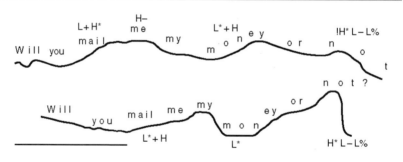

(11) Will you ʼmail me my ʼmoney or *not?

区分两种升调是非常有用的。一种出现在是非问句中，这类句子语调会有一个很大的音高上升运动。另一种是通常出现在句中，其音高上升幅度较小。这两种语调通常是对立使用的。话语中较低的上升语调意味着下文将有更多的内容。句(12)和(13)有一个微升的语调，这是听人讲故事时回应的话语，相当于"我听着""请接着说"。这一幅图解的中间是两条垂直的线，表示两位说话者正常的音高范围。在这些词语中，说英式英语的人(上面的那两条曲线)使用的大约是他整个音高范围的一半，而说美式英语的人(下面那两条曲线)使用的音高范围略微宽一点。

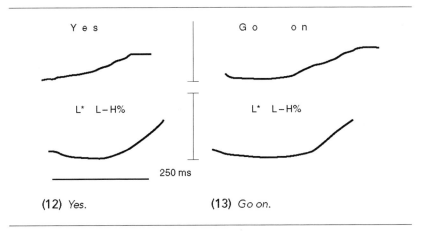

(12) Yes.　　　　　(13) Go on.

如果音高上扬幅度较大，这种变化意味着"你是说'yes'吗?"和"你是说'Go on'吗?"之类更多的含义，如句(14)和句(15)所示。说英式英语的人音高升幅超过了他的全部音高范围的75%，说美式英语的人采用了更宽的音高升幅。值得注意的是，人们在不同语调的运用方式上并不非完全一致。

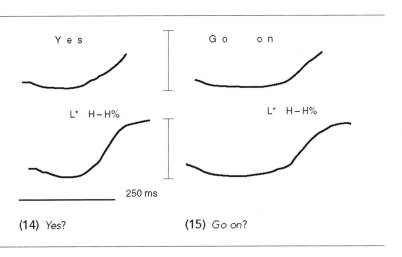

(14) Yes?　　　　　(15) Go on?

在同一语调重音中，有升调也有降调。如果别人告诉你一件非常令人吃惊的事儿，你可能会在语调音节上有一个明显的降-升调，接着在语调短语剩余部分进一步上扬。句(16)中的两位发音人都遵循这个模式。

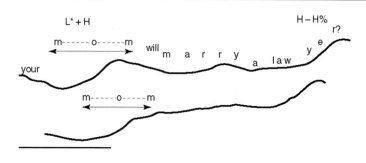

(16) Your *mom will marry a 'lawyer?

回答问题、演讲或呼叫某人时，都可使用固定的语调模式。回答问题如句(17)所示，*Who is that over there*？说英式英语的人采用低于他音高范围一半的降调，说美式英语的人先升，然后降至几乎接近他音高范围的底限。当对人讲话时，可能意味着该轮到他说了，如句(18)，说英式英语的人语调有一个微降，说美式英语的人音高在其回答问题时音高范围的一半内变化。呼叫某人时通常音高比回答问题时音高下降的间隔更大。呼叫不在视线范围内的人时有一种模式化的方式，就是在第一次上升之后，音高变得相对稳定，如句(19)。

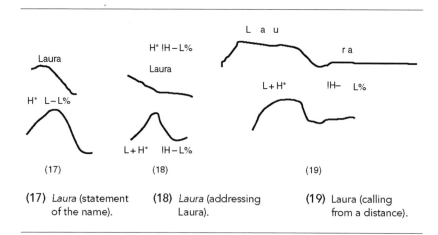

(17) Laura (statement of the name).

(18) Laura (addressing Laura).

(19) Laura (calling from a distance).

通过叫一个人名的不同方式,我们可以总结语调之间的差异,特别是当这个人名很长,能够相当完整地显示音高曲线。曲线图(20)到(24)呈现了人名 Amelia 的不同发音。(20)是一种简单的陈述,相当于"她的名字是 Amelia"。(21)是一种疑问,相当于"你是说 Amelia 吗?"。(22)是一个音高继续上升的形式,是对 Amelia 讲话时用的,暗示轮到她说话了。(23)是一个用来表达惊讶的疑问,相当于"真的是 Amelia 做的吗"? 说英式英语的人说这句话时,音高先是下降,接着是一个高升调。说美式英语的人音高变化恰好跟英式英语发音人相反,先是一个高升调,然后才是一个大的下降。最后,(24)是一种斥责 Amelia 时所用的反应强烈的形式。

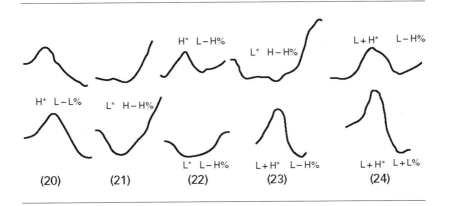

观察英式英语发音人和美式英语发音人的语调模式可以引发我们一些思考。其中很多模式也适用于英语其他地方口音和其他语言。最重要的一点是语调不能像发音其他方面那样能明确详细地加以说明。本书前四章主要是通过考虑音位对立来描写英语的。我们已经注意到英语多数形式中有 22 个辅音和特定数目的元音,而每组对立性元音和辅音都有明确的语音性质。但跟元辅音相比要确定语调中的对立更困难。在语调短语中,传达新信息的最后一个重读音节,通常是调核重音。这个音节的音高是降势,除非它只是这个句子的一部分,后面还有一个语调短语。在这种情况下,也许会有一个持续性上升的音高(至少不会在最后的音节音高下降)。可以用"是"和"不是"来回答的问题通常会有一个上升的语调,它比持续性上升的音高还要高。以疑问词开头的问句音高通常有一个降调,如 where、when、 *what*、*why*、*how*。语调带有很强的个人色彩,它更多地取决于和意义相关的语感,而非构成词的元音和辅音。从某种意义上说,语调就是将话语中的词转换为音乐的过程。音乐给了话语更多的附加信息,但它依情境而变,同时也因人而异。

🔊 目标调

以上的例子中我们使用了高调"(H)"和低调"(L)"来标写语调模式。本节我们将讨论系统的语调标写问题。很多人认为,语调就是整个句子或短语的调子。有时我们对几种基本的调子加以命名(如"陈述语调""提问语调""呼唤语调""列举语调"等)。其实,除了这种命名方式之外,还有几种办法来描写句子的语调。例如,我们可以不再考虑整个短语的语调曲线形状,而是根据目标音高的高(H)低(L)顺序来描写语调。人们说话时,他们在重读音节上会瞄向一个非高即低的音高,然后朝着这个目标上升或降低。表现这种音高变化的系统是 **ToBI**,它代表音调和停顿指数。在这个系统中,目标音调 H^* 和 L^*(叫作 H 星号和 L 星号)写在位于代表重读音节的音段符号上边的线上(叫作音层)。星号代表承载重读音节的目标调。在一个高音调 H^* 前紧加一个低音调,记做 $L+H^*$,听者从中可以感觉到重读音节前的音高有一个急剧的上升。同样,L^* 后面可以紧跟一个高音调,记做 L^*+H,听者从中可以听到开始的重读音节音高是一个低的,后来是一个上升的音高。有时一个重读音节会比较高,但是尽管如此可能会包括一个小的下降的音高。这种"高"加"含有下降的高"的音高可记做 $H+!H^*$,感叹号表示这个音高有一个小的下降。本部分的最后将讨论在特殊情况下包含下降的高音音节 $!H^*$,它自己可以是一个音高重调。表 5.5 呈现了英语中 6 种可能的音高重调。

表 5.5 描写英语语调特征的 ToBI 系统。每一个语调短语(调群)必须包含后三列中的某一个方面,而且必须在另一个重读音节标上另外的音高重调,如第一列所示。括号里的符号(!H*)将在这部分的后面谈到。

重读音节中核心前可选的音高重调	核心音高重调	短语重调	边界调
H*	H*		
L*	L*		
L+H*	L+H*	L−	H%
L*+H	L*+H		
H+!H*	H+!H*	H−	L%
(!H*)	(!H*)		

短语中最后一个音高重调叫作核心音高重调。ToBI 系统显示:核心音高重音之后的调型才是有意义的。一般我们根据两个成分来描述这个核心音高重音之后的调型(至少在简单的短语中)。第一个成分是*短语重音*,记作 H−(H 减)或者 L−(L 减)。第二个成分是*边界调*,记作 H%或 L%。短语重音和边界调的四种排列组合方式构成了四种基本的调型——降调(L-L%)、升调(H-H%)、平调(H-L%)和降升调(L-H%)。

在该系统中,所有英语语调包含一系列的声调(其排列如表 5.5 所示)。如表中第一列:在核心音高重音前,重读音节上可能出现或者不出现若干个音高重调。第二列表示核心音高重音,其中之一肯定在短语上有所显示。核心音高重音后的短语重音要么高要么低,而且后面还有一个边界调(或高或低)。

在 ToBI 系统中,可以通过一系列停顿指数来描写词边界的强度。如果没有停顿,它的停顿指数记作 0,如 *you're* (通常跟 *your* 一样)。用停顿指数这种方式来显示词语之间的强度很有用,如短语 *to Mexico* 通常读起来像一个词,中间没有停顿,和 *tomorrow* 一样。词语之间间隔可以分为停顿指数 1(虽然在我看来,词语之间没有什么可以称为停顿的)。等级比较高的停顿指数,表明说话粗缓,有比较大的停顿。停顿指数 3 通常是小句(形成中间语调短语)之间的停顿,而停顿指数 4 出现在大的语调短语之间,如整个句子。

例(20)−(24)是美式英语发音,我们用 ToBI 音标系统标写如下

(没有标出停顿指数,因为这种情况下总是4):

(20) A'melia　　　　　　　　　音调层　[H* L-L%]
简单回答 What is her name?　　音段层　[ə mi : l i:ə]
(21) A'melia?　　　　　　　　　音调层　[L* H-H%]
疑问,相当于 Did you say Amelia?　音段层　[ə m i:li:ə]
(22) A'melia—　　　　　　　　 音调层　[L* L-H%]
对 A'melia 讲话,暗示轮到她发言了　音段层　[ə mi:li:ə]
(23) A'melia!?　　　　　　　　　音调层　[L+H* L-H%]
表示惊奇的疑问　　　　　　　　音段层　[ə mi:li:ə]
(24) A'melia!!　　　　　　　　　音调层　[L+H* L-L%]
一种强烈的反应,斥责 Amelia　　音段层　[ə mi: li:ə]

用 ToBI 音标系统来标(20)是[H*L-L%],是一种典型的简单陈述,只有一个重读音节有音高重调,结尾用降调。同样,(21)描写为[L* H-H%],是一个典型的可用"是"和"不是"来回答的疑问调,它最后以一个幅度很大的升调结束。(22)的最后有一个比较小的上升,这种情况出现在一个未说完的话语或者如(10)所例举的...Anna, Lenny, Mary, and... 之类的一系列词中,ToBI 区分(21)大的上升调(疑问上升)和(22)较小的上升语调(持续性上升)的方法,是在中间插入一个短语音调 L—,因此,(22)音调是[L* L-H%],非同于(21)[L* H-H%]。低的短语调会阻止最后的高边界调过高。最后两个重读音节的语调是以 L 开头的,它确保 H* 表示一种音调突变,即从一个低调明显地上扬到一个高调。因此(23)为[L+H* L-H%],是一个低短语调,但最后有一个稍微上升的音调,很像(22)。这个调型也可以用来表示不确定性。(24)是[L+H* L-L%],像(23)一样,开始有一个大的上升,但最后是一个低的边界调。

我们在前面讨论过的简单陈述、疑问和其他语调可以用类似的方式来标记。

(1) 简单句 We know the new mayor.
音调层　[　　H*　　　　　H* L-L%　　　]
音段层　[wi: nou ðə nu 'mɛr　　]
(6) 简单是/非问句 Will you mail me my money?
音调层　[　　H*　　　　　H* H-H%]
音段层　[wɪl ju: meɪl mi: maɪ mʌni　]

(9) 两句话 When you are winning, I will run away.
  停顿指数 [1   1   1   4   1   1   4]
  音调层 [H*   L=!H* L-H%   H* L-L%   ]
  音段层 [wən juː aː wɪnɪŋ   aɪ wɪl rʌn əweɪ]

  上面(9)显示了停顿指数。在第一个语调短语的最后,用 L-H% 表示一个继续上升的语调,它的停顿指数是 4。当所有的词联系得很紧时,其停顿指数就是 1。

  最后,我们必须考虑怎样描写英语语调的另一个事实(这也适用于其他一些语言)。在很多句子中音调有下降的趋势。前面在讨论重音时,我们考虑过句子 *Mary's younger ' brother wanted ' fifty chocolate ' peanuts*,重音交替出现在 *Mary's*、*brother*、*fifty*、*peanuts* 中。如果带着重音说这个句子,你将发现在每个重读音节上有一个 H* 音高重调,但其中每个高的音高总比前面的那个低一点儿。这种现象叫作**下移**(**downdrift**)。我们可以用降阶高调标 H* 音高重调来表示这种下移现象。这个概念我们在前面讨论音节内从高调向低调下降时提到过。表 5.5 中使用了感叹号"!"。我们可以显示每个 H* 调比前面的标记为!H* 的**降阶高调**(**downsteped highs**)更低一点。这个句子的音调音层是:

   [H*   !H*   !H*   !H* L-L%]

(25) *Mary's younger brother wanted fifty chocolate peanuts.*

  值得注意的是,连续的 H* 音高重调不一定必须是降阶音高。如果我想对 *brother* 稍做强调,表示"是 *Mary's* 的弟弟",而不是"妹妹"这种 *wanted fifty chocolate peanuts* 特别渴望,因此我应该让降阶从 *fifty* 开始,说成:

   [H*   H*   !H*   !H* L-L%]

(26) *Mary's younger brother wanted fifty chocolate peanuts.*

  ToBI 系统是用一套有限的符号来表明英语的语调特点——6 种可能的音高重调包括一个降阶符号、两个可能的短语重音、两个可能的边界调和从 1(邻近词语)到 4(语调短语之间的边界)四个可能的停顿指数,这是为英语语调设计的。做一些改动之后,也适合其他的语言。

🔊 要点回顾

本章主要介绍了连续语流中的语音现象。在连续语流中，单个词的读音可能会被弱化，听起来不像单念这个词时那么清楚。元音变得像中性元音，辅音持阻（或塞音性）不那么明显，甚至会完全消失。和这种弱化现象有关的因素之一是重音。我们知道，多音节词中的有些音节是重读的，而另一些是非重读的。倾向于弱化的元音和辅音一般都位于非重读音节中。有趣的是，重音又分两种："语调重音"和"词重音"。语调重音体现在整句话的某一个词上。要预测语流中的哪个音节将会被弱化，我们不仅要知道词重音的位置（字典上可以查到），还要知道语调重音的位置（如前所述，它因人而异，因情境而异）。接着，我们通过例子介绍了标写语调的 ToBI 系统。需要重申的是：对语调的准确标写不仅需要认真听，还需要对音高曲线图认真看，认真分析。在音高曲线图上我们标上了具体的词，这大致说明了词的边界，这一点也很重要。

🔊 练 习

A. 列出 10 个词的强读和弱读形式。要求：(1) 是本章没有提到过的词；(2) 用每一个弱读词造一个短句并标注音标（请参考表 5.1）。

单词	强读形式	弱读形式	弱读举例
___	___	___	___
___	___	___	___
___	___	___	___
___	___	___	___
___	___	___	___
___	___	___	___
___	___	___	___
___	___	___	___
___	___	___	___
___	___	___	___

B. 举出两种同化的例子，一种是词内同化，一种是词间同化。每一种情况要用正确的严式音标标写。请参考所给的例子。（即使你自己没有说过所举的同化现象，也要给出例子）

把龈辅音变成双唇辅音。

input [ɪmpʊt] *Saint Paul's* [sm̩ˈpɔlz]

_____ _____ _____ _____

把龈辅音换成齿辅音。

tenth [tenθ] *in this* [ɪn ðɪs]

_____ _____ _____ _____

把龈辅音换成软腭辅音。

synchronous [ˈsɪŋkrənəs] *within groups* [wɪðˈɪŋ grups]

_____ _____ _____ _____

把清辅音换成浊辅音。

catty [ˈkædi] *sit up* [sɪˈd ʌp]
或 [ˈkæɾi] [sɪˈɾ ʌp]

_____ _____ _____ _____

C. 请再写出 5 个同化的例子。所举例子与之前用过的词差别越大越好。

_____ [_____]
_____ [_____]
_____ [_____]
_____ [_____]
_____ [_____]

D. 请用下面单词分别造两个句子或短语，表现不同句中同一词可能有两个不同的重读模式。

例子：*continental*
It's a ˈcontinental ˈbreakfast.
She's ˈvery contiˈnental.
afternoon

_____
_____

artificial

_____
_____

diplomatic

_____
_____

absentminded

_____
_____

New York

_____
_____

E. 用"+"和"−"来表示下列词的哪个音节有调核重音,哪个有重读音节,哪个音节的元音是完整的。请参考表 5.4。

     computation compute Inclination incline（动词）

调核重音
重读
完整元音

F. 大约一百年前,例词中的重读音如下所示。但现在大部分(在赖福吉的口语中是全部)已经与以前不同了。给这些词标音,看看你说话时每个词的重读情况,然后归纳这种特殊音节重读位置变化的一般规则。

  an'chovy _____
  ab'domen _____
  'applicable _____
  'controversy _____
  'nomenclature _____
  tra'chea _____
  eti'quette _____
  re'plica _____
  va'gary _____
  blas'phemous _____
  a'cumen _____

规则：_____
_____

G. 列出三组词，要求每组三个显示像表 5.2 中那样的重音交替情况。

'photograph   pho'tography   ,photo'graphic
_____   _____   _____
_____   _____   _____
_____   _____   _____

H. 标出可能出现在下列话语中的重音和语调模式，不是用 ToBI 系统，而是用音高曲线图。

（1）Can you pass me that book？（客气地对朋友说）
（2）Where were you last night？（很生气地对女儿说）
（3）Must it be printed？（客气地问）
（4）Who is the one in the corner？（激动地对朋友说）

🔊 操 练

A. 根据下面短语后的音标做发音练习，注意其中的同化和脱落现象。（这些标音都是我在正常口语中听到过的，是受过教育的人所说的。）

what are you doing?   [ˈwɒdʒəˈduɪn]
I can inquire.   [ˈaɪkŋ ŋ ˈkwaɪə]
Did you eat yet?   [ˈdʒiʔjɛʔ]
I don't believe him.   [aɪˈdoʊmbəˈlivɪm]
We ought to have come.   [wiˈɔtfkʌm]

B. 请跟同学一起试着标写一些句子的语调。你会发现很难用同一语调一遍又一遍地重复说一个句子。如果能的话，请试着按录音中的语调来做。把你要说的句子和语调写下来。先自己练习，然后再对同学说。

C. 轮换着说像下面所列的一些无意义的词。给它们标音，并加以比较。

ʃkeɪdʒminʒe
ʔaŋkliθuntθ

sfeˈeʔəmˌɑ

grɔɪpstˈbraɪgz

D. 为了扩大你的记忆范围，下面又列了一些词，请做发音练习。如果只改变重音位置而每个音音质不变（塞音、前元音、清擦音等等），这些词发起来就更难了。

tipeˈkiketiˈpe

θɔɪˈsaɪθaʊfɔɪˈʃaʊθaʊ

ˈmonɑŋuˈŋonəmɑ

woˈʔɔɪlaʊrɑˈrəlojɔ

bəbdɪgˈbɛdgɪbdɛdˈbɛbdəd

下篇

普通语音学

第六章

气流机制和发声类型

　　本章将探讨人类所有语言（不限于英语）所能发出的语音类型。我们将观察世界上各种语言的语音,通过这种方式可以发现人们所能发出的不同语音中有一些稳定的重复出现的音。为了描写这些音,我们必须对曾用来描写英语的一系列术语进行增补。第一,英语所有的音都是由从肺部呼出的气流产生的,但其他语言可能还会用别的方式来形成气流。第二,英语所有的音都可以分为清浊两类。但一些语言也可以用声门的其他状态形成语音。这一章我们将简要介绍用于描写发生在其他语言中的气流机制和发声类型。后面的章节将介绍语言差异的其他方面。因为其他语言的语音有助于研究人类普遍的语音能力,有助于精确描写英语中那些有细微差别的音,这些语言有些还有规律地出现在英语的病理形式中,因此,即使那些只关心英语语音的人也应该研究一下其他语言的语音。此外,语音治疗师们也发现学习普通语音学十分重要,由于语音患者的非正常发音形式含有许多非英语的形式,因此病理学家需要完整的国际音标系统,而不仅仅是标写英语的音标系统。

🔊 气流机制

　　在几乎所有语言中肺气流都是语音能量的来源。当肺部呼出气流时,我们称之为**肺气流机制**(**pulmonic airstream mechanism**)。肺是由无数气泡组成的海绵状组织,位于由胸腔和横隔膜组成的腔内(图1.3下面的曲线显示的是一圆形状的肌肉)。当横隔膜收缩时,肺腔随之扩张,因此空气进入肺腔。当以正常方式进行一次深吸气时,胸腔隆起,使肺腔扩张。通过胸腔回缩,或者通过收缩腹肌,横隔膜上升使气流呼出。

在描述大多数语音时,我们视肺气流机制为主要的原动力。但阻塞性辅音(塞音和擦音)的形成还跟其他气流机制有关。只用外呼的肺气流或向外运动的气流形成的塞音,叫作**爆发音**(**plosives**)。其他阻塞性辅音形成还使用了其他的气流机制,这将用另外的术语来详细说明。

在一些语言中,语音产生于不同类型的气流运动。如果你发一个喉塞音,肺气流被阻隔在声门以下的位置,声道中的气流会形成一个可以移动的气流体,这时,闭合的声门向上运动使空气排出口外,闭合的声门向下运动使空气吸入口内。只要其中任何一个动作发生,所谓的**喉头气流机制**(**glottalic airstream mechanism**)就会形成。

世界上大约 18% 的语言有气流外出的喉头气流机制。豪萨语(Hausa)是尼日利亚北部地区的主要语言,它用外出的喉头气流机制来形成与软腭清/浊塞音 [k, g] 相对立的软腭塞音。图 6.1 显示了用这种气流机制发音的运动器官情况。本图是一个印象图,并不是根据 X 光图片画出来的。

图 6.1 | 形成喉头外出气流软腭塞音 [k'] 所出现的一系列动作

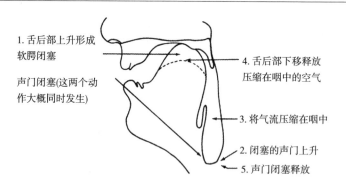

在豪萨语中,软腭闭塞和喉头闭塞是同时形成的。当喉头紧闭时,喉咙大约向上拉升了 1 厘米。这样,喉咙像一个活塞,把空气压缩在咽中。通过降低舌头的后部同时保持着喉头闭塞来使被压缩的空气释放出来,形成一个与英语中 [k] 音质不一样的音。软腭闭塞除阻后,喉头闭塞立刻除阻,接下来开始发元音。

由喉头外出气流机制形成的塞音叫作**喷音**(**ejectives**)①,用一个附加撇号[']加在音标后来表示。我们刚才描写过的豪萨语语音是一个软腭喷音,用符号表示为[k'],如豪萨语"增强"一词念[k'aːrà],你可以在网络平台上听到这个词的发音,它跟[kaːrà](放在跟前)相对立([ː]表示长元音。贯穿整个元音的是低音调音高。我们将在第十章讨论音调)。网络平台上也例举了[kʷaːrà](流出)和[kʷ'aːrà](非洲酪脂树果)之间的对立。跟塞音一样擦音也能用喷音机制来形成,如豪萨语[saːrà](减少)和[s'aːrà](安排、整理),见网络平台录音。当然,通过这种方式形成的擦音只能持续很短的时间,因为只有相当少的气流能够通过抬升闭合的喉头挤出。

喷音出现在许多语言中,包括美洲土著语言、非洲的语言和高加索地区的一些语言。表6.1是拉霍它语(Lakhota,一种美洲土著语言)中一些喷音的例子,并将它们与通过肺气流机制发出的音进行比较。跟英语语音相比,除了喷音的对立外,拉霍它语在语音方面与英语语音还有很多不同。在本书的后面,我们将讨论这个表中的那些陌生符号。

从表6.1相关的录音材料中,你就能听出拉霍它语音节[tu]和[t'u]的区别。这些区别在图6.2(这两个音节的波形图和语图)中也有显示。两个音节开始时都有一个短的噪音爆发——塞音的**爆发性除阻**(**release burst**)。对于由肺部外出气流机制形成的塞音[t]来说,其后元音在30毫秒以后开始;而对于由喉头外出气流机制形成的喷音[t'],其后是一个长达120毫秒的空白,然后紧跟第二处塞音爆发(波形图中此处是用双向箭头标出的;箭头的下端指向语图中相应的位置)。第二处塞音爆发其实是喉部持阻的爆发。这条声学信息告诉我们,[t'u]中的塞音爆发是由喉头外出气流机制形成的。

---

① 译按:喷音(ejectives)《语音学和音系学词典》(R. L. 特拉斯克著,中译本,语文出版社)译为"挤喉音","由声门外挤气流机制产生的任何音段"。

表 6.1 拉霍它语中含喷音的对立词。喷音后用撇号来标记。

喷音	p'o	有雾的	t̪'uʃə	不惜代价	k'u	给予
清不送气	paɣo̪ta	野鸭	t̪uwa	谁	kah	那
清+软腭擦音	pˣa	苦的	t̪ˣawa	自己的	kˣant̪a	李子

图 6.2 拉霍它语清齿不送气塞音和清齿喷音的波形和语图

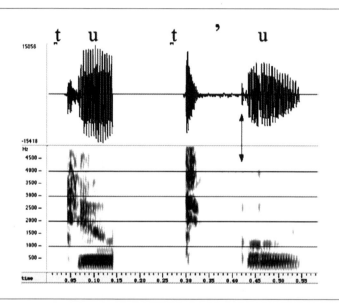

在英语中，一些人在词的后面带有喷音色彩，特别在一些句子的最后。你可能听到过一些人发词末 [k] 时伴有一个喉塞音，如 *bike*。如果在喉头闭塞保持的同时软腭闭塞释放，你可能会听到一个弱的喷音。请试一试，看你能否把一个喉头闭塞叠加在最后的 [k] 上并形成一个喷音。现在试着发一个稍加力量的喷音，到此你应该完全能在 [aʔa] 序列中发一个喉塞音。下一步我们学习升降喉头。如果你在屏住呼吸的同时尝试发[k]，所发的音就是喷音。因为屏住呼吸，喉头是关闭的状态，但发[k]时它在做上下运动。感觉一下自己的喉头，看是不是这样。还有一种办法可以让你感觉到喉头的升降：先以一个很低的调来唱歌，然后移到一个尽可能高的调来体会抬高喉头的感觉。默声地做唱歌练习，使自己更容易把注意力集中在体会肌肉的相关感觉上。把手指放到你的喉头上，也可以帮助你感觉这种动作。（默声地）重复这些动作——低音调到一个很高的音调，直到你完全体会了抬升你喉头的感觉。现在请试着闭合喉头来做这些动作。当然单独做这些动作不会产生任何声音。

接下来要学习在软腭闭塞的同时做喉头动作。请发一下[ɑk]，然后慢慢地再发一遍，把舌头保持在[k]持阻的位置大约一秒钟。现在再发一遍，并在保持[k]闭塞的同时做三件事情：(1)形成一个喉头闭塞，(2)尽可能使喉头上提，(3)当保持喉头闭塞时，释放[k]。不要太担心第二阶段。最重要的是集中在使喉头闭塞，同时使软腭继续保持闭塞，然后在声门除阻之前释放软腭闭塞。软腭闭塞释放时仅产生一个很小的噪音，它就是一个喷音[k']。

再接下来，试着在喷音之后发一个元音。这一次从[ɑkɑ]序列开始，慢慢地发，让[k]的闭塞长一点，在持阻期间声门闭塞并抬高喉头。随后在继续保持声门关闭的同时，释放[k]闭塞。最后，释放声门闭塞，并接着发一个元音。你应该发出一个像[ɑk'ʔɑ]的序列。当流畅发出这个组合音时，在软腭闭塞解除和声门闭塞解除之间只有很小的停顿，是喷音后接元音的序列——[ɑk'ɑ]。当然，在软腭闭塞解除之后和元音之前还有一个声门闭塞，但是除非它特别长，否则我们可以考虑用喷音的符号来表示这一点。

学习喷音的另一种方式是，从通用美式英语（通用英式英语）的 *button* [ˈbʌʔn̩] 的发音开始。请试着发 *button*，但用另一个元音[ʌ]代替末尾的鼻音[n]。如果你确信自己所发的含有/t/声门闭塞，结果可能就是[ˈbʌʔtʌ]。如果慢慢发这个序列，你应该可以把第一次发的转换为[ˈbʌʔt'ʔʌ]，之后又变为[ˈbʌt'ʌ]，最后是改变重音，变成[bʌˈt'ʌ]。

你最终应该能发诸如[p'ɑ, t'ɑ, k'ɑ]的系列了，也应该能发[tʃ'ɑ, s'ɑ]的系列。请将喷音放在不同元音之前、之后和之间做发音练习。你还应该试着发表6.1中拉霍它语的词。但如果你发现发喷音很困难，不要担心。许多人都不会发喷音，只要坚持练习就好。

喉头下降也能够吸入空气。用气流内入的喉头机制来形成的塞音叫作**内爆音**（**implosives**）①。在内爆音形成过程中，向下运动的喉头不是完全闭塞的。肺部气流仍然在往外呼出，其中一些通过了声带，使声带处于运动状态，所以这是浊音。图 6.3 是信德语（Sindhi，印度和巴基斯坦的印度—雅利安语）中一种双唇浊内爆音的运动过程。英语有时也有内爆音，它是以音位变体的形式出现的，特别是在双唇塞音的强式发音中，如在 *absolutely* **billions** *and* **billions** 中。

图 6.3 | 信德语双唇内爆音 [ɓ] 的基本发音动作序列

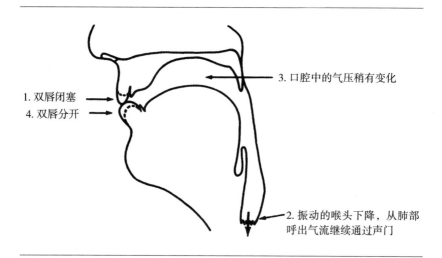

在我们考察过的所有内爆音中，先是调音部位的闭塞——双唇合拢，接着喉头像一个活塞向下运动，这会引起口腔中的压力下降。但喉头像是个漏气的活塞，肺中的气流能继续通过喉头呼出。结果口腔中的气流压力没有受到多大影响（当然，发爆发音 [b]，口腔气压是上升的）。当发音闭塞解除时，可能会伴随缩气动作，把气流吸进口腔。但有一些内爆音发音时并没有缩气的动作。这种特殊音质源于声道形状和声带振动模式的复杂变化。

在许多语言中，如信德语和一些非洲语言、美洲土著语言，内爆音和爆发音是对立的。然而，在有些语言中（如越南语），内爆音只是浊

---

① 译按：内爆音（implosives）《语言学和音系学词典》（R. L. 特拉斯克著，中译本，语文出版社）译为"缩气音"，认为是用声门吸气气流发出的口腔塞音。

爆发音的变体,不与后者形成对立。表 6.2 最上面那一行例子是信德语的内爆音。内爆音是在一个规则音标的最上面加一个小弯钩。现在,我们只考虑表 6.2 中的第一列和第二列,第一列显示喉头内爆音,第二列显示肺气流爆发音。信德语还有其他的调音部位,在第三和第四列中列举了一些用其他调音部位形成的音,我们将在第七章再做讲解。表中下面数行列举的发声类型,我们将在本章的后面讲到。

表 6.2　信德语用不同发声类型形成的内爆音和爆发音对立

ɓani		ɗnu	ʄatu	ɠanu
地		节日	文盲	把手
banu	daru	ɖo:ru	ɟatu	guŋu
森林	门	你跑	文盲 [同一词的又体]	品质
panu	taru	ʈanu	catu	kanu
树叶	底部	吨	破坏	耳朵
pʰanu	tʰaru	ʈʰagu	cʰatu	kʰanu
蛇帽	(行政区名称)	凶犯,骗子	王冠	你举起
bʱa:ŋu	dʱaru	ɖʱagu	ɟʱatu	gʱanɪ
肥料	树干	公牛	一个机会	附加的

图 6.4 是表 6.2 中两个词的波形图和语图。关于这两个词中的元音和元音间的辅音,两个表显示有所不同,在后面章节我们还会讲到。这里,我们重点讲词首辅音[ɗ]和[ɖ]。两个音开始时都有一小段低振幅带声期,语图上显示为一个灰色横杠。这条灰色横杠叫作"浊音杠",是浊塞音的一个声学特征。[ɗ]和[ɖ]都是浊音。有趣的是,由肺气流机制形成的[ɖ]比喉头内进气流机制形成的[ɗ]的浊音杠要长。这个特征也存在于在表 6.2 中其他拉霍它语词对儿中,但并没有被认为是其他语言中肺气流音和内爆音的区别特征之一。而肺气流塞音和内爆音的另外一个基本区别是:爆发音[ɖ]的带声振幅越来越小,内爆音[ɗ]的带声振幅越来越大。这一点在你学习辨别这两个音时是很好的线索。

图 6.4 | 信德语中卷舌浊塞音和内爆音的波形图及语图

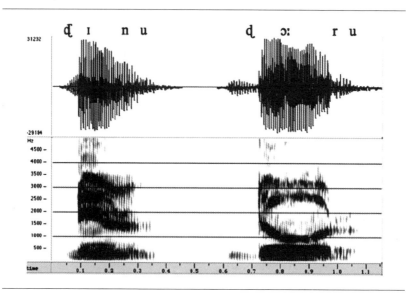

我们不知道怎样教人发内爆音。一些人可以通过模仿他们老师学会发内爆音,但有的人却不能用这种方法(顺便说一下,赖福吉是后者,他是学语音学将近一年之后才会发内爆音的)。凯斯是通过学习他导师的有点搞笑的"Alabama"一词的发音学才学会发内爆音的。后来,他还意识到液体从瓶子里倒出来的[ɠə ɠə ɠə ɠə]的声音就很像内爆音[ɠ]。我们认为,学习内爆音最好方法是,从发一个完整的浊爆发音开始。发 [abɑ],请确认声带振动贯穿了整个闭塞过程。现在慢慢发这个序列,在保持声带强有力振动的同时,让闭塞持续时间尽可能长一些,在声带振动停止之前解除闭塞(张开你的双唇)。当做这些的时候,如果把自己的手指放贴在喉头上,你就能够感觉到在闭塞期间喉头向下运动。

为什么喉头在这些条件下会向下运动呢?可以用一些机械原理直截了当地说明其中的原因。为了使 [b] 的整个发音阶段声带都处于振动状态,气流必须持续通过声门。但这不能持续很长时间,因为在保持 [b] 调音部位不变的同时,更多的气流通过声门,口腔内的气压会继续上升。为了保持声带继续振动,肺部气流的气压必须比声道内的气压略微高点儿,这样气流通过声门时气压会降低。气流通过声门时降低气压的另一种方式是,使喉头下降,扩大声道的空间。所以发一个长的[b]时,喉头下降是一种自然的趋势。如果你硬要在声带振动停止之前放开双唇,发一个完整的长的浊[b],就可能会形成内爆音[ɓ]。你可以通过将一根吸管放在饮料中的方式来学发内爆音,检查你是否能正确地发这种音。当含着一根浸在液体里的吸管发[aɓa]时,你会发现在发[ɓ]时液体被吸入吸管。

从历时角度看,语言中的内爆音似乎是从越来越浊音化的爆发音发展而来的。正如我们先前提到的许多语言中,浊内爆音只是浊爆发音的音位变体。这些语言通常有一些浊爆发音,它们必须是完全浊音的,这样可以与另两类爆发音区别开来,如越南语。另外两类爆发音我们将在下一部分讨论。在像信德语之类的一些语言中,因我们有它们早期发展阶段的完整材料,所以能够很清楚地看到现代内爆音是以这种方式从早期浊爆发音发展而来的。现代语言中其与浊爆发音的对立是由于后来邻近语言影响的结果。

另一种气流机制只在少数语言中使用。这是一种用来形成**咝音**(**clicks**)①的气流机制,如小说家将表达反对的感叹词写成 *tuttut* 或 *tsktsk*。另一种类型的咝音通常是用来表示赞成或者示意马跑得更快一点儿。还有一种常用的咝音,比较温柔,就像一个人噘起嘴唇去亲吻他祖母的脸颊。一些非洲语言有咝音(除了一些感叹和没有语言意义的发音姿势外),如祖鲁语(Zulu)就有许多咝音,其中一种很像我们用来表达反对的感叹词。

学习最简单的咝音可以从撅起嘴唇温柔地亲吻开始。在一种使用双唇咝音的语言中,咝音音姿跟多数人的友好亲吻不完全相同,它不牵涉嘴唇撅起。简而言之,发咝音就是做出亲吻型的动作。请把手指轻轻地放在嘴唇上发这个音。当嘴唇分开时,你可以感觉到气流进入口中。注意发音时,你可以通过鼻子继续呼吸。这是因为舌根接触到了软腭,以致嘴里用来形成这种声音的气流与鼻子中进出的气流相分开。

现在来发表示反对的咝音(舌叶抵住牙齿和齿龈),当作者想表达一个咝音时,有时候写作 *tuttut* 或 *tsktsk*。他们当然不是说[tʌt tʌt]或[tɪsk tɪsk]。请发一个这种类型的简单咝音,并试着感觉你的舌头是怎么运动的。图6.5是祖鲁语中发此类咝音的器官位置。在这个音的开

---

① 译按:咝(zhōu)音(clicks)《语音学和音系学词典》(R. L. 特拉斯克著,中译本,语文出版社)译为"吸气音",是"一种由软腭吸气气流产生的塞辅音"。

始,齿和软腭闭塞。如图 6.5,阴影部分的气流完全被堵住。当舌体后部和中部下降后,这股气流才能流出。通过舌尖向下运动,这部分真空被释放,形成一个咂音。国际音标用 [|] 来标记齿咂音,通过上下延长一根简单的垂直线形成 [|]。

> **图 6.5** 齿咂音发音过程。首先,舌尖和舌后部抬起,堵住一小部分气流,图中用深色阴影部分来表示。舌中央向下凹起,形成较大的带有浅色阴影的腔体。然后,舌尖运动到用虚线画出的位置,随后舌后部运动到用虚线画出的位置。

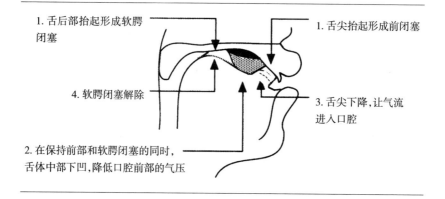

口腔中的气流运动叫作**软腭气流机制**(velaric airstream mechanism)。咂音是由软腭吸气气流机制形成(如图 6.5 所示)的塞音。通过抬高舌头和挤压气流使气流呼出也可能用到这种机制,但实际上这后一种可能在任何已知的语言中都没有用过。

图 6.5 描述了一个齿咂音。如果是通过降低舌头的一侧来释放真空,形成的是一个边咂音,也就是有时所发出的用来赶马的声音。标记边咂音的符号是 [∥],画两根上下的垂直线。也可以通过使舌尖(不是舌叶)接触龈的后部来形成咂音。用来标记这种咂音的音标符号是 [!],一个感叹号。在祖鲁语以及邻近的科萨人使用的班图语中都有这三种可能类型的咂音。在南非的一些土著语言中(如那马语[Nama]和!Xóõ语),咂音的发音类型更多。博茨瓦纳的!Xóõ语是少有的存在双唇咂音的语言之一,它是一种嘴唇展平的亲吻声,用符号[⊙] 来标记。

在咂音形成过程中有一个软腭闭塞,在这个闭塞的前面(也就是在口腔前部)出现一股相关气流。因此,用喉头气流机制或肺气流机

制可能形成一个软腭音,同时也形成一个咝音。可通过发咝音的同时,持续地哼哼软腭鼻音[ŋ]来示范。这是学习发咝音的最简单的方法。我们在两个音标符号上加一个连接符号[⌒]来标记同时发声的鼻音和咝音。齿咝音和软腭鼻音可以用[ŋ͡|]来标写。而此刻我们持续发的一系列音就是[ŋ͡|ŋ͡|ŋ͡|ŋ͡|ŋ͡|]。在描写有咝音的语言时,通常可以省略那个连接符号,假定两个音是同时发出的。

即使软腭抬升使气流不能从鼻子流出,但是肺气流机制还是可以在发咝音过程中使声带保持短时间的振动。发咝音时,舌根抬起,形成软腭闭塞,这个部位就是[g]的位置。这种类型的浊齿咝音通常是[g]和[|]的结合,用[g|]来标写(连接符省略)。

有一点应该引起我们的注意,这就是,标写咝音严格来说需要一个既表示咝音又表示跟软腭闭塞这个动作有关的符号。我们用[g]加咝音符号来标写软腭浊咝音,用[ŋ]加咝音符号来标写鼻化咝音,用[k]加咝音符号来标写软腭清咝音。对刚开始学语音学的学生来说,尽管没有必要会发常用词中所有类型的咝音,但是至少应该能发一种后面跟有元音的简单咝音。请试着发后面跟[ɑ]的[k|]。咝音之后接着尽可能快地发元音,使所发的音听起来是一个[k|ɑ]音节。(按照习惯认为,[k]跟咝音是同时发出的,好像其间有一个连接符。)

更具有挑战性的练习是学习发一个位于两个元音之间的咝音。从发[k|ɑ]开始,经过大量地反复练习,你可以发[k|ɑk|ɑk|ɑ]。现在再学习发齿咝音、龈后咝音和边咝音系列,如[ɑk|ɑ, ɑk!ɑ, ɑk‖ɑ],并确认在元音和咝音之间没有停顿。请试着将声带振动贯穿在这些序列中,使所发的音成为[ɑg|ɑ, ɑg!ɑ, ɑg‖ɑ]。最后,发鼻化咝音,可能的话在其前后加一个鼻化元音,如[ɑŋ|ɑ, ɑŋ!ɑ, ɑŋ‖ɑ](再发鼻化和咝音同时进行的音)。用其他元音来代替ɑ,进行反复练习。

我们用[|, !, ‖]来分别表示齿、龈后和边咝音,但在祖鲁语和科萨语书刊所使用的拼写系统中,却用字母 c、q、x 来分别表示齿、龈后和边咝音。科萨语(Xhosa)名称的发音,开始时就有一个边咝音。拼音字母 X 后的 h 表示在咝音之后有一个短的送气爆发色彩。请试着发这种语言的名称,将 Xhosa 前面带有送气的边咝音发出来。表 6.3 列出了一组科萨语中具有对立性的咝音。表中所有的词几乎都是不定式,这也就是它们之前加前缀[ukú]的原因。

表 6.3 科萨语咂音的对立。不同行的音通过不同发声类型来区别,这将在本章的后面部分讨论。

	齿	后龈	边龈
清音 不送气 软腭爆发	ukúk|ola 磨细 to grind fine	ukú!oɓa 破开石头 to break	úk||olo 平静 peace
清音 送气 软腭爆发	úkuk|ʰóla 挑选 to pick up	ukúk!ola 在……上撒香水 perfume	ukúk||ʰoɓa 自我武装 to arm oneself
哞声 软腭爆发	úkug|ôɓa 令人高兴 to be joyful	ukúg!oba 舀取 to scoop	ukúg||oba 搅动泥潭 to stir up mud
浊音 软腭鼻音	ukúŋ|oma 赞扬、佩服 to admire	ukúŋ!ola 登上 to climb up	ukúŋ||iɓa 穿上衣服 to put on clothes
哞声 软腭鼻音	ukúŋ|ola 脏了 to be dirty	ukúŋ!ala 直走 to go straight	ukúŋ||oŋ||a 躺下,曲膝 to lie on back, knees up

EXAMPLE 6.5
EXAMPLE 6.6
EXAMPLE 6.7

网络平台上还例举了跟科萨语相距不远的祖鲁语、纳米比亚和博茨瓦纳境内的两种科瓦桑语(Khoisan)——那马语和X!óō语的咂音。你可以通过语言、声音或地图索引找到这些语言的例子。所有这些索引都可以从扉页下边找到。在本章的目录上也列了这些索引,这些在网络平台的"Extras"部分都能找到。

表 6.4 总结了主要气流机制。值得注意的是,肺气流机制可以形成浊音或清音。喉头上推造成外出气流的音(即喷音)总是清音。喉头下压造成气流内入的音,也就是内爆音,几乎总是带声的,因为它同时还有外出的肺气流。但据报道,一些语言有无声的喉头气流内入音(清内爆音),如尼日利亚的伊博语(Igbo)方言 Owerri(伊博语的例子在网络平台附加资料中,可以通过语言索引找到)。软腭气流内入的音(即咂音)可与肺气流外出音相结合,这样发出的音可以是清音,也可以是浊音;可以是口辅音,也可以是鼻辅音。

表 6.4 主要的气流过程

气流	方向	简要描写	塞音专名	举例	声带
肺气流	外出	在呼吸肌肉群的控制下将肺气流排出	爆发音	p t k b d g	清音或浊音
喉头	外出	闭合的喉头向上运动挤压咽部气流	喷音	p' t' k'	清音
喉头	内入	振动的喉头向下运动,肺部外出气流被阻	内爆音	ɓ ɗ ɠ	通常用肺气流振动声带
软腭	内入	由于舌体向后向下运动,造成口腔中的气流稀薄	咂音	| ! ‖ ʘ	联合肺气流形成清或浊软腭鼻音

🔊 声门状态

到目前为止,我们已经分析了清音和浊音。发清音时声带分开;发浊音时声带几乎合拢,气流从中间经过引起声带振动。但是,实际上**声门或喉门/头**(glottis)(被定义为声带之间的空间),可以呈现其他多种形状。有些声门状态不仅对另一些语言的描写,而且在病理语音描写中也非常重要。

图 6.6 是四张不同声门状态的照片。这些照片是通过放在口腔后部的小镜子照下来的,所以可以看到从咽到喉这一部分。图最上面对着脖颈的前边,下面对着脖颈的后边。每张图中两条垂直运动的白色带子就是声带。声带变化可以通过**勺状软骨**(arytenoid cartilages)的运动来调节。勺状软骨是图片下面那一部分可见的隆起部分。

发浊音时声带合拢并振动,如第一幅图。发清音时声带分开,如第二幅图。如果只有一点儿气流经过声门,或者没有气流经过声门,就会形成一个完全的清音,如清擦音或不送气塞音。但如果有大量的气流经过声门,像发 h 音,声带分开并振动,那就是**气声**(breathy voice)或者**哼声**(murmur)①。我将第二幅图标为清音,因为这是通常发清擦音的形状。但是,发元音之间 h 的声带状态与第二幅图非常相

---

① 译按:哼声(murmur)《语音学和音系学词典》(R. L. 特拉斯克著,中译本,语文出版社)译为"耳语""低语声",认为是用耳语嗓音发的音。

似,如 ahead。在这些情况下,就会形成一个气声,声带很松弛地振动,很像是在气流中拍打。第三幅图显示了另一种类型的气声。发这个音时声带在勺状软骨之间分开,如第三幅图下部(后部)所示。声带仍然振动,同时也有大量气流经过声门。

在英语中,啡声出现在元音之间的 h 音上,如 ahead 和 behind 中的 h。我们发现,多数说英语的人在发这些词中 h 时,声带稍稍分开,但同时也一直在振动,好像在微风中摇摆。有时候用带声的 h 这个术语来表示这种音,但其声带振动方式却和普通的浊音不一样,正因为如此,用啡声 h 更为恰当。这个音用音标 [ɦ] 来标写。

图 6.6 | 声门的四种状态

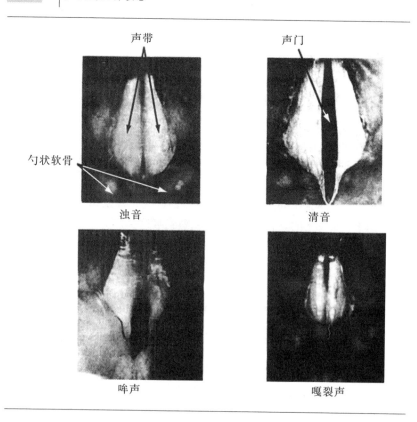

要学会辨别啡声 [ɦ](如 aha)和英语词开头的清音 [h](如 heart 中的 [h])。啡声就像深呼吸时所产生的叹气声。请做一个深呼吸,看看你可以用多长时间来发第一个 [ɦ],然后发 [h],看用了多长时间。发清音 [h] 时,气流快速从肺部流出,因此这个音不能延长多久。但你可以把 [ɦ] 发得时间长一些,因为声带振动使肺部的气流呼出得很慢。值得注意的是,[ɦ] 可以用各种不同音高来发。

现在发元音前的 [ɦ]。发 [ɦɑ] 时,你可能会发现呼吸声扩展到元音。请试着在发这个音节的 [ɦ] 时呼吸,在后面产生规则的声带振动。最后,试着发一个处于塞音后的 [ɦɑ] 系列。这种哗声塞音出现在印地语和印度的其他很多语言中。我们将在后一个部分内容中全面讨论这种音。这里我们注意到,发音时哗声只出现在塞音除阻过程中。塞音除阻期间必须有相当多的气流从肺部流出来才能形成哗声,这在塞音持阻阶段是不可能发生的。

发元音时很容易产生哗声所需要的气流速率。在一些语言中,平音的元音与哗声元音是对立的。表 6.5 是印度的另一种语言——古吉拉特语(Gujarati)中的一组词。网络平台上有这些词的录音。哗声用标在音标下的两个小点来表示。古吉拉特语在辅音和元音中都可能出现哗声或浊音的气声跟常态浊音之间的对立。在表的第一行,你可以听到三种方式的对立,即哗声元音、哗声塞音和常态浊音之间的对立。

EXAMPLE 6.8

表 6.5 古吉拉特语中的哗声元音

	气声			平音①	
bar	在外面	bʱar	负担	bar	十二
mɛl	宫殿			mɛl	污垢

发**嘎裂声**(**creaky voice**)②时,声门又是另一种状态,如图 6.6 第四幅所示,勺状软骨紧闭,因此声带只能在喉的最前端才振动(图 4 顶部的一个小开口)。要注意是,图中声带看上去很短。一部分原因是勺状软骨

---

① 译按:平音(plain),在 Jakobson-Halle 特征系统中,指一种有些异常,既与降音性、又与升音性对立的区别特征。因此一个 [plain 平音] 辅音是一种既不是 [flat 降] 的(并非以频谱上共振峰下降移动为特征的,因此,它不是圆唇,不是咽化,不是卷舌)也不是 [sharp 升] 的音(即不是以频谱上高频向上移动为特征的,因此不是腭化)。[flat 降]、[plain 平]、[sharp 升] 有效地构成了一个三元特征的三个值。英语和其他语言的大多数普通辅音都是 [plain 平]。

② 译按:嘎裂声(creaky voice)《语言学和音系学词典》(R. L. 特拉斯克著,中译本,语文出版社)译为"紧喉嗓音""吱嘎声",认为是"一种复合发声类,表现为一部分声门产生紧喉音,而另一部分发正常嗓音"。

的后部在图的下边,当勺状软骨紧闭时,就看不见了。但是另一部分原因是,嘎裂声没有像发更高的音高时那样把声带拉长。因为声门和照相机之间的距离不断变化,所以在图中无法测量振动着的声带的精确长度。但照片所示的有明显变化的声带长度可能只占了一小部分。嘎裂声是一个音高很低的音,它出现在一些英语发音人低降语调的后面。据一些媒体报道,美国年青人中流行一种称作"煎炒音"[①]的嗓音特征,这种"煎炒音"其实也是嘎裂声。学习这种音,你可以先尽可能地将音调压很低来唱歌,然后试着使音调降得更低来发这种音。嘎裂声也叫**喉化音**(**laryngealized**)。

EXAMPLE 6.1

在一些语言中,喉化是有区别语音的作用的。豪萨语(Hausa)和尼日利亚北部的一些乍得语(Chadic)用是否喉化来区别两种舌面中的近音。一种带有规律性的声带振动,很像英语 yacht 一词开头的音,另一种有嘎裂声。国际音标规定在音标下加一个[~]来标写嘎裂声。豪萨语拼音法规定在音标前加一个单引号(')来标写这个浊音,所以 y 和 'y 对立。豪萨语字母 y 和 'y 跟国际音标[j]和[j̰]相对应。请试着区别豪萨语中喉化音和非喉化音,如 'ya [j̰aː](女儿)和 ya [jaː](他),这些词和本章前面讨论过的豪萨语词在网络平台上都有。

喉化的另一个较为常见的用途是区别塞音。豪萨语和西非许多语言都有浊塞音[b, d]和喉化塞音[ɓ, ɗ]的对立,喉化塞音[ɓ, ɗ]有时候是内爆音。在这些音中,紧喉色彩不在塞音闭塞阶段,而是明显地出现在后接元音的前一部分发音上。类似的音在美洲一些土著语言中也有。网络平台的"Extras"部分可以找到这些音的例子。

🔊 声带起振时

从已经学过的发音中我们看到,清音、浊音跟声门状态有关,送气与否跟发音期间或发音结束后有无一段清音呼气有关。辅音除阻与声带振动起始点之间经历的时间叫作**声带起振时**(**voice onset time**,通常简称为 VOT)。再现 VOT 最简单的方法是语音波形图。这是第三

[①] "煎炒音"是对 vocal fry 的字面翻译,由于嘎裂声的低音特征听起来很像煎炒声,所以,美国人便给它起了个通俗的名字叫 vocal fry。美国青年女性,尤其是女演员中流行这种音,因为用这种嗓音说话的人一般被认为受过良好的教育,有较高的社会地位。https://www.youtube.com/watch? v=YEqVgtLQ7qM

章用来讨论 tie 和 die 之间不同的方法。VOT 是指辅音除阻的冲直条开始到发元音时声带振动的浊音杠前这段时间距离,以毫秒作为计算单位。如果声带在辅音闭塞期间(在除阻前)就开始振动,VOT 就是一个负值。

图 6.7 上面的部分是信德语三个词开头辅音的声波,这些词在表 6.2 中有,是 [daru](门)、[taru](底部)、[tʰaru](某地名)。虚线表示辅音除阻的那一刹那。图下边有时间刻度。在图最上面 [da] 的波形中,声带振动贯穿辅音持阻、除阻和元音发音等整个阶段。这是一个完全的浊塞音,其 VOT 值为 130 毫秒。

EXAMPLE 6.3

下一个波形 [ta],在辅音持阻阶段声带没有振动(在虚线前边),所以这是一个清塞音。持阻之后,声带很快就开始振动,VOT 不到 20 毫秒,这是一个不送气塞音。要形成这个塞音,在整个辅音持阻过程中声带都是分开的,但是在辅音除阻那一刹那,声带合闭,这样只要有足够的气流通过声门,声带就开始振动。在辅音持阻的中间阶段,声带的位置和图 6.6 右上边那个图相似。

第三个是 [tʰa] 波形图,它是一个送气塞音,VOT 大概是 50 毫秒。这个音在持阻阶段声带一直是分开的,就是到了在除阻的那一刹那仍没有闭合。

图 6.7 | 不同程度浊音和送气塞音的波形

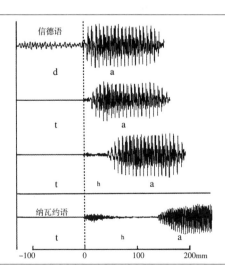

发音时可能会出现一种 VOT 连续体。有的语言存在着一些

VOT 为较大负值的完全浊塞音,如信德语。另一些语言在辅音持阻阶段声带稍有振动,或者根本没有振动,但若声带振动发生在辅音持阻之前,它也许会持续贯穿整个持阻阶段,如英语。同样,不同语言送气塞音的 VOT 也是变化的。在图 6.7 第三行是信德语的例子,VOT 只有 50 毫秒。纳瓦约语送气塞音的 VOT 大概是 150 毫秒,如图 6.7 最后一行所示。当形成很强的送气塞音时,像纳瓦约语的送气塞音,声带张开得要比图 6.6 右上图所示的大得多。声带大张将出现在辅音除阻的那一刹那。一般来说,送气程度(在 VOT 中发声延迟的长短)取决于辅音持阻阶段声门的开口度。声带张开得越大,送气的时间也就越长。

不同的语言会在 VOT 连续体中选择不同的点来形成塞音之间的对立。图 6.8 是不同语言中可能出现的点,它是通过从图顶端最大强度的送气(VOT 最大正值)到图右侧最大强度的声带振动(VOT 最小负值)的刻度来呈现的。纳瓦约语送气塞音在第一栏,它有一个很大很异常的 VOT。纳瓦约语没有双唇塞音系列,但图中其他所有语言的双唇塞音都有与之对应的时间刻度。正如你所看到的,在第二行,英语中重读音节起首音/p/ 的 VOT 正常值应是 50 到 60 毫秒。起首音/b/的 VOT 大约是 10 毫秒,但也可能更小或是负值,图中用虚线表示。英语/s/后的/p/,其 VOT 和起首位置的/b/很相似。

图 6.8　不同语言 VOT 在时间刻度上的差异,从声带最强振动(**VOT 最小负值**)到最强送气(**VOT 最大正值**)。

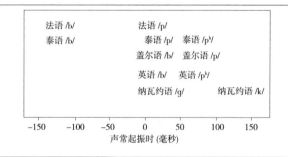

另一些语言是以不同 VOT 来形成音位对立的，如词首 /p,t,k/ 和 /b,d,g/ 的对立。在纳瓦约语中，/k/ 与 /g/ 之间绝非清浊对立，/g/ 的 VOT 已超过 40 毫秒，完全清化。因此，纳瓦约语的音位对立，准确说是送气/kʰ/和不送气/k/的对立，而非 /k/ 和 /g/ 的对立。然而，这两种记写纳瓦约语的方式都是正确的。正如我们在第二章所看到的，你可以用宽式音标，以最可能简单的符号来显示语言中的对立关系。或者你可以选用严式音标来显示音位之间的详细差异。用宽式标音附加详细说明，这种记写也是非常精确的。选择哪种符号记写音位一般是由标音目的决定的。在英语宽式标音中，使用/b,p/就已经足够了。但如果想显示更多的语音细节差异，那就必须说明音位/b/是一个完全清的/b̥/，如英语 *that boy* /ðæʔt b̥ɔɪ/中的 /b̥/。同样，有人想显示语音细节，出现在 *pie* [pʰaɪ] 中的音记写为送气/p/，出现在 *spy* [spaɪ] 中的音记写为不送气/p/。

　　图 6.8 第二列将法语语音与英语和纳瓦约语的语音排成一行。法语浊塞音（西班牙语、意大利语和其他语言）都差不多总是完全带声的。这些语言中的清塞音是不送气，所以法语/p/与英语词首的/b/很相似。

　　法语/p/与盖尔语（Gaelic）的/b/更相似，这个/b/几乎从来都是清的，甚至在元音之间也是如此。盖尔语 /b/ /p/ 对立，用严式音标来标写是 /p/ 和 /pʰ/ 的对立。在苏格兰西海岸的海布里群岛上的盖尔语中，/pʰ/ 的 VOT 大约是 65 毫秒，没有纳瓦约语的那么长，但比英语中的要长。

　　一些语言中有三种不同 VOT 的对立。泰语（Thai）有浊音、不送气清音和送气塞音的对立（如图 6.8）。表 6.6 中有表现这种对立的泰语词汇。这有点儿像法语，浊塞音是完全带声的，声带振动所持续的时间取决于辅音持阻的时间。

表 6.6	泰语塞音	
浊音	bâ:	d̰à:
	疯狂的	诅咒
不送气清音	pâ:	t̰a:
	姨妈	眼睛
送气清音	pʰâ:	tʰâ:
	布	登陆

EXAMPLE 6.10

印度的很多语言,如印地语和信德语,不但有出现在泰语中的三种可能的对立音位,还有哔声塞音。在辅音除阻后,声带开始有规律的振动之前有一段气声或哔声。表 6.7 是印地语的一些例子。对于这种带有气声的塞音除阻,我们用一个加弯钩的 h 字母 $[^ɦ]$(应该位于右上角)来标记。表 6.2 最后一行还例举了一些信德语的气声塞音。如表所示,除了气声塞音外,信德语和印地语都存在着带有三种不同 VOT 的对立性塞音。

表 6.7	印地语塞音			
	不送气清音	送气清音	浊音	浊气音
双唇塞音	pal	pʰal	bal	bɦal
	处理	刀刃	头发	前额
齿塞音	t̪al	t̪ʰal	d̪al	d̪ɦal
	敲打	碟,盘	扁豆	刀子
卷舌塞音	ʈal	ʈʰal	ɖal	ɖɦal
	推迟	木材车间	树枝	盾
龈后塞擦音	tʃʌl	tʃʰʌl	dʒʌl	dʒɦʌl
	散步	欺骗	水	一丝光线
软腭塞音	kan	kʰan	gan	gɦan
	耳朵	我的	歌曲	捆,束

图 6.9 是表 6.7 第二行印地语齿塞音的波形。$[d̪]$ 在持阻阶段带声(最上面那一行),但第二行和第三行的浊音段都不是在持阻阶段。第二行有一个不送气清 $[t̪]$,它的 VOT 大概是 20 毫秒。第三行有一个送气 $[t̪ʰ]$,VOT 几乎接近 100 毫秒。在第四行,$[d̪ɦ]$ 音在持阻阶段就有浊声,紧接着是出现浊声的波形图——一根波形直线,但带有杂音。这是一个气声。很难说这个气声的送气持续了多长时间,因为它是渐渐变成元音的有规律振动的。在这个气声阶段,声带的振动很松散,并且没有完全闭合。

不送气清塞音、送气塞音和哔声塞音之间的差异(图 6.9 的最后三行所示)是声带开度大小和时间的不同。不送气清塞音的声门在持阻阶段的开度(也不是很大)最大。送气清塞音的声门开度较大,也出现得较晚,将要除阻的时候才出现。哔声塞音的声门开度跟不送气清塞音的差不多,但也在除阻阶段出现。因为此时有一股气流快速通过声门,声带在没有完全闭合的状态下开始振动,因此形成了气声。

| 图 6.9 | 印地语塞音 VOT 波形图

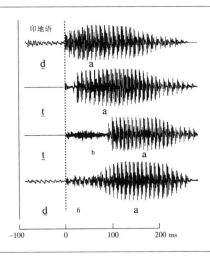

请学着发一系列带有不同 VOT 的音。首先从发完全浊塞音 [b, d, g] 开始。比如，发 [b] 时，双唇紧闭，鼻腔也要关闭，然后发未除阻的 [b]。其实，你此时所发的音是鼻音。看看发这些音时你可以让浊音持续多长时间。你会发现，发 [b] 的浊音持续时间比发 [d] 或 [g] 的要长，这因为发 [b] 时声门上方有一个比较大的空间。在声门上的气压开始接近肺气压之前，肺气流有相对更长的时间来通过声门。声带在这个阶段能够一直保持振动。但发 [g] 时，声门之上只有很小的空间可以使气流通过，因此浊音持续时间很短。几乎没有一种语言能发一个完全的软腭浊塞音。要注意的是，泰语在塞音上没有清浊对立。

当你能发出一个令人满意的完全浊塞音时，请再试着发不送气清音 [p, t, k]。你会发现发 *spy*、*sty*、*sky* 之类的词开始练习最容易。请慢慢地发这些词，然后练习发与这些词相似的词，但词首无 [s]。

发送气塞音并不很难，因为它们在英语很多形式里都有，如 *pie* [pʰaɪ] 和 *tie* [tʰaɪ]。请试着发表 6.6 和 6.7 中的所有泰语和印地语词。

🔊 声门发音小结

声带和许多不同类型的发音动作有关。用声带可以产生内爆音和喷音,从而形成不同的发声类型。这两种类型的动作不是完全分开的。豪萨语一些形式中的内爆音像是由声门向下运动形成的音,被标写为嘎裂声。祖鲁语有弱化的喷音,可以简单地认为是声门闭塞和爆发叠加在一起形成的音。因此,我们可以简要地将这些声门状态总结在一个表中。表6.8说明了声门的主要动作。

表 6.8 声门的主要动作

喉塞音	声带合拢	ʔ
喷音	声带合拢并向上运动	p', t', k', s'
内爆音	声带闭合同时向下运动	ɓ, ɗ, ɠ
	声带通常是接近闭合,同时带有规律性的振动或嘎裂声	ɓ, ɗ, ɠ
哑嗓	声带保持紧闭,但是(通常频率比较低)向前振动	b̰, d̰, a̰, ḛ
(正常)嗓音	声带有规律地振动	b, d (如在法语中) a, e
气声(哔声)	声带在没有完全闭合情况下振动	a̤, e̤
	声带通常在除阻阶段振动	ɓʱ, ɗʱ
清音	声带分开	p, t, k, s m, n, ŋ
送气	声带在除阻阶段分开	pʰ, tʰ, kʰ, sʰ

🔊 要点回顾

本章的主要目的是扩充你的语音学词汇(不仅有关语音学的抽象概念,也和世界语言中具体的音有关)。我们重点介绍了气流机制和发声类型,讨论了:(1)软腭内进气流机制(咝音——[k!],[ŋ|])等,(2)喉头外出气流机制(喷音——[k'],[s']等),(3)喉头内进气流机制(内爆音——[ɓ],[ɗ])等。不同的发声类型包括:(1)嘎裂声,也叫喉化音。(2)气声,也叫哔声。非气声也非嘎裂声的发声类型是正常嗓音(modal voice)。在本章结尾,我们还讨论了声带起振时的概念,论证了这一单一语音特征是如何把"清/浊"塞音区分开来的,以及它在不同语言中的具体情况。

🔊 练 习

A. 在下面图上标出龈浊内爆音发音活动的先后顺序。

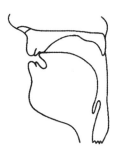

B. 请完成下面 [ɓ] 的调音器官图,并标上器官活动的先后顺序。

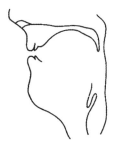

C. 请测量 *a pie*、*a buy*、*a spy* 中塞音波形的 VOT

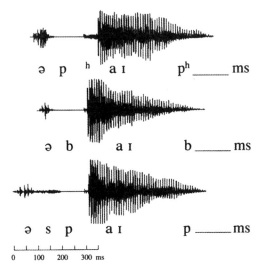

D. 在短语 *he started to tidy it* 波形图上方用严式音标记音。图中已将短语中 *to* [t] 持阻阶段波形切了出来，*tidy* 中 [d] 的位置也显示在下图中。请测量这两个塞音波形的 VOT。

started 中的第一个塞音　　_____ ms
started 中的第二个塞音　　_____ ms
to 中的塞音　　　　　　　　_____ ms
tidy 中的第一个塞音　　　　_____ ms
tidy 中的第二个塞音　　　　_____ ms

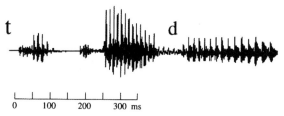

E. 填空。

有三种主要的气流机制：即_____气流机制，_____气流机制和_____气流机制。在世界所有语言的正常话语中，如果涉及_____气流机制，气流总是向外流出。以这种气流机制形成的塞音叫做_____；用来形成语言挤音和喷音的唯一气流机制是_____气流机制。以这种气流机制形成的内爆塞音叫作_____，用这种气流机制形成的喷塞音叫作_____；只用来形成语言挤音的气流机制是_____气流机制。用这种气流机制形成的塞音叫作_____。辅音持阻会改变它们的 VOT。从这个角度看，[b, d, g] 是_____塞音，[p, t, k] 是_____塞音，[pʰ, tʰ, kʰ] 是_____塞音。在印地语中的 [bʱ, dʱ, gʱ] 是_____塞音。在非洲一些地方语言中（如豪萨语），[ɓ, ɗ,] 叫_____塞音。

🔊 操 练

这一章我们讨论了很多英语中没有的音,下一章还将分析大量非英语的音。开始做下面练习时,你应该花更多的时间做音位练习,用双倍时间来做这类作业。如果可能的话,你应该一天花 20 分钟跟同学一起来复习这一章的内容,完成下面的作业。

A. 复习不同类型的发声。从简单区别清浊音开始,请发:

(1) [aaaaa̰a̰a̰a̰aa̰a̰]

现在给这个序列加一个气声(哞声):

(2) [aaaa̤a̤a̤a̤a̤]

接下来加一个嘎裂声(紧喉音):

(3) [aaaaaaa̰a̰a̰a̰a̰]

在序列之前加一个喉塞音:

(4) [ʔaaaaaa̰a̰a̰a̰a̰]

最后,倒着发这个序列:

(5) [a̰a̰a̰a̰a̰a̰aaaaaaʔ]

B. 请试着在各种稳定的声门运动状态下快速发音:

(1) [ʔaaa̰a̰]

然后倒着发这个序列:

(2) [a̰a̰aaʔ]

C. 用慢发音、快发音和倒着发音等方法反复做第 1 题和第 2 题。再练习发其他音,如:

(1) [ʔ m m̥ m̰]

(2) [ʔ n n̥ n̰]

(3) [ʔ ŋ ŋ̥ ŋ̰]

(4) [ʔ l l̥ l̰]

(5) [ʔ i i̥ ḭ]

D. 请试着将气声(哞声)叠加在元音之间的辅音上。

[am̤a an̤a al̤a]

如果气声还明显地落在毗邻的元音上请不用着急。

E. 现在请试着给塞音加上气声,辅音除阻后应接着一个哞声段,一直延续到后面的元音上。

[abʱa, adʱa, agʱa]

F. 同样,将嘎裂声(紧喉音)加在元音之间的辅音上。

[am̰a, an̰a, al̰a]

G. 然后发有嘎裂声(紧喉音)的浊塞音。

[a*ba, a*da, a*ga]

如果嘎裂声还非常明显地落在毗邻的元音上请不用着急,接着再练习。

H. 请发 [aba],并确认你发的是元音间的完全浊塞音。现在反复多次练习这个语音序列,每次都要将辅音持阻的时间拉长。在保持声带振动时,尽可能地将辅音持阻延长。

I. 用 [ada]、[aga] 反复做练习 H。

J. 请发长的完全浊塞音 [ba, da, ga],并确认你所发的是长的完全浊的口塞音,包括一个软腭闭塞,而没有发成 [mba, nda, ŋga]。

K. 请发元音前的不送气清塞音 [pa, ta, ka]。你会发现,假想前面有 [s] 会对发音有所帮助,如 *spar*、*star*、*scar*。

L. 请发一组比常见的送气强度更大的塞音:[pʰa, tʰa, kʰa],并保证在辅音除阻后元音开始前有一个很长的无声段。

M. 请练习发三组浊塞音、不送气清塞音和送气清塞音序列:[ba, pa, pʰa], [da, ta, tʰa], [ga, ka, kʰa]。

N. 请试着尽可能多地发中间加有辅音的序列。你应该能够发出带有下面辅音的序列:

(1) 一个长的全浊塞音

(2) 一个稍短的部分浊化的塞音

(3) 一个完全清化的不送气塞音

(4) 一个弱送气塞音

(5) 一个强送气塞音

O. 反复练习发浊塞音、不送气清塞音和送气清塞音,直到你能准确地发出这些音并弄清它们在调音部位上的不同。

P. 通过紧喉塞音和哞声塞音来扩展这个系列的练习。

(1) ɓa   (2) ɗa   (3) ɠa

     ba   da   ga

pɑ	tɑ	kɑ
pʰɑ	tʰɑ	kʰɑ
bʱɑ	dʱɑ	gʱɑ

Q. 造一系列简单而无意义的词,将上面所有辅音包括其中。造词时不要造得太难,请试着发下面的词:

(1) ˈtemas	(2) ˈbɛkal	(3) ˈgodeŋ
ˈdemas	ˈbʱɛgal	ˈgʱoteŋ
ˈtʰemas	ˈpʰɛkʰal	ˈkoteŋ
ˈdemas	ˈbɛ gal	ˈkodeŋ
ˈdʱemas	ˈpɛbʱal	ˈgodʱeŋ

R. 复习一下对喷音的描述。发喷音时,你应该能体会到:(1)调音器官紧闭(如:双唇闭拢);(2)声门闭塞(你可以感到通过闭塞声门屏住呼吸);(3)提升喉头(将手指放在你的喉咙上感觉它的运动);(4)解除器官闭塞(打开双唇);(5)解除声门闭塞(让气流出来)。

S. 如果你发不出 [pʼɑ, tʼɑ, kʼɑ],请再读读本书中有关喷音的部分,希望能找到对你有所帮助的发音窍门。

T. 复习一下对浊内爆音的描述。从完全浊塞音开始,试着体会喉头向下移动。试着发 [ɓɑ, ɗɑ, ɠɑ]。

U. 复习一下对咔音的描述。试着发元音之间咔音的各种变体,先发清音版 [ak|ɑ, ak!ɑ, ak‖ɑ],然后再发浊音版 [ag|ɑ, ag!ɑ, ag‖ɑ],最后发鼻音版 [aŋ|ɑ, aŋ!ɑ, aŋ‖ɑ]。

V. 造一系列简单而无意义的词,将上面所有辅音包括其中。如:

ˈdedak	ˈtipʼuk	ˈkʼok	o
ˈpetʼak	ˈbaɠod	ˈɓek‖a
ˈɓedag	ˈɗukapʼ	ˈkak	o
ˈkʼebap	ˈtʼeduɠ	ˈtʼik	i

第七章 辅音音姿

英语中唇舌运动只是辅音发音所用到的一小部分器官的活动。通过分析不同的语言,我们将看到,还有很多语音也能够发出来。用恰当的方式来描述世界上各种语言的辅音特征时,要考虑下列两方面内容:音姿运动的目标,通常称为调音部位;达到目标所使用的方法,通常称为调音方式。以下我们将使用这些传统术语,但要注意发音是音姿运动,而不是调音器官的静态位置。

其他语言的辅音同样值得研究,即使对于那些主要关注英语语音学的人来说也是如此。因为其他语言中的很多音同样也出现在英语的地域变体、口音变体等非常规形式中,正如我们在前面章节中注意到的,学习陌生语音的最好方法是在某种语言中观察这些语音,它们是这种语言语音系统中规则的、易观察的部分。

🔊 调音目标

全世界语言所用到的很多可能的调音部位在第一章已有明确的定义。跟图1.5相似,图7.1显示了下面将要讨论的另外三个部位。所有调音部位术语不仅仅是口腔上部特定位置的名称,而且应该是标数字的箭头的名称。每个术语都明确说明了箭头的起始处和结尾处。箭头开始处的器官发出这一特定音姿,结尾处的声道部分就是音姿目标。

在其他语言中可以发现大量的非英语语音。这些语音所涉及的音姿(调音目标和调音部位)不同于英语。它们有不同的音姿类型,即传统所谓的调音方式,但其实音姿和方法不是一回事儿。我们将通过讨论调音部位在英语和其他语言中是如何产生塞音、鼻音和擦音来解释不同的调音目标。下面几段文字中的数字指的是图7.1的数字箭头。

(1) **双唇**(bilabial)音姿在英语中很常见,有双唇塞音和鼻音 [p, b, m]。但是双唇擦音在英语中仅仅是唇齿音 [f, v] 的音位变体。在某些语言中(如西非的埃维语),双唇擦音和唇齿擦音是对立的。[ɸ, β] 是双唇清擦音和浊擦音的音标。发这些音要使双唇近乎闭合,中间只留下一点缝隙。在埃维语(Ewe)中,"埃维语"这个词本身的发音就是 [ɛβɛ],"二"一词的发音是 [ɛvɛ]。请试着发这些对立的词。埃维语中双唇清擦音和唇齿擦音也形成对立。所有涉及这种对立的音都可见表 7.1。

图 7.1 | 调音部位

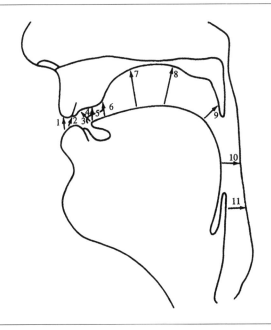

这里我们还应该注意到,另一些唇音在图 7.1 中并未标出。属于南岛语系瓦努阿图语(Vanuatu)的几种语言里有**舌唇音**(linguolabials)。发这种音时舌头要接触上唇。V'enen Taut 语有用这种方法发的鼻音、塞音和擦音。舌唇音的附加区别符号是 [◌̼],像海鸥的形状,标在舌冠音的音标下方。V'enen Taut 语"面包树果"是 [t̼atei],"石头"是 [nad̼at]。这些音和其他 V'enen Taut 语语音在网络平台上都有。

EXAMPLE 7.1

表 7.1　埃维语双唇和唇齿擦音的对立

双唇清擦音	éɸá	éɸlè
	他擦	他买
唇齿清擦音	éɸá	éflé
	他冷	他分开
双唇浊擦音	ɛβɛ̀	èβló
	埃维语	蘑菇
唇齿浊擦音	ɛvɛ̀	évló
	二	他很邪恶

EXAMPLE 7.2

　　（2）同英语一样许多语言有**唇齿**（**labiodental**）擦音[f，v]。但没有哪种语言会有唇齿塞音或唇齿鼻音，除非是作为相应双唇音的音位变体出现。在英语中，[m]在[f]前时，会出现唇齿鼻音[ɱ]。如 *emphasis*、*symphony*。请用正常对话的方式说这两个词，看看发鼻音时你的下唇是否曾接触到上唇。

　　一些语言有唇齿塞擦音，即双唇塞音除阻后接着发唇齿擦音。请发德语词 *Pfanne* [ˈpfanə]（碗）和 *Pflug* [pfluk]（犁）来练习这些音。

　　（3）大多数英式英语和美式英语发音人都会发**齿**（**dental**）擦音[θ，ð]，但是除了[θ，ð]前的音位变体外（如 *eighth*、*tenth*、*wealth* [eɪt̪θ，tɛn̪θ，wɛl̪θ]），他们发音中没有齿塞音、齿鼻音或齿边音。一些说法语、意大利语和其他语种的人有典型的齿塞音、齿鼻音和齿边音。跟英语不同，这些语言[t̪，d̪，n̪]不仅仅是只出现在[θ，ð]前协同发音的音位变体。然而，在所有这些语言中此类辅音的发音都存在着大量的个体变异。根据腭位图分析，加州大约三分之一的人说英语时有齿塞音，很多说法语的人发的是龈音而不是齿音，大部分人把边音/l/发作龈音而非齿音。请发一下 *tip*、*dip*、*nip*、*lip* 之类的词，并试着感觉舌头接触了到上腭的哪个部位。

　　一些语言，如马拉雅拉姆语（Malayalam，一种在南印度使用的德拉威语），齿音和龈音形成对立。马拉雅拉姆语鼻音的对立可参见表 7.2。这张表也包括其他一些用于马拉雅拉姆语但在英语多数形式中不常使用的辅音音姿。我们将在下文讨论。

（4）龈（alveolar）塞音、鼻音和擦音在英语和其他很多语言中都有。这里不需要做进一步解释。

表 7.2 马拉雅拉姆语双唇、齿、龈、卷舌、硬腭和软腭部位的对立。表中揭示了六个必要的发音点。正如我们在第三章所见，齿音用附加符号[̪]表示。

双唇	齿	龈
kʌmmi	pʌn̪n̪i	kʌnni
短缺	猪	第一
卷舌音	**硬腭**	**软腭**
kʌɳɳi	kʌɲɲi	kuŋŋi
用锁链连接	煮沸的米和水	抓

（5）卷舌（rotroflex）塞音、鼻音和擦音并不见于大部分英语变体中，只是印度英语除外。卷舌音通过向口腔上方和后部卷曲舌尖导致舌尖下背接触或接近龈的后部。国际音标用来表示卷舌音的符号包括[ʈ, ɖ, ɳ]。请记住：就像齿音是一个音姿，可以用一个调音器官（舌尖）和一个调音目标（上齿）来定义，卷舌音也可以定义为包含调音器官舌尖下背和调音目标（龈后）的音姿。学生们有时会设想卷舌术语描述的是一种调音方式，但实际上它只是一个像齿和龈那样的调音部位。这些调音部位中的每一个都可能形成塞音、鼻音、擦音以及以其他调音方式发出的音。正如我们在表 6.2 和 6.7 中所见，信德语和印地语有若干类型的卷舌塞音的对立。马拉雅拉姆语（表 7.2）有三个舌冠音姿——齿、龈和卷舌的对立。另外马拉雅拉姆语有双唇音、硬腭音和软腭音，因此，它使用六个基本音姿、六个调音部位来构成鼻音对立。所有举例见表 7.2。

EXAMPLE 7.3

因为卷舌音姿是通过舌尖下背接触或接近龈后部，舌面（舌头的上表面）通常距上腭较远，所以，使舌头形成一定程度上的中空，如图 7.2 中卷舌擦音[ʂ]。请试着自己发这个音：从发[s]开始，舌尖向龈前部抬起。现在继续保持摩擦噪音，慢慢地舌尖向后滑，并向后卷起。你正在发辅音[ʂ]，它尽管跟[ʃ]调音部位不同，但听起来有点儿像[ʃ]。（讨论[ʃ]的调音部位见(6)）。

你学会发[ʂ]后，再试着加上浊音，这样你就能发[ʐ]了。交替发清音和浊音[ʂʂʂʐʐʐʂʂʂʐʐʐ]。接下来，仍然让舌尖在口腔上方和后面的位置卷曲着，然后发塞音[ʈa, ɖa]。注意塞音如何影响接下来的元音音质——在其发音开始时给它一种卷舌音色彩。现在发相应的鼻音[ɳ]。学着在不同元音前后发这些音。最后试着念表7.2中马拉雅拉姆语中的词。你会注意到：在发卷舌塞音的过程中，舌尖处于运动状态（从龈后移动到龈前），造成该卷舌塞音之前的元音（相比它之后的元音）也带上较重的卷舌化色彩。马拉雅拉姆语正是如此。图7.3是[kʌɳɳi]（用锁链连接）的语图，我们用白线标出元音的第三共振峰——声道共鸣的第三高点。我们知道，卷舌音的第三共振峰频率是不断降低的。如图7.3所示，第三共振峰在元音[ʌ]开始时降低，在[ɳɳ]结束时（也就是元音[i]发音开始时）略有升高。这个声学特征的变化其实反映了舌尖的位置变化：发[ɳɳ]时，舌尖从后往前在口腔顶部滑动了一次。

　　印度的主要语言很多都有卷舌塞音和鼻音，卷舌擦音也很常见。它们在舌尖后卷曲度上有些不一样。在印地语和印度北部其他语言里，发卷舌音时舌尖位于龈最突出部分后一点的地方，很像图7.2所示。在马拉雅拉姆语和其他印度南部所说的语言中，舌尖向后卷曲得更厉害，以致舌尖下背接触到了上腭。

图 7.2 ｜ 卷舌擦音[ʂ]的发音。短虚线表示舌两边的位置。

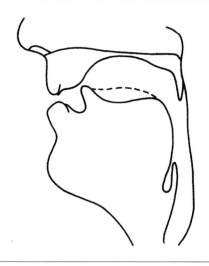

图 7.3 马拉雅拉姆语[kʌɳɳi]的语图,图中的白线代表第三共振峰频率

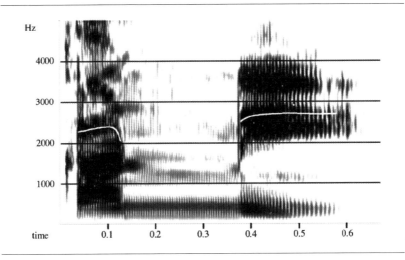

（6）[ʃ, ʒ]的**腭龈**（palato-alveolar）音姿跟卷舌音音姿有所不同，这主要体现在舌头的部位上。国际音标系统将这些音叫作"龈后音"（post-alveolar），但我们更接受"腭龈音"的叫法。腭龈音的调音目标和卷舌音大致一样——上腭，也就是龈脊和前腭交界处。和卷舌音不同的是，舌前端会稍稍向下弯成半球状，而不是空心状。图 1.11 是 *shy* 中龈腭擦音 [ʃ] 的调音器官位置，拿它和表 7.2 中卷舌擦音做比较。注意 [ʂ] 和 [ʃ] 中的声道收紧点都出现在接近龈后部的位置，但这两个音被认为有不同的调音部位，它们的术语就明确地说明了二者的不同音姿。调音部位被用来指上腭的目标和移向该目标的舌头部位。卷舌音以舌尖下背部的运动形成音姿，而腭龈音的主动调音器官是舌叶。

还有一种区别卷舌音和腭龈音的方法，就是将它们都称为龈后音，另根据它们所涉及的舌头部位来命名。用舌尖发出的音可以叫作**舌尖音**（apical），用舌叶发的音称为**舌叶音**（laminal）。所以卷舌音精确地说等同于*舌尖龈后音*，腭龈音等同于*舌叶龈后音*。

介绍舌尖音和舌叶音有个好处，用这两个术语还可以描述其他音姿。不仅齿音可以用舌尖或舌叶形成，龈音也可以用这两个部位形成。用这些附加术语，我们能描述印地语舌尖齿塞音（表 6.7）和法语的舌叶齿塞音。在澳大利亚土著语中，舌尖音和舌叶音之间的区别通常很重要。如果你想做进一步探讨，请根据网络平台"Extras"部分中

的地图索引,去查看在澳大利亚使用的土著语。

英语中仅有的龈后音是腭龈擦音和塞擦音[ʃ, ʒ, tʃ, dʒ]。在其他语言中,如法语和意大利语,有在相同或相似的部位发出的鼻音。这些鼻音通常被武断地认作腭音。据我们所知,没有哪种语言可以在腭龈鼻音和腭鼻音之间划出界限。在这章的后面我们会讨论意大利语的一些腭音。

EXAMPLE 7.5

国际音标表将腭龈音归入龈后音一栏,而标有"其他符号"部分还提到**龈腭音(alveolo-palatals)**,并提供了音标[ɕ, ʑ]。这些符号用于标写波兰语和汉语的清/浊擦音。虽然和[ʃ, ʒ]相似,但这些音的舌前部抬得比较高,它们也可以通过龈后部位形成。网络平台中提供了波兰语和汉语中对立的擦音表。这些语言都很有趣,因为它们有齿或龈擦音、龈后擦音(卷舌擦音)和龈腭擦音。

到目前为止,我们已经讲了三种龈后音,这三种音的持阻部位都在龈脊和上腭之间。如前所述,我们更倾向于把它们称作腭龈音(palato-alveolar)、龈腭音(alveolo-palatal)和卷舌音(retroflex),因为这些名称比"龈后音"传达了更多信息。比如,一个腭龈音首先是龈音,持阻部位在龈后;一个龈腭音首先是腭音(舌体形状和发元音[i]相似),持阻部位也在龈后。需要注意的一点是:这些音在人与人之间差异很大,因为上腭形状的任何一点微小改变都会影响所发音的音质。从说话人的角度来说,其最终目的是要让自己所发的音是自己所想。当然,对有些发音人来说,这意味着他们所发的龈腭音和别人所发的腭龈音一模一样。这就又一次强调了发音训练和听力训练的重要性。(注意:对如何准确地描写这些音权威学者们的意见并不一致)。

(7) **腭(palatal)**音是指舌面前接近或接触硬腭、舌尖降到下齿背所形成的音。腭音和腭龈音之间没有明确的界限。英语中仅有的真腭音是[j],它通常是近音,但在 *hue* 之类的词中也有可能是一个音位变体——清擦音。[ç]是清腭擦音的音标,所以这个词按音位标音可以记为/hju/,按语音学标音则是[çu]。德语有清腭擦音的词,如 *ich* [ɪç],意思是"我",*nicht* [nɪçt] 表示"不"。

请发 *hue* 中的[ç],然后试着延长这个音。加上浊音你就可以发出一个跟 *you* 中[j]相似的擦音,但舌面前部要更接近硬腭。浊腭擦音的音标符号是一个卷尾 j 的[ʝ]。请发 [çççʝʝʝ çççʝʝʝ],要保证你的舌尖降到前下齿背。现在把舌面前部抬得更高一些,同时把舌尖降低,变擦音[ç]为塞音。清腭塞音和浊腭塞音的音标符号分别是[c, ɟ]。

请发 [aca]、[aɟa] 之类的一系列音,并确保你的舌面前部接触硬腭,舌尖下降。然后试着用类似的方法发一系列腭鼻音(腭鼻音的音标是 [ɲ],这个音标提示这个音是[n]和[j]的结合)。

有些语言有腭鼻音,包括法语、西班牙语、意大利语和许多非印欧语言。请试着发法语词 *agneau* [aɲo](羊羔)和西班牙语词 *Señor* [seɲor](先生)。意大利语腭鼻音(和边音)的例子可见于本书网络平台。腭塞音不如腭鼻音常见。它们出现在一些语言里,譬如匈牙利语(可通过网络平台的"语言索引"找到),是前面章节里讨论过的信德语塞音系列的一部分,表 6.2 和网络平台中举有例子。由于上腭形状的缘故,舌面前部跟硬腭之间的接触范围通常相当大。结果腭塞音持阻和除阻通常不像其他塞音那样迅速,有变成塞擦音的趋向。

EXAMPLE 7.11

(8) **软腭**(**velar**)塞音和鼻音 [k, g, ŋ] 在英语里都有。但是与其他语言,如德语不同,英语没有软腭擦音。但软腭擦音并不难发。从 [ak]这样的音节开始,在软腭闭塞后形成气压,然后稍稍压低舌头,结果形成一个软腭清擦音,我们记作 [x]。与其对应的浊音符号是 [ɣ]。请学着将这个浊音跟清擦音放在一起发 [xxxɣɣɣxxx],然后再发一组组语音序列,如 [axa, exe, oɣo, əɣə]。

EXAMPLE 6.3

拉霍它语有软腭擦音的词例(见表 6.1),德语、西班牙语也有软腭擦音。德语:*Achtung* [ʔaxtʊŋ](警告)、*Bach* [bax](专名巴赫),西班牙语:*jamás* [xaˈmas](从不)、*ojo* [ˈoxo](眼睛)、*pago* [ˈpaɣo](我付账)和 *diga* [ˈdiɣa](说)。西班牙语 [ɣ] 通常不是纯正的擦音,更像是一个近音。用一个软腭浊近音的音标[ɰ]也许能更精确地描写它。因为软腭音的舌位在舌的后部,可称为**舌面后**(**dorsum**),所以这些音也被称为舌面音。

EXAMPLE 6.2

(9) 小舌音是由舌后部抬向小舌而形成的。在广义的语音分类中,它们像软腭音一样,被称为舌背音。英语根本没有小舌音。但法语有一个小舌浊擦音 [ʁ],它是 *rouge* [ʁuʒ](红色)和 *rose* [ʁoz](玫瑰)中 r 的常见形式,更像一个近音。作为法语/ʁ/的一个音位变体,小舌清擦音 [χ] 出现在清塞音之后,如 *letter* [lətχ](信)。法语和英语的不同之处就在于它常常有持续性的同化,例如一个清音持续影响到接下来的音。

EXAMPLE 7.6

小舌塞音和小舌鼻音分别记为 [q, ɢ] 和[ɴ],出现在英语特殊发音中,但在爱斯基摩语(Eskimo)、阿留申语(Aleut)以及其他一些美洲

EXAMPLE 7.7

印地安语中,它们作为规则语音系统的一部分出现。表 7.3 是克丘亚语(Quechua)小舌塞音、软腭塞音和龈腭塞擦音之间的对立。克丘亚语是在玻利维亚、智利和秘鲁广泛使用的美洲印地安语言。注意克丘亚语有不送气清爆发音、送气爆发音和喷音。

表 7.3 克丘亚语中与塞音相关的语音对立		
腭-龈	软腭	小舌
tʃaka	kujuj	qaʎu
桥	移动	舌头
tʃʰaka	kʰujuj	qʰaʎu
大蚂蚁	吹口哨	披肩
tʃ'aka	k'ujuj	q'aʎu
嘶哑的	拧	西红柿酱

学习发小舌音可以从发软腭清擦音[x]开始。发音时请将舌根稍稍后滑,让它接近小舌,这样就发成了小舌清擦音[χ]。请学着发元音前后的小舌擦音,如[aχa, oχo, uχu]。你会发现开始时用后元音发音更容易一些,然后换成前元音,如[eχe, iχi]。接下来给这个音加上浊音,发[ʁʁʁʁʁʁʁʁʁʁ]。再练习在元音前后发[ʁ]。请试着发(9)第一段中引用的法语词。

一旦你已经掌握了小舌擦音的发音,就可以试着把它们变成小舌塞音。先发[aχa],然后在相同调音部位发一个塞音,请发[aqa]。现在,发小舌浊塞音[aɢa]和小舌鼻音[aɴa]。在不同的元音前后练习发所有这些音。

EXAMPLE 7.8

(10)(11)咽(**pharyngeal**)音和会厌(**epiglottal**)音的音姿涉及将舌根或会厌拉向咽壁的动作。在这个位置上很多人做不出塞音音姿,进而不可能真正地发出咽鼻音或会厌鼻音,这是因为声道深处的闭塞将会阻止气流通过鼻腔。但咽擦音 [ħ, ʕ] 还是能够发出的,它们确实存在于闪米特语族(Semitic)中,如阿拉伯语(Arabic)和希伯来语(Hebrew)。阿拉伯语的"洗澡"是 [ħammaam],"叔叔"是[ʕamm]。闪米特语族的发音变化很显著,一些人使用会厌音和其他咽音音姿。从收紧程度上看这些音的变化也十分显著。很多发音人很少或者根本不存在真正的擦音,他们所发出的是近音而不是擦音。在这个位置上形成的浊擦音通常存有大量的喉化现象(嘎裂声)。这可能是因为咽部的必要收缩也造成喉的收缩。不论是希伯来语、阿拉伯语还是其他闪米特语族都不区分咽擦音和会厌擦音。但是某些高加索语言有这两种可能的对立。网络平台上有阿古尔语(Agul)的记录,这种语言有清的咽擦音[ħ]和会厌擦音[H]的对立。

母语不是阿古尔语的发音人可能会觉得难以区分阿古尔语的咽音和会厌音,但当听到这些音时,你值得去试着比较一下它们之间的不同。发这类音,你要尽可能地将自己的咽部收紧,通过撤回会厌就可能做到这一点。请试着发清的[ħ]。现在,如果能做到,你可以在一个元音前发这个音。接下来,试着发浊的[ʕ],不用担心它是否会产生嘎裂声。用上面所举的阿拉伯语词发这些音。

在结束不同调音部位音姿这一节的讨论之前,我们必须注意,有些音同时涉及两种音姿。英语近音[w]既有唇的(使它成为一个双唇音),也有舌后部以及软腭的近音性质(使它成为一个软腭音)。这样有两个音姿的音被称为**圆唇软腭音**(**labial velars**),或者在一些更早期的书中被称为**唇软腭音**(**labiovelars**)。

约鲁巴语(Yoruba)、埃维语、蒂夫语(Tiv)以及其他很多西非语言有唇化软腭塞音。这一地区有些语言还有唇化软腭鼻音。由于是鼻音和浊咽音,我们可以用连音符号标写这两个组合音,表示它们同时发生。约鲁巴语的"手臂"是[a͡kpá],"成人"是[à͡gbà]。在这些词里,两个闭塞动作几乎是同时发生的。当然,你也可以试着发[akpa],然后自然感觉两个塞音音姿的重叠。但是,学习音姿重叠的一个最好方法,就是从在元音间发双唇咽音开始(接吻声,但嘴唇只简单地挤压而不撅起),先慢慢发[a](接吻声),然后尽可能快地发,接着减弱接吻声中的吸气成分,这样你正在发的音大概是元音间的一个唇软腭音。这应该是一个跟约鲁巴语[a͡kpá](手臂)很像的唇软腭塞音。(有关约鲁巴语唇软腭音更多的确切信息可以通过语言索引在网络平台上找到。)

这里我们可以非常方便地复习已讨论过的所有音的调音部位。表7.4是一个辅音表,其中有前面已提到过的所有鼻音、塞音和擦音音标(会厌辅音除外)。请弄清楚所有这些音标的含义。记住:点击网络平台上的国际音标表,你就可以听到赖福吉的发音。

| 表 7.4 | 鼻音、塞音和擦音的音标。在所有的辅音表中，当一个格子里有两个音标时，左边的表示清音。 |

	双唇音	唇齿音	齿音	龈音	卷舌音	腭龈音	硬腭音	软腭音	小舌音	咽音	唇软腭音
鼻音	m	ɱ	n̪	n	ɳ		ɲ	ŋ	N		n͡m
塞音	p b		t̪ d̪	t d	ʈ ɖ		c ɟ	k g	q ɢ		k͡p g͡b
擦音	ɸ β	f v	θ ð	s z	ʂ ʐ	ʃ ʒ	ç ʝ	x ɣ	χ ʁ	ħ ʕ	

🔊 音姿类型

↻ 塞　音

通过复习已讲过的塞音，我们便可以开始对世界语言中的不同音姿方式进行讨论。表 7.5 列举了一些塞音类型，其中大多数本书前面已讨论过。前七个音可能出现的音姿方式是在第六章讨论的。即使你自己发不出这里所有的音，也一定要理解全部术语，并知道所有塞音的发音情况。

当前七个音列在一起时，唯一有必要进行说明的是：没有一种语言区别（5）（内爆音 [ɓ]）和（6）（喉化音/嘎裂声 [ɓ̰]）。某些语言有其中一个音，而其他一些语言中有另一个音。在少数语言中，这两个音是作为音位变体或同一音位的自由变体出现。它们之间不构成对立。

EXAMPLE 3.7

带有鼻除阻的塞音（列在表 7.5 中第八个音的可能音姿），在跟英语相关的第三章已讨论过。英语的鼻爆发出现在词的末尾，如 *hidden*、*sudden*。但在某些语言中，它会在词的开头出现。请试着发俄语"底部" [dno]。

表 7.5 塞音举例

描写	音标	例子	
1. 浊音	b	banu	(信德语"森林")
2. 不送气清音	p	panu	(信德语"叶子")
3. 送气音	pʰ	pʰaɳu	(信德语"眼镜蛇")
4. 哮声(气声)	bʱ	bʱaːɳu	(信德语"肥料")
5. 内爆音	ɓ	ɓani	(信德语"土地")
6. 喉化音(嘎裂声)	b̰	b̰aːtàː	(豪萨语"溺爱")
7. 喷音	k'	k'aːràː	(豪萨语"增加")
8. 鼻除阻	dn	dno	(俄语"底部")
9. 鼻冠	nd	ndizi	(斯瓦希里语"香蕉")
10. 边除阻	tɬ	tɬàh	(纳瓦约语"油、药膏")
11. 边除阻喷音	tɬ'	tɬ'éeʔ	(纳瓦约语"夜晚")
12. 塞擦音	ts	tsaɪt	(德语"时间")
13. 塞擦喷音	ts'	ts'áal	(纳瓦约语"发祥地")

表 7.5 所列的下一个可能音姿是鼻冠塞音 [nd]，从某种意义上说，它是一个鼻除阻塞音的反向音。在鼻冠塞音中，口腔闭塞，先形成一个龈音姿，同时软腭下降。出现一个短的鼻音后，软腭再抬起，产生一个塞音。这个塞音是通过解除口腔闭塞(这里指压低舌尖)，同时保持软腭抬起而形成。鼻冠塞音在很多非洲语言中都有。请发斯瓦希里语(Swahili)中的词 *ndege* [ndege](鸟、飞机)、*ntu* [ntu](蜡)(斯瓦希里语的拼写形式跟宽式国际音标相当)。注意发音时别把前面的鼻音发成一个独立的音节，一定要把它发得尽可能短一点儿。

带有边除阻的塞音(见表 7.5(10))在英语中的情况前面已讨论过(如：*little*，*ladle*)。在其他语言中，它们可以出现在一个词的开头。正如表 7.5(11)所示，有时边除阻塞音的形成可以伴随着一个喷音气流机制。在这些情况下，形成塞音 [t] 的持阻，喉头的外出(喷音)气流机制在塞音形成中产生，然后通过压低舌两边完成边除阻。表 7.5(10)和(11)的例子来自一种叫纳瓦约语的美洲土著语言(请听网络平台上第十一章的例子)。

最初出现在英语中仅有的塞擦音是 [tʃ, dʒ]。有些方言(如伦敦东区考克尼口音)有一种程度很低的塞擦音，在词中可以标写为 [tˢ]，如"茶" [tˢəi]。龈塞擦音在德语中也有，如表 7.5(12)所示。除此以外，德语有一个双唇塞擦音 [pf]，如 *Pflug* [pfluk](犁)。塞擦音也可以伴有喷音气流机制出现。表 7.5(13)的例子来自纳瓦约语，除了喷音 [ts'] 外，还有用肺气流机制形成的塞擦音 [ts]，如德语。

🎵 鼻　音

现在我们要分析世界语言的其他调音方式。这里有必要对鼻音做一点儿说明。跟塞音一样,鼻音也有清浊之分(如缅甸语,可在网络平台第十一章的练习中找到)。清鼻音相对很少,所以清鼻音没有自己专门的音标,可以简单地将清音符号[̥]加在浊鼻音音标的下方来表示。

🎵 擦　音

形成擦音强烈湍流有两个方法。它可能只是气流通过口腔狭缝所产生的结果,如[f]音的形成;也可能是气流先被迫快速穿过口腔狭缝,然后再被引导流经一个锐利的边缘,如牙齿,就像发[s]那样。我们已经观察到,擦音数量要比塞音和鼻音的数量多,其中部分原因就是有上面两种可能的发音机制。表7.4比较了十组擦音、七组塞音和八个鼻音。

到此我们已按清浊和不同音姿对擦音做了分类,还可以进而根据音姿的不同方面对擦音进行细分。一些权威学者已将擦音分为[s]类和[θ]类。[s]类中舌头形成凹槽状,以便气流经过口腔狭缝逸出;在[θ]类中舌头平展,以便形成宽缝让气流逸出。遗憾的是,目前关于擦音的所有知识还不足以让人了解这种分类如何适用于所有的情况。但用唇和舌后部形成的擦音与此无关,这一点还是很清楚的。

有一个比较好的擦音分类方法,就是以纯听觉为基础将它们分为不同组,请发英语清擦音[f, θ, s, ʃ],哪两个的音高最高呢?你应该听得出[s, ʃ]和[f, θ]在音高上的不同。浊擦音[z, ʒ]和[v, ð]之间的不同也反映在音高上。擦音[s, z, ʃ, ʒ]称为**咝音**(**sibilant**),它们有更多声学能量,即,比其他擦音音高更高,响度更大。

由于语音具有听觉特性,它通常可以形成语言的语音格局(特定的语音分类模式)。人们可以只按听觉性质把擦音划为咝音和非咝音。我们有必要将擦音归入这两类,来呈现英语复数的形成。请想一想以擦音结尾的词,如 *cliff*、*moth*、*kiss*、*dish*、*church*、*dove*、*lathe*、*maze*、*rouge*、*judge*。哪个词在构成复数时另加了一个音节呢?如果反复将这些音念几遍,你就会发现,它们在单数时都是单音节。但在复数时,那些以[s, ʃ, z, ʒ]中某一擦音结尾的词,即以咝音擦音或带有咝音擦音的塞擦音结尾的词,变成了双音节。英语似乎不喜欢将两个咝音连在一起。如果咝音结尾的词后要再增加一个咝音后缀,那么需要插进一个元音来把两个咝音隔开。

颤音、拍音和闪音

用字母"r"代表的音在世界语言中最基本的语音形式是颤音[r]。这就是为什么国际音标系统选用[r]来代表**颤音**（**trill**），而[ɹ]则代表英语里的 r 化近音。有的语言，比如冰岛语，区分长颤音和短颤音[r]（可利用语言索引在网络平台上找到相应的录音）。图 7.4 即是表现冰岛语长、短颤音区别意义功能的语图，所举例词是[sauːra]（伤，复数）和[saurːa]（痛，复数）。如图中箭头所示，发短[r]时，舌头和上腭只有一次接触；发长[rː]时有三次接触。不管是短[r]，还是长[rː]，其发音气流机制都和气流驱使声带振动产生浊音一样。即使非常短的颤音，舌尖只跟上腔接触一下，音姿活动也和拍音或闪音不同。在颤音中，气流冲击舌尖颤动。**拍音**（**tap**）或**闪音**（**flap**）是由肌肉的简单收缩而导致一个调音器官被抛向另一调音器官所产生的音。它通常只是一个非常快的塞音音姿。

图 7.4 冰岛语言长、短颤音的词[sauːra]和[saurːa]的语图

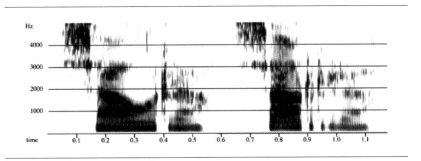

区分拍音和闪音非常有用。发拍音只是舌尖抬起，在牙齿或齿龈处接触，然后沿着相同路径返回下腔。发闪音时舌尖先用卷舌音姿向后卷起，然后当它回到下齿背时，在龈后位置拍打上腔。从某种程度看，拍音和闪音之间区别是与应被称为调音部位的差异密切相关的。闪音是典型的卷舌音，但要形成这个音的音姿可能需要对另一调音部位的碰击。发音时可以将舌头向后拉，然后向前拍打，去碰击齿龈甚至牙齿，从而发出龈或齿闪音。闪音和拍音之间的区别，不在调音器官的精确接触点，而在调音器官运动的方向，发闪音是从后往前拍打，发拍音是上下拍击。

美式英语的一些变体同时有拍音和闪音。拍音是含有/t, d, n/

词中的规则发音，如 *latter*、*ladder*、*tanner*。闪音出现在重音音节带有卷舌化元音的词里。在 *dirty*、*sorting* 中，发卷舌化元音时舌头向上拱起或向后回缩的发音人，为了不带卷舌化元音要把舌头向前移动，这样就会形成一个闪音。

颤音在英语多数变体中都很少见。苏格兰方音的舞台腔带有 /r/ 颤音，这在大多数苏格兰语中并不典型。在苏格兰英语中，/r/ 更像是被发成了一个拍音。美式英语 *petal* 发音，词中有一个浊的龈拍音，这在爱丁堡的苏格兰人听起来就像他对 *pearl* 的正常发音。

在其他语言中，颤音和各种拍音、闪音之间的区别要比英语重要得多。但在说明这一点之前，我们必须先复习一下标写各种卷舌化音的音标。在宽式记音中，它们可记为 /r/。在严式记音中，这个音标可能仅限于浊龈颤音。龈拍音可以用特定音标 [ɾ] 表示，后龈（卷舌）闪音用 [ɽ] 表示。很多美国人将 [r] 发成近音，可以记为 [ɹ]（一个倒过来的 r）。如果特别要表现这个音很卷舌，可以用音标 [ɻ]。大多数说美式英语的人都没有卷舌的近音，但是对那些发这个音的人来说，严式记音 [ɻ] 是一个恰当的音标。所有这些音标见表 7.6。

正如表 7.6 例示，西班牙语在 *perro* [pero]（狗）和 *pero* [peɾo]（但是）之类的词中是区分颤音和拍音的。类似的区别也出现在印度南部的一种语言——泰米尔语（Tamil）的某些形式中。像豪萨语（尼日利亚）这样的语言，也能够区分龈音和卷舌闪音。颤音也有可能伴有擦音，正如表 7.6 捷克语（Czech）的例子，国际音标用附加区别符号 [˔] 表示舌位略高（即摩擦成分更多）。

	表 7.6	不同类型 *r* 和双唇颤音的特殊音标。注意：作为一个特殊符号，[˚] 可以在无规定符号时来界定和使用。		
r		浊龈颤音	[pero]	（西班牙语"狗"）
ɾ		浊龈拍音	[peɾo]	（西班牙语"但是"）
ɽ		浊卷舌闪音	[báɽaː]	（豪萨语"仆人"）
ɹ		浊龈近音	[bɹ]	（英语"红"）
ɹ̝		浊龈擦颤音	[r̝ɛk]	（捷克语"河"）
R		浊小舌颤音	[Ruʒ]	（普罗旺斯法语"红"）
ʁ		浊小舌擦音或近音	[ʁuʒ]	（巴黎法语"红"）
ʙ		浊双唇颤音	[mʙulim]	（凯莱语"你的脸"）
ⱱ		浊唇齿拍音	[béⱱú]	（马尔吉语"飞走"）

学习颤音要让舌头非常放松地放在合适的调音部位上，以便气流通过使舌头颤动。最容易发音的部位似乎是舌头刚好放在上前齿的后面并稍稍接触齿龈的地方。如果舌头恰好放在正确部位，并放松，你可以从它上面吹气，使其做清音颤动。很多人发现，从发清颤音开始，然后当舌头稳定颤动时再振动声带，这样发音要更容易一些。嘴应该适当地闭住，前齿间只留下 5 毫米的空间。在发音之前可以通过将铅笔尖插进齿间再拿开的方法来检验发音空间。多数发不出这个音的人的问题是舌头太僵硬。

大多数人都可以通过采用典型的美式英语词的发音来学习发浊拍音，如 Betty（可记为 [ˈbɛɾi]）。你应该也能发卷舌闪音。正如我们所见到的，很多说美式英语的人在 herding [həɻɳ]那样的音流中就用这种发音。在发卷舌化元音之后让舌头向后卷起，到辅音时让它下拍龈后部。

当你掌握所有这些音之后，请试着在不同的语境中发它们。你应该还要学会发清/浊颤音、拍音和闪音。试着改变调音部位，形成齿和龈后的颤音、闪音。有些语言，如印度南部的马拉雅拉姆方言和托达语（Toda），龈颤音和齿颤音构成对立。马拉雅拉姆方言"房间"发成 [ara]，而"一半"发成 [aɾa]。托达语有三种更复杂的 r 类颤音的对立，例子见网络平台。

EXAMPLE 7.9

舌尖并非唯一能够颤动的调音器官。法语一些方言有小舌颤音，然而正像我们已经注意到的，法语很多形式也有小舌擦音，如 rose [ʁoz]。小舌颤音的音标是[ʀ]。没有用来区别小舌擦音和近音的音标符号，因为没有哪种语言用它们来区别词义，两个音都被记为[ʁ]。

有唇颤音的语言很少，这些音的国际音标是一个小的大写字母 [ʙ]（很像用小的大写字母 [ʀ] 表示小舌颤音）。双唇颤音出现在巴布亚·新几内亚岛的凯莱语（Kele）和泰坦语（Titan）的许多词中。泰坦语"老鼠"是 [mʙulei]。为了发这个词的前部分，你要在发 [m] 的同时将双唇松松地合上，然后将嘴唇吹开。有些人发现嘴唇颤动比舌尖颤动更容易。如果你在发龈颤音 [r] 时有困难，看看能否通过发双唇颤音 [ʙ] 来获得发颤音的感觉。凯莱语和泰坦语的双唇颤音在网络平台上都有。

WEB lg.index

赖福吉还听到过唇齿闪音，它出现在尼日利亚北部马尔吉语（Margi）中。发唇齿闪音时将下唇后拉至上齿背，在它回到正常位置过程中让唇齿碰一下。国际音标没有这个音。我们将这个音放在表 7.6 中，目的是为了说明当没有国际音标表示时如何标记一个音。在这种情况下，可以像我们在表中所做的那样，用一个星号来界定它。

🎵 边　音

我们在第一章认为,边音这个术语似乎明确规定了一种调音方式,它可以跟诸如擦音或塞音、近音等其他术语的调音方式进行比较。但这种认识确实太简单了。央-边对立可以用于所有调音方式,可以形成边塞音、边擦音,以及最常见的边音形式——边近音。英语仅有的边音音位是 /l/,在英式英语中它至少有两个变体,如 led [lɛd] 中的 /l/ 和 bell [bɛɫ]中的[ɫ]。在美式英语多数形式中,词首的[l]比英式英语有更强的软腭化倾向。音节首尾 /l/ 的区别没有像英式英语那样大。[l]在英语所有形式中,气流无摩擦地自由流出,形成一个浊的龈边近音。可以拿它跟 red [bɹ]中的[ɹ]做比较,很多人把这个音发成浊的龈央近音。除非有一个截然不同的具体说明,否则边音通常被拟定为浊近音。

请试着用浊音和清音两种方式发英语的[l],如 led。你可能会发现所发的清音不是近音,而是擦音。当声带打开时,气流很快逸出,在流经舌和齿边之间时形成了一个擦音噪声。这个音的音标是[ɬ]。请你用清浊交替的方式发[llllɬɬɬɬllllɬɬɬɬ]。你完全能够发出无摩擦的清边音,但你会发现要发准它必须让舌的两边离牙齿远一点儿。将浊的和清的边近音交替地排在一起,可以记写为 [llllll̥l̥l̥ llllll̥l̥l̥]。

我们还可能发出擦化的浊边音。请试着从普通的 [l] 开始发起,如 led,然后将舌两边轻轻靠近牙齿。你会发现,通过从前一段已讲的清龈边擦音发起,再加上浊音更容易发这个音。但是要确保你的发音里一直有擦音成分。

总之,我们已讨论了四个边音:浊龈边近音[l]、浊龈边擦音[ɮ]、清龈边近音[l̥] 和清龈边擦音[ɬ]。尽管没有一种语言在最后两个音上构成对立,但一些语言在这四种可能发音的三个之间有音位上的区别。例如:表 7.7 前两行的祖鲁语就有 3 种调音方式的对立。祖鲁语第二组词,鼻音之后的浊擦音可能是一个喷音。表中举最后一个词,说明音节首音是一个软腭边喷音清塞擦音,用[ǁ] 标写。请听网络平台中的发音,但你不必担心在学习语音学的第一年不会发这个音。边清擦音还出现在威尔士语(Welsh)的词中,如 [ɬan] (教堂)、[ˈkɘtɘɬ] (小刀)。

除近音和擦音以外,央式和边式调音的对立也可以形成其他音。颤音总是用央式调音,而闪音既可以用央式也可以用边式调音。如果

EXAMPLE
7.10

发[ɾ]或[ɽ],让气流通过舌两侧,你就会发出一个恰好介于这些音和[l]之间的音。它将是一个龈浊闪音或卷舌浊边闪音。这个音可能标写为[ɺ]。此音有时出现在不区分 /r/ 和 /l/ 的语言中,如日语。但一些非洲语言,在这三个音上都存在着音位对立,如东非查加语(Chaga)。

从某种程度上说,央-边式调音的对立也能用于塞音。英语有边爆发的塞音,如 *little*、*laddle*,当然这也能被认作是塞音加边音的序列。但是纳瓦约语的[tɬ'],可以明确地称为边喷音,因为其中的塞音和边音都是以喷音气流机制形成的。同样,我们显然也想把央䶖音[!]和边䶖音[‖]区别开来。

表 7.7 祖鲁语的一些边音(参照正文看每一行中的对立)		
1	lálà	ɓálà	ɬánzà
	睡觉	比赛(不完美的)	呕吐
2		ínɓàlà	íntɬ'àntɬ'à
		饥饿	好运
3			k͡ʟ'iná
			淘气的

鉴于央-边对立可以用于大量的不同调音方式,我们现在必须考虑它是否能用于含有不同调音目标位置的音姿。在这儿,发边音存在着明显的限制。通常来说,边音通过舌尖、舌叶或舌前部发出。它们可能是齿音(马拉雅拉姆方言和托达语)、龈音(英语)、卷舌音(马拉雅拉姆方言以及印度其他语言)或者腭音(意大利语)。确实存在软腭边音。我们注意到祖鲁语就有软腭边音,只是它跟其他边音在相同语境中不构成对立。但巴布亚·新几内亚少数语言存在着对立的软腭边音,如中-瓦几语(Mid-Waghi,可以在网络平台中找到)。腭边音的音标是[ʎ]。请试着发意大利语的 *famiglia* [faˈmiʎʎa](家庭)和 *figlio* [ˈfiʎʎo](儿子)。这两个词都有两个边音,好像一个作为一个音节的后辅音,一个作为后接音节的首辅音。意大利语边音更多的例子可见网络平台上这一章的材料。请注意西班牙语某些形式区分[ʎ]和近似的音序列[lj],如 *pollo* [ˈpoʎo](小鸡)和 *polio* [ˈpoljo](小儿麻痹症)。看看你是否能发出这种差异。还有卷舌边音,音标是[ɭ]。

调音方式小结

表7.8是对上述调音方式的小结。值得注意的是,央音和边音被另外单放,说明这两个术语能与表上部的很多术语连在一起用。本章后面部分提到的音标有很多也列在这张表中。你应该肯定其中每一个音都能在不同语境中发出。这里再次提醒你,不要忘了可以在网络平台国际音标表里找到所有这些音标的例子。

表7.8 发音方式

语音术语	简单描述	音标
鼻(塞音)	软腭下降让空气从鼻腔通过;两个调音器官完全闭塞	m,n,ŋ 等
(口)塞音	软腭上抬形成软腭闭塞;两个调音器官完全闭塞	p,b,t 等
擦音	两个调音器官间形成狭窄通道,产生湍流	f,v,θ 等
近音	两个调音器官接近,不产生湍流	w,j,l,ɹ 等
颤音	气流冲击调音器官,使其振颤	r,ʀ,ʙ
拍音	舌尖轻拍口腔上部;颤音中轻拍一次	ɾ
闪音	调音过程中一个器官拍打另一个器官	ɽ,ɬ
边音	气流因中间受阻而从两边流出	l,ɬ,ɮ,ʎ,ʟ
央音	调音时让气流从中央通过	s,ɹ,w 等

近音是唯一在本章中没有做过详细讨论的辅音。龈近音——央音[ɹ]和边音[l],已经做过讨论。wet、yet 中的[w,j]也没讨论过。这种近音有时候称为半元音或滑音。这个音在我们分析了元音性质后再做讨论会更合适一些。为了描写元音,我们必须首先从发音语音学领域跳出来,转而思考一下声学语音学的一些基本原则。

在本章练习1里,我们给目前描写辅音音姿所需的术语做了小结。请注意,要使对辅音的界定更加完善,就应该说出八个方面的特点:(1)气流机制是什么;(2)气流方向如何;(3)声门状态如何;(4)涉及舌的哪个部位;(5)主要调音部位是什么;(6)是央音还是边音;(7)是口辅音还是鼻辅音;(8)调音方式是什么。正如我们将在第九章看到的,描写辅音甚至可能更复杂,所以除了说明主要音姿的所有特征外,还有必要提一提所谓的第二音姿,如附加的圆唇。

🔊 要点回顾

从某种意义上来说,这一章是本书的两大主要部分之一(看目录,猜哪一章是另一个主要部分)。本章主要内容是关于国际音标中的辅音表,我们讨论了表中每一行和每一列的音,英语中没有的音用英语以外的其他语言举例说明。此外,我们还详细解释了辅音发音过程中的音姿。说到这儿,你可能会觉得发音是一件技术含量很高的事(除了要记住诸多术语及其定义以外),因为几乎每一种语言都有说别的语言的人难以发的音。本章的发音练习能帮你克服这些语言障碍,而且还能慢慢提高你像语言学家一样分析新语言中新语音的能力,或像病理学家一样对待新病人的能力。

🔊 练 习

这一章及以后几章的练习会少一些。这是因为同学们学到本书这一阶段时应当思考更大的研究项目。对普通语言学专业的同学来说,一个可行的研究项目是找一个说另一种语言的人,对他所说语言的语音特征进行描写。英语专业的同学可以找一个跟自己发音差别较大的有方言口音的人,描写他的语音。言语病理学家应该描写一个有言语障碍孩子的发音。要实现上述计划,同学们都应该编写一个词表,举例分析发音人语音的主要特点,然后给词表做个记录并以此为基础进行描写。国际语音学会发表了一系列描写各种语言语音结构的短文章(4—6页),是值得我们效仿的模板。本书后面的材料中就有这种模板。优秀学生应该能发表这种描写语音结构的文章。

下页列举了辅音分类所需的大多数术语。你必须要知道这所有术语的含义。随后的练习与此表相关。

(1) 气流	(2) 方向	(3) 声门	(4) 舌	(5) 部位
肺的	外出	浊声	舌尖	双唇
喉头的	内入	清声	舌叶	唇齿
软腭的		哑声	（以上都不是）	齿
		喉化		龈
		闭塞		卷舌音
				龈-腭
				硬腭
				软腭
				小舌
				咽
				唇软腭

(6) 央化	(7) 鼻音性	(8) 方式
央音	口音	塞音
边音	鼻音	擦音
		近音
		颤音
		闪音
		拍音

A. 从上表八栏中各选一个术语给下列语音做全面描写。

[b] _____

[tʰ] _____

[t'] _____

[ɖ] _____

[ǃ] _____

[ʀ] _____

B. 列出五种不可能的术语组合。

_____

_____

_____

_____

C. 如果我们不考虑像圆唇那样的二级调音器官，大多数辅音都可以从这八栏中各选一个术语来明确说明。但是除了塞擦音，如 [ʧ， dʒ]，第二章中所列辅音有一个不能用这种方法来明确说明。这个辅音是哪个呢？对于这个缺陷怎么修订呢？

D. 同样忽略二级调音器官和塞擦音，本章提到的哪个音不能用上面八栏中的术语来明确说明呢？

操 练

这一章跟上一章一样，介绍了许多非英语的语音。在课程的这一部分，只要时间允许，我们应该尽可能多地做练习，这一点很重要。但不要做得太快。当你确认已完全掌握第六章操练题后再开始下面的练习。注意第八章没有操练题，所以你可以在这里和第六章操练题上多花点儿时间。

A. 请学着发 [ɑ] 前不同调音部位上的清塞音。先从发清晰的齿间塞音 [t̪ɑ] 开始，舌尖在上下齿之间。然后舌尖朝后上方卷向硬腭，发一个卷舌度很高的塞音 [ʈɑ]。现在在这两个极端舌位之间试着尽可能发很多塞音。用附加符号 [₊] 和 [₋] 来表示舌位前一点儿和后一点儿。这一系列音可以标写为 [t̪ɑ, t̪ɑ, t̠ɑ, tɑ, t̠ɑ, ʈɑ, ʈɑ]。请体会这些不同的调音部位。

B. 用浊塞音反复练习 A：
[d̪ɑ, d̪ɑ, d̠ɑ, dɑ, d̠ɑ, ɖɑ, ɖɑ]

C. 用鼻音反复练习 A：
[n̪ɑ, n̪ɑ, n̠ɑ, nɑ, n̠ɑ, ɳɑ, ɳɑ]

D. 用 [s] 类咝化清擦音来反复练习 A。注意很有可能发出咝齿擦音 [s̪]，但是纯正的齿间咝音是不可能发出来的。
[s̪ɑ, s̠ɑ, sɑ, s̠ɑ, ʂɑ, ʂɑ]

E. 用 [z] 类咝化浊擦音来反复练习 A。
[z̪ɑ, z̠ɑ, zɑ, z̠ɑ, ʐɑ, ʐɑ]

F. 请将舌尖降下来发一系列清擦音。先用舌叶发腭-龈擦音 [ʃ]

（小心不要把舌尖抬起，尽管你通常调音可能这样做），接着舌面前部抬起，将接触点向后移，这样你就发出一个腭擦音 [ç]。然后舌后部进一步后移，先发 [x]，再发 [χ]。最后，将舌根后缩，你就会发出一个喉化擦音 [ħ]。请试着将调音部位依次后移来发这些音：

[ʃ, ç, x, χ, ħ]

G. 在元音前发这些擦音：

[ʃa, ça, xa, χa, ħa]

H. 用跟上面辅音对应的浊音反复练习 F。

[ʒ, ʝ, ɣ, ʁ, ʕ]

I. 在元音前发这些擦音：

[ʒa, ʝa, ɣa, ʁa, ʕa]

J. 在完全掌握这些擦音的调音部位后，请试着发一些与其对应的清塞音。龈-腭塞音和腭塞音之间没有太大的区别，下面没有出现喉化塞音，请发：

[ca, ka, qa]

K. 用浊塞音反复练习 J。

[ɟa, ga, ɢa]

L. 用浊鼻音反复练习 J。

[ɲa, ŋa, ɴa]

M. 巩固一下你在不同调音部位上的调音能力。请发一组完整的元音间鼻音：

[ama, aɱa, ana, aɳa, aɲa, aŋa, aɴa]

N. 请发一组元音间的清塞音：

[apa, aṯa, ata, aṭa, aca, aka, aqa]

O. 请发一组元音间的浊塞音：

[aba, aḏa, ada, aḍa, aɟa, aga, aɢa]

P. 请发一组元音间的清擦音：

[aɸa, afa, aθa, asa, aṣa, aʃa, aça, axa, aχa, aħa]

Q. 请发一组元音间的浊擦音：

[aβa, ava, aða, aza, aẓa, aʒa, aʝa, aɣa, aʁa, aʕa]

R. 换用其他元音反复做上面的所有练习。

S. 复习颤音、拍音、闪音和类似近音的音，请发：

[ara, aɾa, aɽa, aɹa, aʀa, aʁa]

T. 其中一些音在高元音之间更难发,请发:
   [iri, iɾi, iʈi, iɻi, iʀi, iʁi]
U. 为确保自己能发对立的边音,请发:
   [la, ɮa, ɬa, l̪a, ʎa, t̪l̪a, tɬ'a, dla]
V. 换用其他元音反复做操练 U。
W. 把所有这些音组合成一系列简单的无意义词,如:

ʁeˈsaʔi	taˈŋoʒe	ˈp'exonu
ˈɬupeʑo	bereɬa	doʔeɗo
fiɣoˈca	βinoˈɟe	ʂeˈʃet'e
koˈriɖo	ʀeˈʎaxa	ˈɢeɦɻu
ˈɲeqɸu	ˈʛaɲeχo	moʙale

请记住当别人做发音训练时,你要仔细看、认真听。

第八章 声学语音学

EXAMPLE 8.1　在这本书的前几章和网络平台中我们看到过几个语图,这一章将深入讨论语图上反映的话语的声学特征,目的是教会大家如何分析语图。图 8.1 显示的这张语图是一位女士对其政治生涯的描述,她说:"*First campaign I worked in was for John Kennedy in the nineteen-sixty.*"网络平台中有这句话的原版录音以及两个不同的过滤版录音。在高频版中,语图的上半部分被保留下来,也就是频率低于 2500 赫兹的都得不到显示。在网络平台上点击右键可看到这张高频版语图,把它和图 8.1 比较一下,看有什么区别。听这句话的高频版录音时,你会感觉其声音非常"尖细",擦音尤其明显,而语调已完全失真。相应的,在低频版中,只有语图的下半部分被保留下来,也就是频率低于 1000 赫兹的没有得到显示。低频版录音声音听起来非常"浑厚",元音和语调很清楚,但是没有多少擦音的噪音。听这种过滤版的录音(并看过滤版的语图)能使你更好地理解语图中的信息,因为你能听到话语的高频和低频成分。实际上,语言中不同语音的区别在很大程度上取决于能量的构成(显示频率的语图纵轴)。在这一章,我们将介绍话语生成中的声源/滤波理论,讨论语言中不同语音的声学模式。

图 8.1　"First campaign I worked in was for John Kennedy in nineteen-sixty"的语图

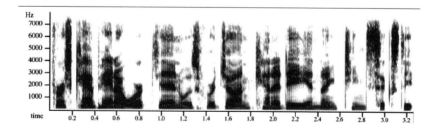

🔊 声源/滤波理论

本书第一章讨论了语音在音高、音强和音质上的不同。在讨论音质差异时我们注意到元音音质取决于它的陪音结构,换种说法,一个元音同时包含许多不同的频率。其中一个即所谓基频,其他都是陪音频率,是它们赋予这个元音独特的音质。我们通过这些陪音差异将此元音跟其他元音区别开来。这些陪音叫作共振峰,把元音区别开来的是第一、第二和第三共振峰。第一共振峰写作 F1。在喉咙下轻弹手指,就会听到这个音。如果你张开嘴,发一个喉塞音,并朝脖子接近颌下的地方轻弹手指,你就会听见一个音,就像拍瓶子听到的声音一样。当你轻弹时,如果把头稍稍向后倾将脖子的皮肤拉紧,你可能会更清楚地听到这个音。要小心保持元音的调音部位,不要将舌根抬起碰上软腭。如果你用这个方法检测发一组完整元音 [i, ɪ, e, ɛ, æ, ɑ, ɔ, ʊ, u] 的部位,你就会听见前四个元音第一共振峰频率依次抬高,接下来的四个元音依次降低。

随着第二共振峰 F2 的依次下降,将元音[i, ɪ, e, ɛ, æ]区别开来,在耳语时这些元音可以听得更清楚。第三共振峰 F3 能增加不同元音的音质差异,但要使差异更加突显就不那么容易了。

共振峰是怎么形成的?答案是:它们产生于声道中的回声。声道中的气流就像管风琴或瓶子中的气流一样,声音从音源出发(对浊音来说,音源是声带振动),到达嘴唇。在嘴唇部位,大部分的声音能量被辐射到听者的耳朵中,一小部分能量重又反射回声道——产生回声。根据声道的长短和形状,反射的那一部分能量加上音源能量会使某些频率的能量增大,而另一些频率的能量减小。声带就是声音能量的**来源**(source),声道(由于反射的音波和声道之间的相互作用)就是一个频率**滤波器**(filter),改变了声带发音的"材质"。在语音学中,元音的"材质"叫作**元音音质**(vowel quality)。

声源/滤波机制其实也被应用在许多乐器中。对铜管乐器来说,其声源是吹口处的两片振动的小薄片,滤波器就是长的铜管。如果你只听吹扣处薄片振动的声音(拇指和无名指合拢,形状像长号的吹口),你就能感觉到长号是如何改变来自声源的声音的。同样,对木琴来说,敲击某个键产生声音,滤波器就是连接每个键的管子。木琴的体积比长号大的原因之一就是前者的每个键都有独立的声源/滤波器,而长号只有一个声源(薄片)和一个滤波器(铜管)。人类的声音更像是长号的声音——声带以不同的音高和振幅而振动,声道滤波器加强或减弱不同频率,使我们听到不同元音的不同"材质"。

上面我们说过,声道(根据其长短和形状)的滤波功能会使某些频率的能量增大,某些频率的能量减小。当声道形状比较简单时,其**长度**(length)也容易测量。比如,声道形似花园浇水带——从喉头到嘴唇直径不变——那么,它的回声(共鸣)频率可以用下列公式来表示:

$$F_n = \frac{(2n-1) \times c}{4L}.$$

共鸣频率 Fn(n=1,2,3,代表第一、第二和第三共振峰)等于 2 倍的 n 减 1 乘以音速 c,再除以声道长度(L)的 4 倍。例如,彼得·赖福吉的声道长度是 17.5 厘米,那么 c/4L 就等于 35,000/(4×17.5)=500。常量 c 代表音速,即音波从嘴唇反射回喉头的速度。(2n-1)代表一系列共振峰基数的乘积。所以,赖福吉的第一共鸣频率(F1)是 500×1=500 赫兹;第二共鸣频率(F2)是 500×3=1500 赫兹;第三共振峰(F3)是 500×5=2500 赫兹。

不同的声道有不同的共鸣频率。例如,凯斯·约翰逊的声道大概长 16 厘米,他的共鸣频率(共振峰)也要稍高一点。第一共振峰(F1)是 35000/(4×16)=547 赫兹,第二共振峰是 3×547=1641 赫兹;第三共振峰为 5×547=2734 赫兹。

对于不同的语音来说,声道共鸣部分的长度是不一样的。元音的声道长度是从喉头到嘴唇,包括整个声道。擦音的声道共鸣段要短一些。例如,[s]的声道是从龈脊到嘴唇。[s]的第一共振峰(声道长度仅 2—3 厘米)比元音高很多。这也是为什么擦音的噪音在图 8.1(高频版)中是如此明显。唯一一个没有高共鸣频率(比元音还要高)的擦音是喉擦音[h],因为发[h]时,从喉头到嘴唇的整个声道都参与共鸣。

除了声道长度以外,共振峰还受声道**形状**(shape)的影响。公式 Fn=(2n-1)×c/4L 是默认声道形状保持不变的(直径不变),就像一截管道一样。但在实际发音过程中,这其实是不可能的。比如,发鼻音时,在鼻腔到喉头的主要气流通道两侧,有无数个侧腔——窦腔和口腔。同样,发边音时,声道形状也很复杂。这里,我们只讲发元音时的情况,关于其他音的声学特征,请参考彼得·赖福吉的《声学语音学概要》(*Elements of Acoustic Phonetics*)或者凯斯·约翰逊的《声学和听觉语音学》(*Acoustic and Auditory Phonetics*)。元音的声学特征可以从两个方面来概括:管道模型和微扰理论。这两个理论虽简单却非常重要,下面两个小节将详细讨论。

🔊 管道模型

可以根据共振峰给元音分类,不同的共振峰是不同声道形状的结果。任何空气,比如声道或瓶子中的空气,会根据由声道大小和形状决定的方式来振动。如果对着一个空瓶子的瓶口儿吹气,就会发出低频音。如果给瓶子灌点儿水,使瓶子的容积变小,就能发出带有高频的音。被变小的瓶子容积,跟钢琴的细音管或提琴细琴弦相似,可以形成更高的频率。发元音时声道形状复杂,使不同空气产生许多陪音。

声道里的空气随着声带运动而振动。每一次声带的开合都伴有从肺部出来的气流脉冲。这些脉冲就像声道中的气流受到猛烈拍击一样,使共鸣腔振动,从而产生大量不同的频率,就像你同时敲打不同的瓶子一样。不考虑声带振动频率,只要保持调音器官位置不变,声道中的气流就和这些频率产生共鸣。由于声道形状复杂,空气会同时产生不同的振动。声道后部的气流可能会以一种方式振动,形成低频波形。同时舌前较小空间里的气流,可以用另一种方式振动,产生图中较高频的波形。声道中第三种气流的振动方式可能产生频率更高的语音。实际上我们听到的是这些波形的叠加形式。

和声道不同部位的气流以不同方式振动相比,共鸣频率和声道形状之间的关系要复杂得多。这里我们将只关注一个事实,即在发大多数浊音时,每次声带振动会产生三个共振峰。注意声道中气流振动速率和声带振动速率无关。声带可能振动得更快或更慢,形成一个较高或较低的音高,但是只要声道形状没有变化,共振峰频率也就不会改变。

这种分析元音的方法并没有什么特别新颖之处。大约在 150 年前伟大的德国科学家赫尔姆霍茨(Hermann Helmholtz)就提出了共振峰的普遍理论。更早在 1829 年,英国物理学家罗伯特·威利斯(Robert Willis)就曾说过:"任何一个元音仅仅是它特定音调的快速重复。"我们现在应该说一个元音是它特定的两个或三个音调(相当于它的共振峰)的快速重复(相当于声带的振动)。进一步说,不仅是元音,实际上所有带声的音都可以通过它们的共振峰频率区别开来。

> **EXAMPLE 8.2**

人们很难理解一个元音同时含有不同频率的观点。为了弄清这个观点,可以采用一种通过复合波合成一个句子的方法。网络平台中的语音合成示例展示了具体做法。你可以听一个句子 *A bird in the hand is worth two in the bush*,这是对赖福吉嗓音的合成。网络平台中表下的第一个链接让你听到第一共振峰的变化,听上去就像这个句子的低沉形式。所形成的声带脉冲有一个稳定的频率,以致这个话语在一个单一调上(monotone)。你所听到的频率变化是这个单一调声音的陪音变化。这些陪音的频率变化反映出这个声音的很多音质信息。这个句子的韵律很明显,因为陪音频率只在声带振动时才出现。第一共振峰振幅(音强)也只在这些时候才显现。

网络平台中表下的第二个链接能让你听到第二共振峰的变化。这一次一系列单一调声带脉冲的等价物用于引起第二共振峰。这些陪音频率再次反映了元音音质的很多信息。单凭第三共振峰就不行。第三共振峰可以通过播放第三个链接听到。这一共振峰给音增加了一个整体的音质,但是在这个句子里,它的作用不太重要。

第四个链接播放了三个共振峰叠加在一起的音。通过它,这个句子就容易理解了。用增加一些额外的、固定的共振峰来提升音质,你可以通过播放第五个链接来听一下。从上面的合成句子来看,除了伴有塞音除阻的爆发音噪声和擦音湍流声以外,其他信息都可以合成出来。请重新播放这个链接,要注意听,其中的 *bush* 末尾没有 [ʃ]。

第六个链接让你能听到爆发音的噪声和擦音的湍流声。当它们被加在正确的地方,就像在第七个链接中,你可以听到整个句子是单一调。最后一个链接加入了基频,它随着声门脉冲在不同间歇重现而变化,使所产生的句子有一个恰当的语调。

🔊 微扰理论

通过公式 $F_n = (2n-1) \times c/4L$,我们知道:即使是直径保持不变的管道也有共鸣频率——同时存在几个不同的音高。而且,管道的不同部位受到挤压时,共鸣频率的变化也是可以预测的。这就是说,我们可以把声道看作形状不变的管道,从声音干扰方面描述元音的声学特征。比如,圆唇时,声道直径在嘴唇处变小。唇部形成阻塞具有声学效果是已知的,现在有了微扰理论,我们就可以预测圆唇和非圆唇元音之间在共振峰频率上的差别。

微扰理论的工作原理是这样的:声道中某些部位形成阻塞会使共振峰频率升高,而另一些部位形成阻塞会使频率降低。图 8.2 展示了不同持阻部位的第一、第二和第三共振峰。在这张图中,三个共振峰各配有一张声道图(直径保持不变的管道,喉头闭塞,嘴唇打开)——大致相当于发元音[ə]时的声道形状。

字母"P"和"V"代表元音发音时,在声门和嘴唇之间来回弹跳的共鸣波的最高气压(P)和最大速率(V)。声道中可同时出现三个共振峰这一点是难以理解的,但又确实存在。微扰理论表明,如果在最大速率处有阻塞形成,共振峰频率会下降;如果在最大气压处有阻塞形成,共振峰频率会上升。

图 8.2 | 第一、第二、第三共振峰的最高气压和最大速率

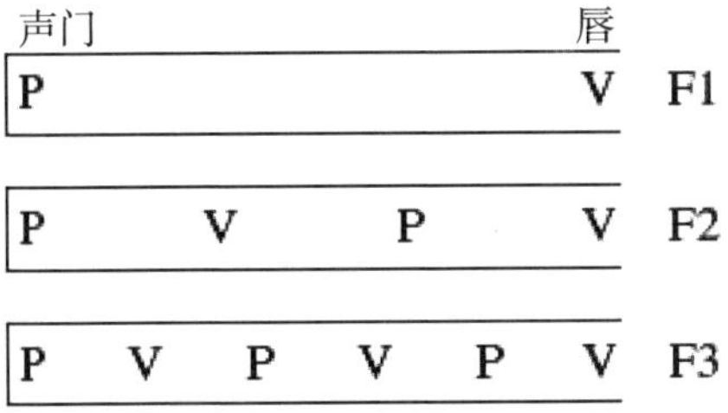

声门					唇	
P					V	F1
P	V		P		V	F2
P	V	P	V	P	V	F3

知道了这些共振峰频率变化和声道形状变化之间关系的简单原理,想一想元音的第一共振峰是如何变化的吧。喉头部位的持阻(低元音如此)接近最大气压处,因此,低元音的第一共振峰比中元音要高。唇部持阻(高元音和圆唇元音)接近最大速率处,高元音的第一共振峰也因此低于中元音。这个道理同样适用于第二和第三共振峰。比如,有两个原因可以使第二共振峰升高:其一是比较困难的喉部持阻(舌根部位不形成阻塞,接近于图中 F2 的第一个 V 处);其二是舌头和口腔顶部形成阻塞,这是 F2 升高的最一般情况。

🔊 声学分析

语音学家喜欢用数字来描写元音。数字可以用于分析语音,测量共振峰的实际频率,然后以图示方式具体描写出来,如图 8.3。此图显示了美式英语的前八个元音三个共振峰频率的一些权威数据的平均

值。请试着发这八个音,并将自己所发元音的共振峰频率值跟前者比较。比照[ɪ]和[ɛ],你的第二个共振峰频率在发[ɛ]和[æ]之间是否有更大跨度呢(你耳语时可以听到)?你能通过共振峰频率区分 *hod* 和 *hawed* 吗?

可以用电脑程序分析语音并显示语音的组成。电脑程序所生成的视图叫作**语图**(spectrogram)。在本书前几章,我们看到过语图,也谈到过语图是如何生成的(和图1.5有关),但还没有谈到如何解读语图。现在,我们要详细讲一讲如何解读语图。图中从左向右为时间轴,从上到下为频率轴。语音每个组成部分的强度用不同深浅的黑色表示。大体上说,就是语图将语音的每个共振峰频率展示成一条条黑线。网络上有一些免费的电脑软件可以用来制作语图。其中最好的是来自瑞典斯德哥尔摩 KTH 言语技术中心(CTT)的 WaveSurfer,其

图 8.3 | 美式英语八个元音的前三个共振峰频率

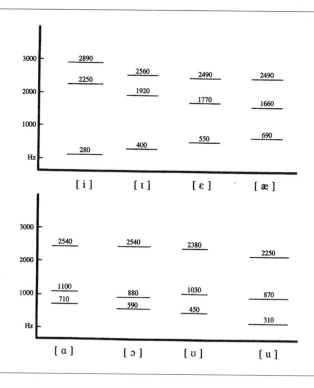

次是阿姆斯特丹大学的 Praat 软件。用这两个软件可以打开网络平台中任意一个声音文档，制作语图，并收听这些小的语音片段。如果你的电脑有内置麦克风，试着录下你对 heed、hid、head、had 的发音并制成语图。

图 8.4 是一位美式英语发音人发 heed、hid、head、had、hod、hawed、hood、who'd 的一组语图。因为人的声音频率越高，能量越低，所以高频画得比实际要黑。如果它们没有经过这种方式加以增强，高的共振峰就看不到。图底部时间刻度的间隔是 100 毫秒，所以你可以看见这些词在时长上的不同。这些词实际上是一个接一个说的，但是将语图放入分隔框里，没有必要把它们之间的空白也显示出来。纵轴最高刻度是 4000 赫兹，已经足够显示每个元音的频率了。因为共振峰的相对音强要大一些，用浓黑表示，你可以看到黑色横条。每个元音前三个共振峰的位置有箭头标示。

EXAMPLE 8.3
204

图 8.4 由美式英语男性发音人所发的 heed、hid、head、had、hod、hawed、hood、who'd 语图。用箭头标出了前三个共振峰的位置。

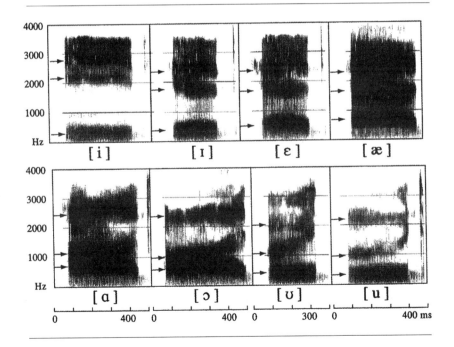

图 8.3 和 8.4 有很多相似点。图 8.3 像是孤立元音的图解语图,图 8.4 与前者不同的是,它只是美式英语发音人的个体语音,而不是集体语音的平均值。它还显示了词末辅音对元音的影响(这点我们将在后面讨论)和单元音的一些复化特征。请注意,比如[ɪ]的第二共振峰开始时很高,[ʊ]的第二共振峰有一个大的向上运动。[æ]第二共振峰尾部也有个小的向下运动,这表示[æ]的复化特征。此外,还另有一些更高的共振峰横杠,但是它们不具有语言学意义。更高共振峰的确切位置因人而异,尽管它们不是确定发音人的唯一标准,但确实显示了个人的音质。

图 8.5 是彼得·赖福吉发的英式英语语图。它跟图 8.4 相似,但因为地方口音和个体差异又不完全相同。他的声道长度大于美式英语发音人,所以其共振峰稍微低一些。而且,他的元音复化较少,稳定段更长。

图 8.5 英式英语口音发的 *heed*、*hid*、*head*、*had*、*hod*、*hawed*、*hood*、*who'd* 语图。箭头标出了前三个共振峰的位置。

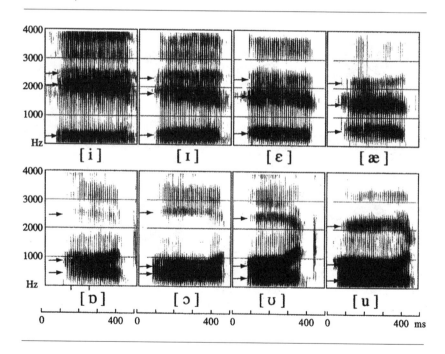

只要声带振动,语图上就会出现一条条紧挨在一起的规则的竖线。发元音时,竖线在语图的大部分地方都可以看到。元音语图中每条竖线都是由一次声带振动所引起的声学能量瞬时增强的结果。我们已经知道,可以从波形纪录中观测到脉冲,并据此计算其频率。同样,我们也能通过观察语图上的竖线来测量频率。频率在竖线很接近时肯定比在它们离得很远时要高。图 8.5 左下方,在 [ɒ] 音标之上底线之下,有间距为 100 毫秒的两条短线。在这十分之一秒里,你能看见元音共振峰里有八到九条竖线。声带振动频率一定是 85 赫兹上下。当然,这不是用语图确定频率的最好方法。正如我们将要看到的,也可以制作能更好地描述频率变化的另一种语图。

传统的元音描写跟共振峰频率有关。我们可以看到,第一共振峰频率(用语图中最下面的箭头表示)随着发音人从 *heed* 的高元音移到 *had* 的低元音而有所增加。就美式英语发音人(图 8.4)和赖福吉本人(图 8.5)的发音来看,四个元音的第一共振峰频率随着元音高度的下降反而增大了。在图 8.4 和 8.5 下排的四个元音中,第一共振峰频率随着发音人从 *hod* 的低元音到 *who'd* 的高元音而递减。第一共振峰频率和元音高度成反比。我们还可以看到,图上排前元音的第二共振峰频率比下排后元音要高得多。但是,第二共振峰频率跟元音后移程度之间的关系没有第一共振峰频率跟元音高度之间的关系紧密。第二共振峰频率受圆唇度和元音高度的影响很大。

如果我们将图 8.3 的共振峰频率沿着坐标轴画在图 8.6 中,就可以看到传统的发音描述和共振峰之间的一些关系。因为共振峰频率和传统的发音参数成反比,这样设置坐标便于使 0 频率位于右上角而不是左下角,这种做法在图解表示法中很常见。此外,按照 Bark 刻度排列频率,其中刻度上的相同距离代表感知上相等的音高间距。因为第二共振峰不像第一共振峰那么明显突出(F1 平均占有元音 80% 的能量),所以第二共振峰数值范围不像第一共振峰跨度那么大。(要记住,在图 8.4、图 8.5 以及书中所有语图中,阴影刻度不直接对应每个音的声学强度。高频加黑只是为了强调并使其更显而易见。)

图 8.6 美式英语八个元音的第一共振峰和第二共振峰坐标图。其中,根据 Bark 刻度间距,第一共振峰用纵轴(垂直轴)表示,第二共振峰用横轴(水平轴)表示,刻度单位为赫兹。

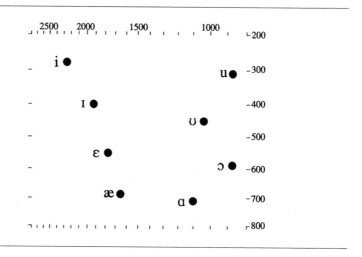

图中,[i]和[u]分别出现在左上角和右上角,[æ]和[ɑ]在底部,其他元音位于它们之间。因此,这种排列允许我们用已习惯的传统发音描写方法来表示元音。

前面我们谨慎提到了共振峰频率和传统发音描写之间的相互关系。这是因为传统语音描写不尽如人意,正像我们第一章所注意到的,它们常常跟发音事实不相符。但是,一百多年来,语言学家一直在用高/低、前/后之类的术语来描写元音。毫无疑问,这些术语适合于描写不同元音音质之间的关系,但从某种程度上说,语音学家是把这些术语作为明确说明声学维度的标签而不是用其来描写实际舌位的。正如元音 X 光研究的先驱者之一——G. 奥斯卡·拉塞尔(G. Oscar Russell)所说的:"语言学家用声学事实进行思考,却用生理的幻想来表达。"

因此,对元音高度的传统描写与第一共振峰频率的关系比之与舌位"高度"的关系更密切,所谓舌位前后度与共振峰频率之间的关系更为复杂。正如我们所注意到的,舌位前后嘴唇圆展都会影响第二共振峰。通过考虑第二和第一共振峰的关系,我们可以消除一些圆唇度的影响。舌位前后与第一、第二共振峰频率之差最为相关。频率之差越小,元音越靠"后"。

现在学界普遍采用共振峰图来表现元音音质。为了进一步巩固有关元音的声学概念,你现在应该试着用共振峰图表来描述图 8.4 和 8.5 中的元音。我们已经为表现这些元音特征的共振峰标上了箭头。用每个图左边的刻度来测量这些频率。请制作一个表,列出第一和第二共振峰频率,并绘出元音声学图。网络平台上有 PDF 版的空白表格。

🔊 辅音声学

辅音的声学结构通常比元音复杂。在很多情况下,可以说辅音是元音开头或结尾的一种特殊发音方式,辅音本身发音不具有区别性特征。因此,[b,d,g] 三个音的持阻实际几乎是一样的,[p,t,k] 持阻过程也完全一样,因为在持阻阶段几乎是无声的。

每个塞音都通过影响邻近的元音来展现它的音质。我们已经看到,像 [ɛ] 这样的元音在发音过程中,共振峰与声道特定形状保持一致,如发音节 [bɛ] 时,它的这些共振峰将呈现为双唇开启。双唇开启那一瞬间的特定形状决定了这些共振峰的频率。随着嘴唇的张大和声道形状开始变化,共振峰也会发生相应的变化。双唇闭塞导致所有共振峰频率下降。因此,音节 [bɛ] 开始时共振峰频率相对较低,到发 [ɛ] 时突然迅速上升,通过这个特征使它不同于其他音节。同样,在 [ɛb] 音节中,[ɛ] 的共振峰频率会随着双唇闭塞的形成而降低。因此,无论是闭塞形成时或是闭塞解除时都将出现由特定共振峰频率表示的特定声道形状。

比如,当你说 bib 或 bab 时,在词的开头双唇甚至还闭合时,舌头就会预先处于准备发元音的位置。除阻瞬间的共振峰频率是由整个发音过程的声道形状决定的,因此元音也会影响辅音共振峰的变化。我们将每个调音部位共振峰的明显起始点称为那个调音部位的**音轨**(**locus**)①。共振峰起始点决定于邻近元音。这是因为跟辅音闭塞无关的舌头部位大多是邻近元音的调音部位。

---

① 译按:音轨(locus),是指在语图中一组共振峰的明显音源点,即所有具体元音的共振峰都将弯头指向所邻接辅音的同样频率点。

EXAMPLE 8.5

图 8.7 是 *bed*、*dead*,以及不成词的[gɛg]的语图,是由图 8.3 中元音的美式英语发音人念的。你可以看到后面塞音[b, d, g]音标上方接近底线处的模糊带声条纹。在辅音持阻阶段,语图底线附近出现的浊音证据被称为**浊音杠**(**voice bar**)。注意:像其他发音人一样,该发音人词首的浊塞音没有浊音杠。

在这三个词中,第一共振峰都从低处上升,这只是一个塞音持阻的标志,而不会在区分调音部位方面起主要作用。这三个塞音的主要区别表现为第二和第三共振峰的首尾,图上用白线标出。*Bed* 起始处的第二、第三共振峰比 *dead* 起始处要低。另外,起始音[b]的第二共振峰明显上升。*Dead* 的第二共振峰起初是稳定的,后来有所上升。第三共振峰略微有些下降。[gɛg]的第二和第三共振峰在首尾处比较接近(好像共同指向一个点),因为这两个地方的塞音[g]对共振峰影响较大。这种第二和第三共振峰比较接近的情况有时可称作**软腭夹**(**velar pinch**),是软腭辅音的显著特征。

图 8.7 | 一位美式英语发音人所发的 *beb*、*dead*、[gɛg]的语图

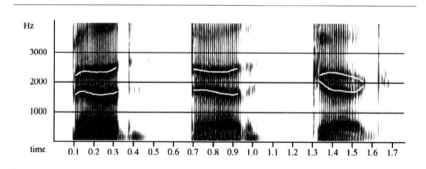

EXAMPLE 8.6

跟浊塞音对应的清塞音[p, t, k]显示在图 8.8 所示的[pʰɛm]、[tʰɛn]、[kʰɛŋ](其中只有 *ten* 是英语词)中。我们选择这些形式,是因为相邻元音[ɛ]能很好地展示塞音发音的不同部位。送气塞音的除阻在图中显示为一个突兀的尖峰,对应于噪音爆发的开始。也就是,持阻爆发后,有一段送气噪音,图中显示为 F1 没有能量,也没有浊音的规则的竖状条纹。送气噪音把持阻爆发和元音的浊音段分隔开来。[p]的爆发频率最低。语图中[t]和[k]的噪音延伸至 4000 赫兹以上,这些我们会在后面图中看到。最高频率实际出现在[t]而不是[k]的爆发中。如果悄声以[t,k,p]的顺序发辅音序列[t,t,t,k,k, k,p,p,p],你可以听出最高音是[t],其次是[k],最低是[p]。你也可以听到[t]最响,[k]次之,[p]最低。[p]的声学强度有时非常低,因此在语图上很难找到冲直条印记。由于送气清塞音后的共振峰音渡发生在送气期间,在图8.8中它们就不像图8.7中浊塞音之后的那么明显。但是,我们把F2和F3的中点标出来,这样,就可以看到送气噪音也有共振峰。此外,我们也容易察觉到它们之前元音向鼻音的音渡。在[m]前,第二和第三共振峰频率下降;在[n]前,第二共振峰和第三共振峰几乎持平。三个词中最显著的变化是,因为软腭夹的缘故,第二、第三共振峰在[ŋ]之前彼此接近。

图 8.8 [pʰɛm]、[tʰɛn](ten)、[kʰɛŋ]的语图。

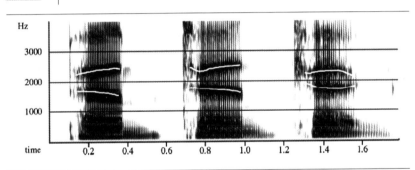

图8.8还显示了鼻音[m,n,ŋ]。鼻音(或者我们将要看到的边音)的明显标志是调音器官闭塞形成的那一刻,语图会有一个很突然的变化。鼻音共振峰结构和元音相似,不同地方是浊音杠更弱,并位于由鼻腔共鸣特征决定的特别频率位置上。在鼻辅音中,第一共振峰非常低,通常约为250赫兹。第二共振峰位置较高,在第一共振峰和第二共振峰之间的很大区域里通常没有能量。图中发音人第二共振峰很弱,频率值恰好低于2000赫兹。鼻辅音之间的差异主要取决于它们前面元音末出现的不同共振峰音渡。[m]前元音的第二共振峰下降,[kʰɛŋ]末尾软腭鼻音之前的软腭夹使第二和第三共振峰彼此接近,但是它们起始点有时候不是很清楚。

图 8.9 fie、thigh、sigh、shy 的语图。频率刻度提高到 8000 赫兹,箭头指向第二共振峰起始处。语图只将第一个词完全呈现,其他词中二合元音第二部分的语图被删去。

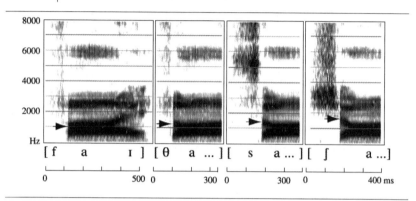

EXAMPLE 8.7

图 8.9 用 fie、thigh、sigh、shy 等词的频谱图解释了清擦音。这些语图将频率刻度增加到 8000 赫兹,作为擦音发声的最高频率。[s] 中随机噪音延伸甚至远远超过这张语图的最高频率限度。第一个词 fie 的语图显示了词中的二合元音。其中第一和第二共振峰在央低元音的位置开始接近,然后分开,在二合元音结尾处,两个共振峰的间距如同图 8.3 中的 [ɪ]。鉴于二合元音的共振峰模式在 fie、thigh、sigh、shy 里都一样,所以后面三个词只呈现其中第一部分元音的语图。

所有这些音都拥有频率分布范围很宽的随机能量。[f] 和 [θ] 的模式几乎一样。区分这两个词的是移向后接元音的第二共振峰变化,图中用箭头表示。[f] 中第二共振峰变化非常小,而 [θ] 在大约 1200 赫兹处开始下降。由于这两个音之间的差别非常小,所以在噪音背景下它们常常混淆在一起,而且在一些英语地方口音中它们被归为一个音,比如伦敦东区考克尼口音中,就不区分 fin 和 thin。

[s] 的噪音集中于高频区,图 8.9 中在 5000 到 6000 赫兹之间。[ʃ] 要更低一些,下延至 2500 赫兹。由于 [s]、[ʃ] 声学强度都相当大,所以它们所形成的语图也比 [f] 和 [θ] 更黑,而且也有明显的共振峰音渡标记。fie、thigh、sigh、shy 这四个词第二共振峰明显的音渡源点(音轨)依次抬高,shy 中已到了跟元音 [i] 相当的位置,然后再显著降下来。

图 8.10 | *ever*、*weather*、*fizzer*、*pleasure* 的语图。

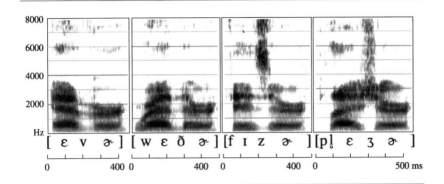

　　图 8.10 是 [v, ð, z, ʒ] 在不同元音之间的语图。这些分别与清擦音 [f, θ, s, ʃ] 相对应的浊擦音，对立不在词首的位置上。清擦音和其相对的浊擦音语图模式相似，只是浊擦音具有带声直纹。*ever* 的摩擦成分 [v] 甚至比 *face* 的 [f] 还要弱，它只出现于后接元音的开头。带声直纹在整个发音过程中都很明显。*whether* 中的 [ð] 也是如此。与含有清擦音 [f, θ] 的词一样，这些词是由相邻元音的共振峰来区别的。这张图中擦音都出现在 [ɛ] 和 [ɚ] 之间。[ð] 前后的第二共振峰比 [v] 的要高。

　　在 [z]、[ʒ] 的高频区，擦音能量非常显著。[z] 中有一个很弱的浊音杠，而 [ʒ] 中却很难看到。在擦音噪音开始时，6000—8000 赫兹范围内只有很少的带音直纹。从 [z] 到元音 [ɚ]，共振峰音渡很平稳，但从 [ʒ] 开始下降显著。最后一个词是 *pleasure*，它还可以让我们看到，送气塞音（如 [p]）后接近音（如 [l]）时会发生怎样的变化。绝大多数 [l] 是清音，只有在 [p] 爆发和送气噪音的作用下才能听到它。

　　最后要考察的英语辅音是边、央近音 [l, ɹ, w, j]。图 8.11 是 *led*、*red*、*wed*、*yell* 等词的语图，边、央近音就在其中。所有这些浊近音的共振峰跟元音共振峰几乎一样。在第一个词的词首边音中，三个共振峰中心频率约为 250、1100、2400 赫兹（强度很低），但到元音开始处音强突变。正像我们上面注意到的，共振峰模式的显著变化是浊鼻音和边音的特点。但在词末，这种显著变化可能要少一些，如图 8.11 的 *yell*。发词末边音时由于舌尖跟齿龈接触面可能很小或者根本没

EXAMPLE 8.8

EXAMPLE 8.9

有接触，所以所发的音并非一个真正的边音，而是一个后、不圆唇元音。共振峰频率为 1100 赫兹或 1200 赫兹左右，这是大多数人发词首边音的典型模式。

图 8.11 | led、red、wed、yell 的语图

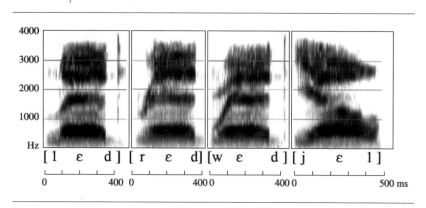

图 8.11 解释了第二个词 red 中的近音[ɹ]。[ɹ] 最明显的特征是第二和第三共振峰频率较低，尤其是第三共振峰频率非常低，例中它（显示在 [ɹ] 音标之上）约开始于 1600 赫兹。red 和 wed 之间有很多相似点，这就是儿童在学着发这两个音时有时难以区分它们的原因。近音 [w] 始发时，三个共振峰的位置都很低，但第二共振峰随后陡升。[w] 的共振峰滑动就像是从非常短的 [u] 滑开一样。最后，yell 或 yes 中的[j]，其共振峰变化如同从非常短的[i]滑开一样。因此，将[w]、[j] 称为半元音比较合适。

前面章节里有很多模糊的解释，这其实是为了告诉大家语图所呈现的通常也不是非常清晰的。表 8.1 简要总结了一些调音器官特征的声学关联。但本书不可能给出完整而详细的发声学解释。我们应该将上面的声学描述视作只是一个粗略的指向，而不是对语图所示的那些一成不变的声学结构的解释。任何音段当处于不同语音环境时，可能会有非常不同的声学结构。

表 8.1	辅音特征的声学关联。注意:只能描述应该视作一个粗略的指向。实际的声学关联在很大程度上取决于一个音中的特定组合以及邻近的元音。
浊音	有跟声带振动对应的直纹。
双唇音	第二和第三共振峰的音轨相对较低。
龈音	第二共振峰的音轨大约 1700－1800 赫兹。
软腭音	第二共振峰的音轨通常较高,第二和第三共振峰音渡有共同源点。
卷舌音	第三和第四共振峰通常低。
塞音	缺乏噪音模式,其后有清塞音爆发或浊塞音共振峰的尖锐结构。
擦音	随机噪音模式,特别在高频区,但是也取决于调音部位。
鼻音	共振峰结构跟元音相似,但三个共振峰频率约为 250、2500 和 3250 赫兹。
边音	共振峰结构跟元音相似,但邻近区域三个共振峰为 250、1200 和 2400 赫兹。较高的共振峰在强度上显著下降。
近音	共振峰结构跟元音相似,但经常变化。

语图解析

目前我们在语图中例举的所有词都是一个个单独发出的。但若在连续语流中,许多音就很难区分,如本章后面的语图。在读下一段前,请为图 8.12 中的音段写下音标,已知信息是:话语为 *She came back and started again*,是由图 8.3 的元音发音人念的。

我们每次只看一个音段,会发现词首 [ʃ] 跟图 8.9 的 *shy* 相似。注意:音段(12)中的[s]共振峰较高。音段(2)中,[i]的第二共振峰较高大约 2000 赫兹(把它和图 8.4 中的[i]对比一下)。音段(3)的软腭塞音[k]后紧随一段送气(标为音段(4)),直到元音出现。*came* 中的元音(5)是一个二合元音[eɪ],其第一共振峰模糊不清,和元音鼻化有关。在双唇鼻音(6)的末尾,有一个短的 [b] 闭塞(7),我们勉强可看到其中的浊音。*back* 中,在[æ](8)开始处,双唇音后的音渡并不是双唇塞音的明显标志。但是,我们可以通过排除法猜到双唇这一调音部位。另一方面,在软腭塞音 [k](9)之前我们很容易看到第二和第三共振峰合拢。在央元音[ə]之前(10)只有短暂的送气段,没有用音段数字给它单独标注。紧随其后的是第二和第三共振峰分开的音渡。

再后便是龈鼻音 [n] (11)。

图 8.12 | *She came back and started again* 语图

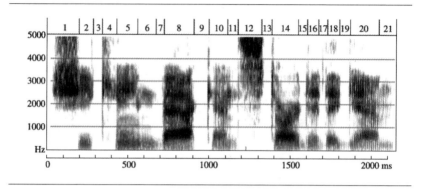

  started 中的 [s] (12)，它后接一个送气很弱的短 [t] (13)（英语中只要 [t] 出现在 [s] 之后这种情况就很常见）。第二共振峰到元音 [ɑ] (14) 降低，这种情况在从 [t] 到 [ɑ] 的音渡中很典型。音段(14)最后部分第三共振峰的降低跟卷舌色彩有关。元音的后半部分大概已经卷舌化了。非常短的塞音(15)有一个浊音杠，在严式音标中可以用 [ɾ] 表示。很多人（包括这位发音人）发龈塞音后的过去时 -ed 时，第一共振峰低，第二共振峰相当高。我应该将音段(16)的元音描写为 [ɪ]（而不是 [ə]）。音段(17)，跟(15)一样，也是一个拍音 [ɾ]。音段(18)中的元音也是 [ɪ]，软腭音前的非重读元音常常是 [ɪ]，而不是 [ə]。音段(19)是软腭塞音 [g]，它两头元音的第二和第三共振峰彼此接近。*again* 的最后音节有一个很低的元音，共振峰大约跟(8) *back* 中的元音 [æ] 一样高。因此音段(20)可以描写为 [ɛ] 或 [æ]。音段(21)是词最后的鼻音 [n]。

EXAMPLE 8.11

  现在你要学着切分更难的话语。图 8.13 是赖福吉所说的 *I should have thought spectrograms were unreadable* 的语图。这句话是以一个常用的快语速对话方式说出的。这次我们不再标注独立音段，而是在语图上方大体均等地标出隔断线，便于指出音段的特定位置。请试着在这个线下面写上音标。要保证你写的音标是这个短语的实际发音，而不是你自己可能会发的音。

图 8.13   *I should have thought spectrograms were unreadable* 的语图,它是用常见的快语速对话方式说出的(英式英语)。

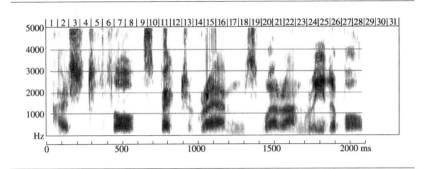

当遇到难以切分的短语语图时,通常最好的办法是先找语图中表现最突出的音。跟其他音相比,清擦音 [s] 和 [ʃ] 最明显,所以从找出 *should*、*spectrograms* 中的 [ʃ] 和 [s] 来开始。[ʃ] 在(3)处,[s] 在(9)和(10)之间。你现在可以从头开始,找出第一个词中的元音 [aɪ]。它位于(1)和(2)下面,在 [ʃ] 开始的地方结束。你知道 *spectrograms* 中的 [s] 在(9)和(10)之间,所以 *thought* 中的元音一定在(7)处,其后的 [t] 在(8)处。*thought* 中的元音之前和 *should* 中的 [ʃ] 之后会发生什么呢?这些音之间的任何音段上有浊音吗?*should have* 整个短语似乎都在没有浊音的情况下发出。(4)处一定有 [t],(6)处有 [f] 和 [θ]。短语 *I should have thought* 的严式音标是 [aɪʃtf ˈθɔt]。

现在从 *spectrograms* 的 [s] 开始,把这些点记住。请试着给 *spectrograms were unreadable* 记音。要记住,有一些你原以为是浊音的可能是清音。完成这一步后,再读下一段。

正如你预期的,*spectrograms* 中 [p] 之后没有送气,它位于(10)和(11)之间。(11)的元音 [ɛ] 非常短,你可以看到(12)[k] 第二和第三共振峰彼此接近。[t] 也在(12)处,并有很强的送气,所以接下来的 [r] 几乎完全是个清音(所以严式音标记为 [ɹ̥])。(13)短 [ə] 几乎没有带声。(14)软腭塞音 [g] 除阻后就到了 [ɹ],我们很容易通过第三和第四共振峰的降低来给它定位。(15—16)是元音 [æ],它的后面接着一个长的 [m],这个鼻音共振峰较弱,占据了(17)、(18)大部分地方。这个词末尾的擦音,在(18—19)处,看上去像是清音。因为它的强度不够,也许,把它记为[z̟]而不是[s]会更好。

语图第二个显著点在(21)下的 were 末尾处。此处第三共振峰明显下降,表明词中有一个[ɹ]。当接下来的词以元音开头时,大多数英式英语发音人发[ɹ]很正常。(20)是这个词开头的[w],它通过低的第二共振峰跟其他音区别开来。unreadable 中音节[ʌn]位于(22)和(23)下面。(24)第三共振峰较低,标志着 read 音节的开始,(25)是高元音[i],它的第一共振峰低,第二共振峰高。(25—26)是非常短的[d]和[ə],它们后接一个相对较长的[b](26—27),最后音节[l]在(27—28)处,它看上去像一个后元音。

EXAMPLE 8.12

在解释语图方面如果你想做一个更难的练习,请看图 8.14。你能否说出它是什么句子? 这是由图 8.4 中英式英语发音人所说的普通英语句子。你会发现虽然整个句子很难确定,但是一些音段还是十分容易解读的。比如,当第三共振峰频率低于 2000 赫兹时,(14—15)附近会出现什么音呢? 你能看到(26)处第二和第三共振峰的区别模式吗? 或许在(24—25)处也有区别模式吧?

图 8.14 文中所描述的英语句子的语图

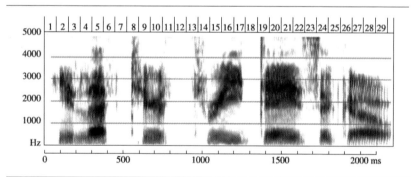

开始,(1)下面是频率接近 3000 赫兹的小的擦音噪音。然后在(2)处有一个可能是[i]或[ɪ]的元音。(3)处有个突然断裂,之后接弱的共振峰片断,频率大约为 250、1300、2400 赫兹。这个断裂暗示它是一个鼻音或边音,但此处更可能是边音。如果看看图 8.3,你就会断定(5)处的元音像[æ]或[ɛ]。其后继续出现在(6)处的只可能是擦音[θ]或[f]。(7)处有一个清塞音,这个音可能是[p]、[t]或[k]中的一个,但在(8)处它带有很强的送气而且位于高频区,看起来更像[t]。根据第一和第二共振峰,(9)处的元音可能是[i]或[ɪ]。(10)处第二共振峰略微下降,表示是二合元音。

因为(10)后似乎有个停顿,我们可以在此停一会儿,并写下我们可能选择的记音:

(1)	(2)	(3)	(4)	(5)	(6)	(7)	(8)	(9)	(10)
ʔ	i	l		æ	θ	t	h		I
I	n,m,ŋ			ɛ	f		k,p		i

通过上述可能的发音选择,你可以找到解释这个语图的路径吗?第二个音节可能是 *laugh*、*laughed* 或 *left*,这样就形成一个可能的短语 *He laughed* 或 *He left*。实际上说的是 *He left here*,这很难判断出,不过你应该可以断定上面列出的那些短语片段。

现在在看看图8.14句子的最后部分,这里更简单。(13—14)处有个擦音[θ]或[f],后接(15)低的第三共振峰,表示[ɹ],然后是(16—17),此处元音的第一共振峰比这个句子其他任何地方都低,而第二共振峰比句子其他任何地方都高,所以该元音显然是[i]。通过这些语音信息,我们认为这个音节是 *free* 或 *three*。你可以在(17—18)看到,被假定为浊塞音的发音区域基线附近有一点点儿浊音成分。其爆发强度、高频能量和随后元音开头平坦的共振峰都显示出它是[d]。(20—21)处的元音较长,几乎跟前一个元音一样,第一共振峰低,第二共振峰高,是前高元音,可见它可能是[eɪ]。(23)看起来明显地像擦音[s],实际上因为它的音强较弱,可能是浊音弱得听不出的[z]。在(24)处有一个很短的元音,将它认作[ə],这是一个对此类元音的可行的解读。软腭夹表明,(25—26)的辅音一定是个软腭塞音。(27—29)最后的长元音是二合元音,它以一个像是[ʊ]的后元音结尾(第二共振峰低)。

将这最后一部分的所有信息放在一起,我们得到:

(13—14)	(15)	(15—16)	(17—18)	(20—21)	(23)	(24)	(25—26)	(27—29)
f	ɹ	i	d	eɪ	s	ə	g	ʊ
θ			b		z		k	

读这些可能的记音,你就会发现一个完整的句子:*He left here—three days ago*。

请试着自己解读另外一些句子。图8.15是一个英式英语发音人的语图。它是一个普通的英语句子,不含专有名词。跟前面的语图一样，许多音出现在新的组合中，这表示它们的发音格局仅有小小的区别。但如果从比较显著的音开始分析，并且选用熟知的可能在此处出现的英语词，你应该能成功地组合出正确的句子来。本书早期版本的很多读者已经做过这样的练习。

图 8.15 一个不含专名的普通英语句子的语图(英式英语口音)

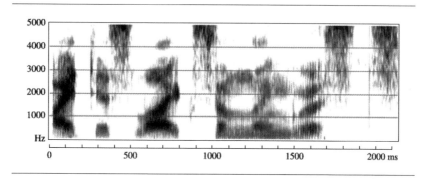

本章到目前为止用来举例的语图是宽带语图。尽管它们在时间刻度上非常精确，用一条条垂直线显示声带的每一次振动，用冲直条表示塞音爆发的那一瞬间，但是在频率上却不太准确。通常一个共振峰含有一些不同的频率成分，在语图上这些音波都混成一个宽带。

人们可以准确地掌握语音的物理事实，既可以知道发一个音的起始时间，也可以在相当准确的程度上知道它的频率值。当你回忆语音时，应该可以凭直觉知道：音的频率涉及对一个时间段气压变化的观察。这段时间必须要足够长，才能保证充分地观察气压的反复变化。你既可以知道声带振动产生了一个脉冲(在我们目前已经考虑到的所有语图上产生垂直带声条纹)，也可以知道你所分析的音波是否包含两个或三个声带脉冲，你可以说出脉冲之间相隔距离，进而知道它们的频率值。

EXAMPLE 8.14

记录更精确频率的语图(以牺牲时间刻度的精确为代价)是窄带语图。图 8.16 是问句 *Is Pat sad, or mad?* 的宽带和窄带语图。在宽带语图中，每个塞音的除阻都伴有尖锐的冲直条，如问句末尾的[d]。窄带语图的冲直条时间刻度较为模糊，但共振峰的每个组成频率都清晰可见。

图 8.16 问句 *Is Pat sad, or mad*? 的宽带（上半部分）和窄带语图（下半部分）。两个元音的第五、第十和第十五谐波分别被标上白色小方块。

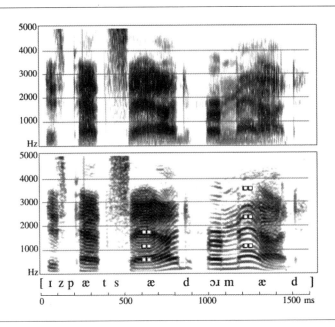

声带振动时可以产生基频振动的谐波（harmonic）。谐波是基频的整倍数。所以当声带振动 100 赫兹时，谐波是 200、300、400 等赫兹。在一个给定的元音中，它的谐波明显跟发这个元音时的声道共鸣相对应。我们已经在 *sad*、*mad* 中元音的第五、第十和第十五谐波的中间分别标上两个白色小方块。在 *sad* 中声带振动频率大约 118 赫兹。所以第五谐波的频率是 $5 \times 118 = 590$ 赫兹，第十谐波的频率是 1180 赫兹，第十五谐波频率是 1770 赫兹。第一共振峰是由第五和第六谐波构成，第二共振峰主要由第十四和第十五谐波构成。把这个元音跟 *mad* 中元音进行比较，都是音位 /æ/ 的例子，哪个有跟 *sad* 非常相似的共振峰？接近最后一个词开头的第三谐波是第一共振峰的主要构成成分，而第八谐波则是第二共振峰的主要构成成分。正如我们已注意到的，元音音质取决于共振峰频率，但是音高取决于基频，而基频又是由声带振动率决定的。

女性的声音音高通常较高，有时候共振峰很难精确定位。图 8.17 是一位说美式英语的女性发音人的语图，她所发的正是图 8.3 那位男性发音人念的那套元音。制作这些语图时,为了使共振峰频率有最佳显示效果,我们选择了最合适的语图宽窄度,尽管已经非常小心,但谐波依然干扰共振峰的显示。要注意的是,举个例子来说,当不同谐波变得明显并构成共振峰时,[ʊ]中元音音质的变化呈现出一系列台阶状。在窄带语图中,基频高时就很难确定共振峰的中心。

图 8.17 由美式英语女性发音人所发的 *heed*、*hid*、*head*、*had*、*hod*、*hawed*、*hood*、*who'd* 语图。箭头标出了前三个共振峰的位置。

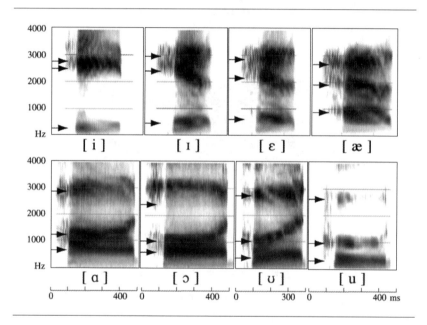

窄带语图显然对判断一段话语的语调或声调有帮助。只看基频本身也可以,但是当它从 100 到 120 赫兹时,第十谐波的频率显而易见,也会是 1000 到 1200 赫兹。实际音高——或者更精确地说是基频,在任何时候都是第十谐波频率的十分之一。正如我们在第五章所看到的,计算机能够分析话语并很好地记录基频(音高)。但是当音高过低或声带不规则振动时绝大多数基频通常会出现偶发错误。在这些情况下窄带语图的分析就很有用了。

现在,我们可以总结一下从语图上得到和得不到的信息种类了。对音段长度的测量最可靠,有关它的目标语图通常甚至比波形还要好。元音、鼻音和边音之间的差异可以在语图上看到,但从波形上也许看不到。

语图通常能可靠地反映元音的相对音质。第一共振峰频率能精确地显示元音的相对高度,第二共振峰能很好地显示舌位的前后变化,但唇形圆展变化可能会给第二共振峰带来混乱。

语图也能相当可靠地反映很多跟调音方式有关的信息。比如:在语图上通常可以看出塞音是否弱化为擦音,甚至是近音;在多数情况下可以看到塞音的塞擦化;可以将颤音和闪音划分开来;也可以区分清音和浊音;还可以观察到不同调音器官运动的相对速率。

语图不能用来测量鼻化程度,也无法区分相邻位置的调音器官。因此,要研究语音的这些方面,可以采用其他技术。

个体差异

本章最后一个要讨论的问题是个体发音之间的差异。这个问题很重要,有以下几个原因。第一,我们通常想知道一种特定的话语模式是不是某个语言社团的典型话语模式,说话人有没有个人独特性;第二,当要测量具有语言学意义上的重要语音特征时,我们必须要知道怎样降低纯个人因素的影响;第三,现在语音的声学分析已经用于法庭审判,因此我们也必须讨论如何确定发音人的有效身份。

研究语图时,个体变异非常明显。在总结语图的作用时,我们很谨慎地说它们显示的是元音的"相对"音质。为了说明发 *three* 的元音比 *here* 的开头元音更高,我们可以用图 8.14 那种语图。我们也可以用图 8.5 那种共振峰分布图,来显示典型美式英语中 *who'd* 的元音比 *hawed* 的更靠前。但是,我们不能轻易断言:在发给定词的元音时,一个发音人比另一些人发得高或低。

通常,当两个发音人用同一音质发一组元音时,这些元音在共振峰图上的相对位置都差不多,但是它们之间的共振峰绝对频率值绝不相同。图 8.18 是说加州英语的两位发音人所发的 *heed*、*hid*、*head*、*had*、*hod*、*hood*、*who'd* 中元音的共振峰分布图。大多数说加州英语的大学生不区分 *hod* 和 *hawed*,*cot* 和 *caught*,所以图 8.18 只能显示图 8.3 八个元音中的七个。两位发音人每组元音的相对位置差不多,但是绝对值很不相同。

| 图 8.18 | 两位加州英语发音人所发的元音共振峰图表。纵轴(垂直线)为第一共振峰频率,横轴(水平线)为第二共振峰频率。

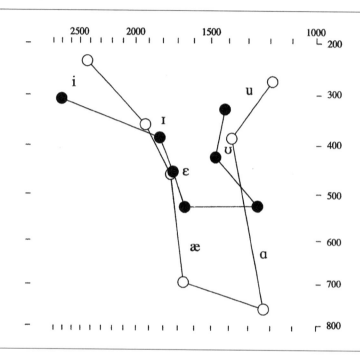

现在还没有能规整个人特征而使共振峰只显示元音语音学特征的技术。解决这个问题的一种可能的方法是将第四共振峰的平均频率作为个体头部尺寸的指示器,然后把其他共振峰值表述为第四共振峰频率平均值的百分比。但是测量不出第四共振峰频率时,这种方法就不适用了。一种替代方法可以用,即假设每组元音都能代表一个发音人元音音质的全部范围,然后我们就可以用那位发音人语音共振峰总范围的项来表示每个元音的共振峰频率。假设所有语言的全部发音人都用非常相同的方式念 [i, ɑ, u],则可以将元音极端音质间的差异变得最小。语音学家们其实也不知道如何比较不同个体发音的声学数据。我们不能编写一个计算机程序,让它接收任何个体发的元音,然后输出一个严式音标。

为了改进语音合成系统,今天实验语音学家的很多工作都涉及计算机语音技术。语音合成领域面临的最大挑战涉及对语调和韵律的改进。因语调合成太程序化,语音听起来常常很不自然。为了得到正确的音高变化,我们通常必须了解发音人的世界观,尤其是对所讨论话题的态度。另外,我们还应该考虑话语的句法以及很多更高层次的语用方面的特点,例如某个词或者它的同义词是否已经在前面的句子中用过等等。句子的韵律不仅取决于本书前面讨论过的所有音段的影响,而且也取决于说话人在特定时间想要特别强调的内容。如果我们打算让合成的语音生动有趣,就需要开发能达到语言学精度并且也能模拟人类情感的电脑软件。

研制语音识别系统大多是工程师工作范围的事情,语音学家在其中也发挥着一定的作用。很早以前我们就能用电脑进行分词,如将数字从0到9进行切分。近来,一些计算机系统已经发展到能辨别在特定目标情境下一些有限的词,这时电脑已能够生成对话了。比如,在航班预订系统中,电脑会问:"你想在这个月哪一天旅行?什么时间?乘坐哪条航线?到哪个机场?"这里每个问题都只有一组限定的可能答案。计算机可以为商业意向非常精确地做到这一切甚至更多。但是,计算机还不能承担法院书记员的工作,当说话人带有各种各样的方音和个体发音特征时,它并不能生成一个通用语的准确书写纪录。

现在我们要用通过语音识别来确定发音人法定身份的情况来总结这一节。一个人的声音语图有时被称为"声纹"(voice-prints),据说它们和指纹一样都具有个人特征。虽然这是一个被夸大了的观点,但果真如此,它会是很有用的。银行可以通过电话辨认存款人的身份,警察可以通过对话录音来确认罪犯。某些个人特征能记录在语图上。我们已经发现,大多数元音的第四和更高的共振峰位置更能揭示发音人的声音特色而不是声音在语言学方面的特质。同样,鼻音较高共振峰的准确位置,在很大程度上取决于发音人个体的生理特征。

还有一些特征可以在语图上看到,它呈现了发音人非语言的语音习惯。例如,词首清塞音后的送气长度和类型都有很多个人特征,浊塞音后的共振峰音渡速率同样也因人而异。个人在其平均音高及基频范围上也有显著不同。

无人知晓有多少能为个体共享的类似特征。某些时候有人会觉得某个特定录音中的语音和其他录音中的音可能不一样,但有时候又会说两个不同录音中的语音可能相同。在确定两个音可能相同方面,专家的观点当然具有作为证据的价值,但价值的大小还得由评委会裁决。然而,这并不是报告两个音之间比较结果的最好方法。因为没有两种情况完全一样,所以在任何特定情况下对两个音可能相同的有效计算都是不存在的。在两个人长时间说话时,能碰巧录出两个效果很好的语音纪录,但这是很少见的。已知和未知语音可能说的是相同的词,但同时要有既不兴奋又不着急,既不倦怠又不生气的纯自然情况非常少见。任何一对录音都可能出现伪装或故意模仿另一语音的现象。从理论上讲,在比较特定的一对音时,可以设置一些试验,将这些特征和其他很多特征都考虑进去。但如果没有精心的前测,实际上就不可能计算出在具体情况下是对还是错的可能几率。

报告两个音是否相同的调查结果有更好的办法,这就是用可能性概率,即比较两个音相同的可能性和不同的可能性。这是一个更复杂的数据测量,但是它不依赖于先前已知的发音可能性。

🔊 要点回顾

本章我们简单介绍了声源/滤波理论。把它称作"理论"其实是有些不恰当的,因为人们普遍认为它就是声学语音学要解释的内容。该理论认为,声带的振动产生声源,声源经过声道过滤,有些部分被增强,有些部分被减弱。如果你使用过立体声图形均衡器(也许你祖父就有一台?)这个声道对声音加以修饰和改变的道理就容易理解了。管状物体(像长号和管风琴等乐器)的声学原理同样适用于声道对声音的滤波作用。

第一、第二和第三共振峰能区别世界语言中的元音。把第一和第二共振峰频率结合起来,得到的结果类似于第四章我们讲过的元音的听觉空间图。

声源/滤波理论同样能够解释辅音的产生过程。辅音的调音部位可从相邻元音(在辅音之前或之后)的共振峰变化趋势中看出来。对塞音调音部位来说,这是唯一的线索。对擦音来说,其摩擦段的噪音也能确定调音部位。清音的噪音源一定是不带声的,但却呈现某种干扰形式,要么是除阻时噪音的简短爆发,要么是摩擦过程中持续的干扰。和浊音一样,这些声源也经过声道的过滤,也因调音部位的不同而不同。明白了这些基本原理、辅音特征的声学关联(表 8.1),以及一些基本的方法步骤,解码语图所描述的话语或语音就不成问题了。当然,借助聆听和语音学转写,通过持续时间和语图阅读共振峰变化趋势的声学测量,要知道一段话语的详细发音信息也不成问题。

练 习

A. 试着在下面短语 *Please pass me my book* 的波形上标出所示语音片段的音标。在音段之间画线以显示界限。

B. 下面是 *Show me a spotted hyena* 的语图。试着在语图上方记音,并显示音段界限。界线不清楚的地方(如 *hyena* 的第一部分里),请画上虚线。

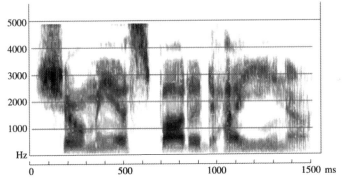

C. 下面语图中,音段间已经隔开,虚线则表示边界不清晰。在语图上方的每个空白处填上一个音,这个音跟其对应的音段具有相同调音方式。图中已填好可能作为第一个音段的音和其他一些特别难识别音段的音。

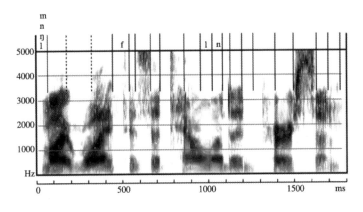

D. 练习 C 中的语图是关于一个普通英语句子的(其中没有名字)。所以,第一个音段的第三选项很可能不正确,因为英语句子不可能以[ŋ]开始。该语图所描述的语句来自真实话语,想一想英语中可能出现的语音序列,写出尽可能多的词或音节。

E. 图 8.15 是一个没给出语境的语图。请尽可能多地说出不同音段。

F. 使用 WaveSurfer 等声音分析软件,给网络平台上例 8.2 的录音材料制作语图。测量 *bird*、*hand*、*two*、*bush* 的第一、第二和第三共振峰。根据测量结果,哪些元音比较相似?结果是不是和你的听觉判断一致?

G. 使用关于声道长度和共振峰频率的公式:$[F_n=(2n-1)\times c/4L]$,计算一个声道长 9 厘米的小孩发[ə]时的共振峰频率。

H. 使用上列公式,如果一个人声道长 16 厘米,吸气速率 $c=35,000$ 厘米/秒,氦气速率 $c=92,700$ 厘米/秒,计算其共振峰频率。

I. 用微扰理论解释图 8.2 中后高圆唇元音[u]的第二共振峰为何较低。加州英语的[u]相较于其他英语变体的[u],第二共振峰有些高。有人认为加州的[u]是调音部位"靠前"(fronted),还有人认为它是"不圆唇"(unrounded)。有趣的是,微扰理论并不能解释这个问题。为什么?

第九章

元音和类元音发音

在前几章我们看到元音音质取决于三个方面：(1)舌位高低，它与第一共振峰成反比例关系；(2)舌位前后，与第二、第三共振峰之间的频率差成正比例关系。(3)唇形圆展，其常常使第二、第三共振峰降低。本章将详细探讨这三个特征，并对元音音质的某些附加的、不太显著的特征做进一步考察。

第四章的图4.2显示了英语单元音和二合元音的相对听觉音质。正如我们已经提到的，图上每一点的确切位置反映的是声学测量空间，而不只是听觉印象。其实，图4.2是一张跟图9.1相似的共振峰图，其中的一些声学测量是第八章所报告的共振峰频率。另外，已公开发表资料中单元音和二合元音共振峰频率的测量数据又对此进行了补充。(具体请参见书后的"注释"。)

图9.1 | 美式英语中一些元音的发音和听觉表现(跟图4.2和8.9比较)

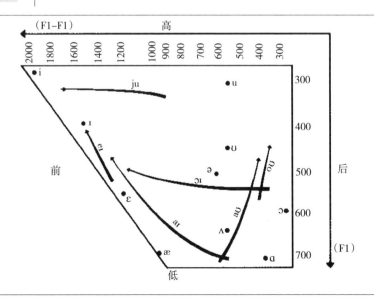

大多数语音学家会同意:图 9.1 是对美式英语元音两种描述方法相对准确的反映。其中一种是传统的描述方法,另一种是听者感知的相关听觉音质。第四章讨论这个图时,你大概能够认可根据自己的听觉判断出来的元音相对距离。如果你觉得图中元音位置不对,这可能是由于你的方音与图中的美式英语发音不同的缘故。

🔊 定位元音

描写出现在特定情况下的元音,可能用不着对共振峰进行测量。语音学家在描写某种方言或某一个特定发音人的元音时,常常得靠自己的听觉。他们在元音图上点出元音的位置,熟悉元音图的人一看就能明白所描写元音的位置,并推断出它们的音质。

为了能理解元音图,我们必须依据某些固定的参照点来标写元音。那些最初设置元音参照点和给参照点做解释的人都必须了解这些点。元音空间图显示的是可能出现音质的连续体。首先我们要确定大家知道参照点元音的精确音质,然后才可以告诉你某个元音是在两个参照点元音的二分之一或者三分之一处(条件是必须确认你和读者之间默认一套参照元音)。设定这些参照点元音有几种办法。

首先,我们要明确一个事实:元音图可以显示元音所有可能的特质。元音四边形左上角显示的是最高最靠前的元音特质,如果此时将舌头再稍抬高或前移,发出的音将是一种腭辅音。右下角的元音最低最靠后,假如将舌头再降低或后移,就会发成咽辅音。这样,我们就知道了两个固定点的参照音([i]和[a])。同样,处于四边形其他两个顶点的元音也反映了某种极端的音质,虽然对这两个音的发音进行描述并不简单。

EXAMPLE 9.1

使用元音图确实可以让人们对四个顶点周围的元音进行描写,但图中并没有提供可以充分描写其他元音的固定点。英国语音学家丹尼·琼斯(Daniel Jones)认识到这一问题后,提出了八个**定位元音**(**cardinal vowels**)。他把这些元音等距离地放在元音可能出现的空间外延线上,将其设计成供语音学家使用的固定参照点(请看图 9.2,听网络平台上例 9.1 中的录音)。英语中没有一个元音跟定位元音的音质完全一致。也许某种语言里有一两个元音跟定位元音完全一致。巴黎法语的传统形式中,有几个元音跟定位元音非常相似。但从本质上讲,定位元音只是元音音质的任意参照点。

图 9.2 | 定位元音

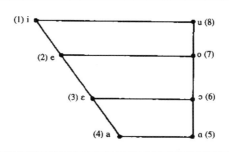

有两个定位元音是用发音术语来定义的。定位元音(1)发音时嘴唇展平,舌头尽可能抬高靠前,听不到摩擦。它跟英语元音[i]听觉上有点儿相似,但更高更靠前,音标还是[i]。

另一个用发音术语来定义的元音是定位元音(5)。发该元音时嘴唇处于自然状态(即不圆不展),舌头尽可能地降低并靠后,有点类似于美式英语 *father*、*hot* 中的[ɑ],或者英式英语 *hot* 中的[ɒ]。但是美式英语中的[ɑ]舌头不会那么靠后,而英式英语的[ɒ]又略带圆唇。定位元音(5)以音标[ɑ]记写。

请用上面描述的方法来练习发定位元音(1)和(5)。发[i]时记着要保持嘴唇完全平展,并确保你的舌头要尽量靠近上腭,如果抬得再高一点儿,就会发成浊腭擦音[ʝ]。同样,发[ɑ]时也要保证舌位尽量降低靠后,几乎要发成浊咽擦音[ʕ](注意不要跟喉塞音[ʔ]混淆)。

定位元音(2)(3)(4)被定义为前元音,它们构成了元音(1)和(5)之间等距的听感音阶序列。正如我们在前一章所看到的,如果用声学术语来解释前元音,可以表述为第一共振峰和第二共振峰之间的距离尽可能大一些。同样我们也可以用声学术语来明确什么叫*等距的听感音阶*,即当这五个元音位于我们所讨论的共振峰图上时,它们被置于相等距离的点上。(一些复杂的细节内容我们将在后边讨论。)

定位元音(6)(7)(8)被定义为从(5)开始按照与第一组元音相同的等距音阶来定位的一组元音。跟第一组元音不同的是,它们的舌位尽可能地靠后(即第一共振峰和第二共振峰之间的距离尽可能小)。为了保持同样音阶,后元音不得不更高、更圆唇。结果,定位元音(8)成为最高、最后、最圆唇的元音——尽管它并不是以此来定义的。

定位元音(2)(3)(4)的音标分别是[e,ɛ,a]；(6)(7)(8)的则与别是[ɔ,o,u]。大部分定位元音跟我们用类似方法标写的英语元音相比，在音质上多有相似之处。与国际音标的原则一致，大多数英语元音选择最接近定位元音的符号作为音标。但也有例外，如 *fat* 中的元音，按一些以英语为母语的语音学家的标写传统，不用[a]，而是用[æ]。

定位元音被语音学家系统广泛地应用于多种语言的描写中。但在具体运用时，也存在很多困难。正如丹尼·琼斯在《英语语音学纲要》(*An Outline of English Phonetics*, London: Heffer, 1957)中所说："通过书面描写是学不会定位元音的，要想学会必须依靠了解它们的老师口头教授。"正因为这一点，我们建议你在读了前面说明后不要立即去学着发一系列完整的定位元音，而是先听一下网络平台上的定位元音录音，找一个辨音能力很强的人，对你所模仿的发音提出批评。在这样的帮助下，你才有可能发出正确的定位元音。另外，仔细聆听自己发的定位元音录音也不失为一个好办法。

第二个难点在于元音之间等距听感音阶序列的概念。图9.2显示的是传统对定位元音的描写，其中各个元音之间并不是等距的。定位元音(5)(6)(7)(8)的间距比(1)(2)(3)(4)(5)之间更接近。这种分布跟人们对元音的概念相一致，即元音舌位高低与第一共振峰成反比，舌位的前后跟第一共振峰与第二共振峰之间的距离成正比。由于元音第一共振峰和第二共振峰之间距离的变化从[i]到[ɑ]逐渐减小，所以元音图左边线是倾斜的。右边以相对直的线呈现是因为元音第一共振峰和第二共振峰之间的距离在这几个元音之间几乎一样。从[ɑ]到[u]，第一和第二两个共振峰保持等距，稳定依次降低。

对定位元音系统我们还有一个困惑，这就是，描写元音究竟是用舌位高度还是用声学属性。许多语音学家和不少语音学教材谈到像图9.2这样的图时，似乎都用舌位最高点来详细说明。根据这种解释，后元音间距较小是因为舌头的变化幅度较小（但实际上并非如此）。由于唇形逐渐变圆，后元音虽然舌头移动幅度比较小，但我们还是假定前后元音听觉间距是相同的。在图9.1和9.2之类的图中并没有明确规定最高点的舌位，而图9.3则显示了一套定位元音舌位最高点的相对位置。由这些位置形成的元音轮廓图和图9.2完全不同。图1.8和1.9显示了图9.1一些元音的发音位置，其最高点位置不是元音音质的有效指标。我们试着不用"舌位高度"术语而以"元音高度"术语描写元音——这意味着听感可以用听觉传播的术语而不是发音术语来详细说明。

图 9.3 一套公开的定位元音 X 光图上的舌位最高点。声道上部轮廓线在 X 光图上看不清楚，所以此处是推测出的。

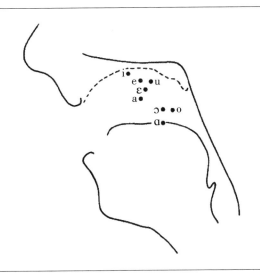

尽管存在上述问题，定位元音系统的设置还是很成功的。跟其他方法相比，它可以更精确地描写许多语言和方言的元音。过去采用这种方式可能被说成是对舌位高低的描写，但事实上，长期以来，语音学家们一直在对第一共振峰频率以及第一共振峰与第二共振峰频率之间的距离做非常精确的判断。近来有一种描写元音的最好方法，这就是对一组发音人的发音进行声学分析并详细说明共振峰的归一值。但并不是在任何时候都可以对语音做声学分析，所以，我们必须具有对参考元音（即定位元音）的听辨能力，这是语音学家必备的技能。

次要定位元音

定位元音[i]是不圆唇，[ɑ]是自然唇形，[u]是充分圆唇，它们的圆唇程度逐渐增加。如果我们从三个维度来详细考虑元音，那么定位元音在三维空间图上的落点如图 9.4 所示。尽管讲美式英语的大多数人发[u]时，是不圆唇的后元音，但还是可以说大部分英语元音几乎都能放在这一立体图中。[u]的第二共振峰相对较高，如果是圆唇的话,它在图中的位置要比预期的更靠前。

有一组标为(9)—(16)的次要定位元音,用以辅助描写有不同唇形圆展度的元音。这些元音与八个主要定位元音的唇形圆度正好相对。定位元音(9)与(1)舌位相同,但圆唇。定位元音(10)—(16)分别与(2)—(8)舌位一一对应,但唇形逐渐展平而非变圆,因此,(16)是(8)的不圆唇形式。

图9.5把定位元音和央元音的音标一起标写出来。[ɨ]和[ʉ]是位于定位元音(1)和(8)之间的不圆唇和圆唇元音。[ə]不以定位元音的说法来定义,但像我们所看到的,这个元音表示央—中范围。另外要注意的是,[ʌ]是定位元音(6)的不圆唇元音音标,它常用来表示一个低的央—中元音。

即使你不能发全套完整的主要定位元音,你也应该试着去发一些次要定位元音。在发定位元音(1)时练习圆唇和不圆唇两种形式[iy iy iy],保持舌位完全不变,只改变唇形。接着用定位元音(2)或类似[e]的元音进行反复练习。要记住[ø]的唇形没有[y]撮得那么圆。最后,试着练习定位元音(8)所对应的不圆唇音,发[ɯ ɯ ɯ]。要保持舌位完全靠后非常困难,英语多数方言就没有特别靠后的[u]。这里也要指出,通过练习而发的这些次要定位元音也只是带有任意性的主观参照点,具体语言发音并非跟它们的音质完全一样。不过,[y]和[ø]的发音非常接近于法语词 *tu*[ty](你)和 *peu*[pø](小)中的前圆唇元音。

平面图上定位元音的听觉间距跟图8.6中以最恰当的标度画出的声学元音图上元音之间的距离相似,只有圆唇元音是个例外,与其最近的定位元音并不像。如果只简单地依赖声学标准,那就会将圆唇前元音或不圆唇后元音在图上放错位置。唇形的圆展是一个独立的特征,对它的描述应该跟舌位高低(跟第一共振峰成反比)或者舌位前后(第二共振峰与第一共振峰之间的距离)分开。图9.4的元音空间透视图尽可能地反映了次要定位元音的共振峰频率。次要定位元音[y]第二共振峰较低,因此它被放在图的右边;而次要定位元音[ɯ]第二共振峰较高,它在图中左边。但第一共振峰这两个元音跟其对应的主要定位元音差不多。

图 9.4 元音三维空间图可以显示立体空间里的定位元音位置。

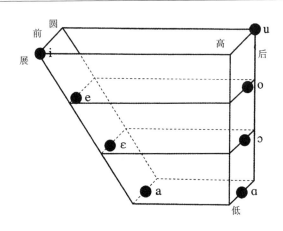

图 9.5 次要定位元音和部分央元音音标

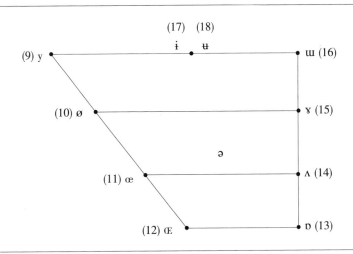

🔊 带有其他口音的英语元音

对不了解定位元音的人来说,有一种方法可用来描写元音,即用描写者和阅读者都熟悉的特定方言中的元音作为参照点。如图 9.1 所示,就是我们用美式英语元音作参照来描写元音的方法。如果描写者和阅读者彼此都了解这些元音,那么图 9.1 的元音点就是很好的参照点。例如,当我们提到新西兰英语 sacks 一词元音的某种变体跟美式英语 sex [ɛ] 相似,那么你应该能用这一特定方法发出这个词。(你可以听网络平台上"Extras"部分的录音,注意 rat 的发音。)

任何语言中的元音都可以作为参照点。例如,在英语作为第二语言的教学中,可以用学生母语元音作为参照,并跟所要教授的英语方言进行比较。如果没有这种语言的元音表,教师首先应该制作一张。教学包括将某一语言的元音跟教师所熟悉语言的元音进行比较(后者有元音表),或者对这一语言的元音进行录音,并用像 WaveSurfer 那样的软件来分析。

许多语言都有描写元音听觉特性的出版物,还有一些成套的声学测量数据可以利用。现在我们可以通过参照几组发音人的平均共振峰,对英语的许多口音做一个精确描述。图 9.1 中美式英语的口音相当保守、典型,或许是中年播音员的发音。图 9.6 是一组加州大学生所发元音的第一共振峰和第二共振峰。我们注意到,在这个口音中 cot 和 caught 的元音不构成对立,都是 [ɑ]。现在我们可以看到年轻一点的加州人发 [eɪ] 中的 [ɪ] 比单元音 [ɪ] 高一些(第一共振峰比较低)。后高元音第二共振峰较高,发音似乎更靠前。good 中的元音 [ʊ] 几乎不圆唇,这个元音通常用展唇的方法来发。

图 9.6 一组加州英语发音人所发元音的第一共振峰和第二共振峰图

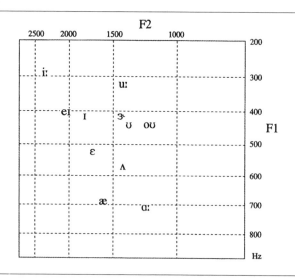

另一变化发生在美国北部的一些城市,如匹兹堡和底特律。你可以从图 9.7 中看到,在这一口音中[æ]变高了(第一共振峰减弱),很接近[ɛ]。后元音第二共振峰变低,比加州英语的后元音更靠后。这一口音还区别[ɑ]和[ɔ]。

图 9.7 美国北部城市英语元音的第一共振峰和第二共振峰图

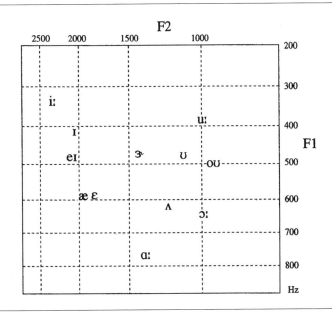

最后讨论图 9.8 中的元音,它们是一组 BBC 播音员发音的第一共振峰和第二共振峰的平均值。这里要注意三个后元音的主要特征,即 *father* 和 *cart* 中的[ɑ],*bother* 和 *cot* 中的[ɒ],以及 *author* 和 *caught* 中的[ɔ]之间的区别。还要注意,跟美式英语多数变体相比,图中的[ʌ]位置非常低。英式英语发音人主要以第一共振峰频率来区别 *cut* 的[ʌ]和 *curt* 的[ɜ](不带卷舌音化)。

| 图 9.8 | BBC 英语元音的第一共振峰和第二共振峰图 |

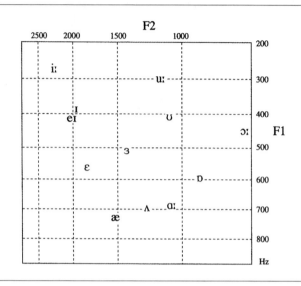

🔊 其他语言的元音

接下来我们将用声学测量数据讨论另外三种语言的元音。图 9.9 是这三种语言的元音图。数据来源列在了本书后面。

EXAMPLE 9.2

西班牙语元音系统非常简单，只有 5 个对立性元音，用宽式标音可以描写为[i,e,a,o,u]。很显然，这些音标在西班牙语和英语中的意义并不相同，与定位元音的意义也不同。

EXAMPLE 9.3

日语也只有 5 个元音。在宽式标音中，它们也可以记写为[i,e,a,o,u]。但在更准确地反映元音属性的严式标音中，后高元音记为[ɯ]，如图 9.9。代表这个元音的点和其他的做了区分，它用星号标记，说明尽管这一区域相关联的主要定位元音均是圆唇音，但这个元音不圆唇。然而，它也并非完全展唇，只是双唇非常接近。在更详细的语音分析中，可以看到嘴唇有两种活动方式，一种是唇角前凸，使双唇向前突出；另一种是双唇纵向拢圆，从正面看是双唇内敛。注意，日语中的[e]略低于西班牙语的[e]。这种小的差异在元音图中也一目了然。

| 图 9.9 | 西班牙语、日语和丹麦语的元音。前圆唇元音和后不圆唇元音都用星号表示。 |

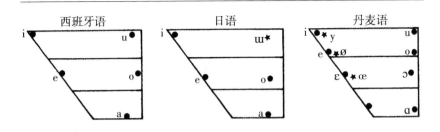

图 9.9 还显示了丹麦语一种比较保守的元音变体形式（丹麦语变化很快，年轻人的元音发音有很大差异）。图中星号用来代表一些丹麦语元音的音质，但这里它说明这些元音不同于该区域的主要定位元音，它们圆唇。丹麦语有 3 个对立性的前圆唇元音，如 *dyr*/dyːr/（贵）、*dør*/døːr/（死）和 *dør*（拼写同前）/dœːr/（门）等词中的元音。（你可以在网络平台上听到这些词的录音，丹麦语的/r/是咽近音）。图 9.9 中显示的所有丹麦语元音都能以长短音的形式出现。前元音的例子见表 9.1，以及网络平台例 9.4。大部分短元音的音质与相应的长元音非常相似，但是，[a, ɔ, o]的短元音比长元音略低，并且更为央化。

表 9.1 丹麦语元音长短对比

图 9.9 中的三个图是元音描写的范例。它们不仅描写了相对听觉音质，也描写了发音特点。对于那些唇形的圆展和主要定位元音相同的元音而言，它们精确地反映了声学数据。它们与纵轴为第一共振峰，横轴为第二共振峰和第一共振峰频率之差的声学图成对应关系。

当我们假定元音图上元音唇形的圆展度与其同区的主要定位元音相似时，前圆唇元音和后不圆唇元音就无法标写了。所以在描写这些元音的时候，唇形的圆展也一定要详细说明。其中一种方法是使用星号而不是普通的点号。星号表示：相比主要定位元音，这些元音唇形更接近次要定位元音。星号的位置标明元音质的方式跟点号标明其他元音音质的方式一样，即假设这些元音的唇形圆展与主要定位元音的相似，这些元音就似乎能反映共振峰频率的理想情况。

如果考虑前圆唇元音与后不圆唇元音的实际共振峰频率，我们就可以理解为什么大多数语言里很少有这些元音。前元音圆唇化会使较高的共振峰下降，前高圆唇元音[y]听起来似乎介于[i]和[u]之间，对此我们在上一节最后讨论图 9.4 时已经做过解释。同样，[œ]是跟[ɛ]对应的前圆唇元音，它的第二共振峰比[ɛ]低，将它画在共振峰图上时，看起来更接近中央。将后元音[u]圆唇变展就发成[ɯ]，它的第二共振峰增高，位置也更接近共振峰图的中心。如果要将一种语言的元音尽可能地区分开来，前元音一定是不圆唇的，后元音则是圆唇的。

EXAMPLE
lg.index

有一种力量在语言中发挥作用，被称为"充分感知区分"（sufficient perceptual separation）原则。根据这个原则，一种语言的诸多声音必须保持着声学上的区别特征，使听者能够轻易地将一个音同另一个音区别开来。因此，人们可以通过舌位前后来预测大多数语言里元音的圆展度，舌位高低在一定程度上也可以反映圆展度。前元音通常是不圆唇的，后元音通常是圆唇的，圆展程度也随着元音舌位升高而有所增加。语言就是用这种方法保持着元音的最大区分度。我们熟悉的一些欧洲语言里有前圆唇元音，如法语、德语、荷兰语和瑞典语等（例子可以在网络平台上找到），但根据"充分感知区分"原则，这些元音在世界语言中并不常见。

🔊 舌根前伸（ATR）

EXAMPLE
9.5

元音音质差别通常可以从舌位高低、前后和圆唇度来描述。但是，有些语言的元音却不能用这些术语来描述。如阿坎语（Akan，一种主要用于加纳的西非洲语言）有两组元音，我们可以在网络平台例 9.5 中听到。它们之间的主要差异在于发音时咽腔的大小。其中一组元音舌根前伸，喉部降低，使咽腔部分的声道扩大了很多。这些元音叫作舌根前伸（advanced tongue root，或者简化为"+ATR"）元音。另一组元音舌根不前伸或者喉部不下降（"−ATR"元音）。图 9.10 就是阿坎语两组元音的声道形状。"+ATR"元音[e]与"−ATR"元音[ɪ]相比，整个舌头向前向上隆起。我们也要注意并不是所有说阿坎语的人都用这种方法来区分这两种元音。一些人似乎更多地依靠舌根运动，而另一些人则多凭喉部的高低变化。区别这两组元音的关键是，发音时一组咽腔比较大,另一组咽腔比较小。

图 9.10　阿坎语的窄元音("－ATR",虚线)和宽元音("＋ATR",黑线)

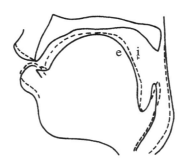

虽然在某种程度上舌根位置的变化跟元音高度有关,但英语没有一对元音只是通过舌头姿态来区分的。如发 heed 和 who'd 中紧的高元音[i]和[u]时,舌根比 hid、hood 中松的半高元音[ɪ]和[ʊ]更靠前。但我们要注意,"＋ATR"和"－ATR"的差异跟第四章讨论的元音松紧有所不同。这两组英语元音是根据音系的特点(例如,紧元音可出现在开音节里,而松元音不可以)而不是舌头动作或声带形状所做的分类。

🔊 卷舌元音

如第四章所讲到的,美式英语很多形式里有卷舌化元音,如 sir、cur、bird 等。我们还要注意,R 音化的产生途径不只一种。图 9.11 显示的是[ɚ]的三种不同美式英语变体的舌位。有人用这一种,有人用另一种。如黑粗线所示,整个舌头在口腔中部抬起,舌尖降至下齿背回缩。这种卷舌音的重要特征是咽腔收紧。黑细线呈现了第二种可能的音姿,舌尖抬起靠近齿龈后,形成龈后近音。这里伴随着稍微升高的咽腔收紧。灰线是第三种可能,图中显示隆起的舌形和上抬的舌尖。如果你是美式英语发音人,请看看自己用的是哪一种调音方式。有一个方法可以帮助你检查自己的发音:保持发[ɚ]的舌位,在上下齿之间放一根牙签。牙签碰到舌头上表面了吗?还是因舌尖抬起碰到了舌尖或舌叶的下表面?通过这一试验,我们发现60%的美国人是舌尖抬起,牙签接触舌下表面。超音波影像也显示只有少数人能发真正卷舌的[ɚ](如图 9.11 中细线所示)。相反,舌尖上抬,舌头中部隆起(如图中灰线所示)是美式英语最普遍的发[ɚ]的舌形。网络平台平台第二章的录音中有美式英语发音人的卷舌元音。尽管没有 X 光照片或者别的证据,但我们大体还是可以肯定,这个人发音时整个舌头抬起,舌尖下垂,咽腔收紧。

图 9.11 | 在美式英语[ɚ]可能出现的舌位。舌尖抬起的龈后近音舌位(黑细线所示)是最典型的,接下来是隆起的舌位(黑粗线所示)。灰线表示的是可能的舌中部位置。

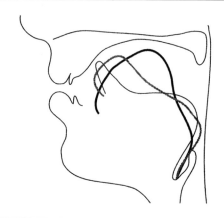

卷舌音化是一种听觉音质,同高低和前后一样,用声学术语定义它最恰当。在卷舌化元音中(或元音的一部分),第三共振峰频率明显下降。第一和第二共振峰频率决定元音的高低和前后,而第三共振峰频率对元音高低和前后所传达的音质信息相对要少一些。如果你翻回到图 8.3 就会看到,一系列非卷舌化元音的第三共振峰只是轻微下降。但从图 9.12 中你可以看到,美式英语很多变体中元音末尾的卷舌化现象很明显,如 *deer* 和 *bear* 等词,这时第三共振峰频率下降幅度很大。发 *heard* 一词时,整个词的大部分(直到/d/的共振峰开始前),第三共振峰频率都是低的,这说明在元音开头就出现了卷舌化音质。

图 9.12 一个美式英语句子的语图。其中卷舌化元音的第三共振峰(和第二共振峰)频率下降。

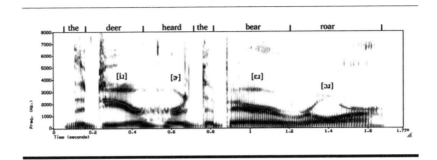

🔊 鼻 化

到目前为止,本章讨论的所有元音都是软腭上升形成软腭闭塞,气流不从鼻腔流出。但如果软腭下降让部分气流通过鼻腔,所发元音就是**鼻化的**(**nasalized**)。区别性符号[~]放在元音上面表示该元音鼻化。这一类元音通常称为**鼻化元音**(**nasal vowels**)。

请学着发各种鼻化元音。从 man[mæ̃n]的低元音[æ̃]开始发,鼻化和非鼻化元音交替着练习,发[æ æ̃ æ æ̃]。发这些元音时可以感觉到自己的软腭上下移动。接下来请试着练习发整个系列的鼻化元音[ĩ ẽ ɛ̃ ã ɑ̃ ɔ̃ õ ũ]。将它们跟对应的非鼻化音交替起来练习。很多语言存在着鼻元音和口元音之间的对立,网络平台例 9.7 列举了法语中对立的口鼻元音。

[m,n,ŋ]之类的辅音当然是鼻音,但不能用鼻化这个术语,因为鼻化表示气流同时从口腔和鼻腔出来。大概没有一种语言存在鼻化辅音和非鼻化辅音的对立,但有些辅音如果出现在鼻化元音相邻的位置上,它们也可以鼻化,如[w̃,j̃,ɹ̃,l̃]等。在约鲁巴语(Yoruba)中,[w̃ɔ́](他们)一词的整个音节都发成鼻化音。

🔊 元音音质小结

表 9.2 是对元音的总结。几乎每种语言都用两种特征——高低

和前后来形成对立元音,还有其他四个特征用得少一些。六个特征中,前三个特征反映元音的听觉性质,从发音角度看,每一特征都可能由不止一种方法形成,另外三个特征反映相对固定的发音特征,伴有元音和元音之间不同而复杂的声学关联。因此,圆唇通常会降低第二共振峰,但如果是前高圆唇元音,则主要表现为第三共振峰下降。同样,在不同元音中舌根前伸和鼻化都会对不同共振峰产生影响。

表 9.2 元音音质特征

特征	声学关联
高低	第一共振峰频率
前后	第一共振峰和第二共振峰频率之差
卷舌音化	第三共振峰频率
圆展	唇形
舌根前伸	咽腔宽度
鼻化	软腭位置

半元音

抛开音节和成音节这两个术语的详细区别(我们将在下一章探讨这个问题),我们可以说所有的声音要么做音节峰音,要么做音节首音或尾音。元音显然处在音峰上而自成音节。辅音一般不能自成音节,除了[l]和[n]等辅音,处于如 *shuttle* [ˈʃʌt l] 和 *button* [ˈbʌʔ n̩] 这样的词中,它们可以自成音节。我们还可以用是否受阻来给语音分类:气流在口腔中不受阻的音叫**纯元音**(**vocoids**)①;气流受阻的音,包括很多辅音被称为**非纯元音**(**nonvocoids**)。这样就形成了一对差异,我们可以将此列在表中。

表 9.3 纯元音/非纯元音、成音节/非成音节举例

	纯元音	非纯元音
成音节	元音[i][u][a]	成音节辅音[n̩][l̩]
非成音节	半元音[j][w]	辅音[p][t][k]

---

① 译按:vocoids,从语音学意义上看,它是 vowel 的同义词,但这里将它引入是为了尽可能消除语音学意义上的"元音"和音系学意义上的"元音"之间的模糊性。

根据这种分类，可以将元音定义为成音节的纯元音，将**半元音**（**semivowels**）定义为不成音节的纯元音。有时候用半辅音这一术语表示"成音节非纯元音"，或简称为"成音节辅音"。同样，非纯元音有时被称为"真辅音"，这个术语不管辅音成音节与否都可以适用。

这里我们说到半元音，它是位于音节首尾的纯元音。位于音节首时，半元音通常包括一个从高元音向下一个元音的快速滑动。英语的半元音是[j]和[w]，它们分别像是英语高元音[i]和[u]的非成音节形式。一些语言（如法语）有三个高元音[i, u, y]。在这些语言中，还存在和前高圆唇元音[y]相对应的半元音，它的音标是[ɥ]，即一个倒写h，目的是为了看起来像[y]。表9.4是包括三个对立性半元音的法语例词。

表 9.4	法语中所涉及的腭、唇腭和唇软腭近音的对立				
腭音		唇-腭音		唇-软腭音	
mjɛt	碎屑	mɥɛt	沉默的	mwɛt	海鸥
lje	打结	lɥi	他（宾格）	lwi	路易斯（人名）
		ɥit	八	wi	是、对

我们在本章开始已经注意到，日语有一个不圆唇高元音[ɯ]。它没有[i]那么展唇，只是双唇尽量接近并纵向收缩，嘴角既不像展唇也不像圆唇。日语还有跟[ɯ]对应的半元音[ɰ]，它和[ɯ]的关系就跟英语中[w]和[u]的关系一样。

EXAMPLE 9.8

因为半元音音姿跟近音差不多，所以它就像其他辅音一样可以被看成具有特定调音部位的音。我们已经注意到，[j]是一个腭近音，[w]是一个唇软腭近音。半元音[ɥ]是一个唇腭近音。我们先前没有讨论这一调音部位，是因为近音几乎是在这一区域发生的唯一的音。半元音[ɰ]是软腭近音。

学习区别法语/w/和/ɥ/时，要注意英语的/w/位于这两个法语音之间，与法语的/w/不同。还有，英语的/u/也位于法语[u]和[y]之间。也就是说，当一种语言没有必要对两个音进行区分时，就会产生一个位于两者之间的音。这是比较常见的情况。如：回想一下[ŋ]和[r]之前的元音音质，是没有紧松元音对立的。

要发出法语 oui[wi]（对）中的/w/，可以从完全靠后的高圆唇元音开始（像定位元音[u]），然后迅速滑到下一个元音。结果会跟英语词 we[wi]（我们）很相似，但不完全一样。现在，试着发法语 huit[ɥit]

(八)中的[ɥ]音。这次从次要定位元音[y]开始，然后迅速滑到下一个元音。

英语 *red* 中的[ɹ]也可以看作是一个半元音。[w]可以看作是[u]的非成音节的对应音，所以 *red* 中的[ɹ]也可以看作是美式英语 *fur* 中元音的非成音节的对应音。从语音学观点来看，把 *red* 中的[ɹ]看作一个半元音是有依据的。但从音系学角度来看，将它用于英语语音格局的描写却不合适。

次要音姿

把次要发音与元音放在一起讨论是因为它们通常被描述为附加的类元音发音。**次要发音**（**secondary articulation**）是一种在主要元音音姿上同时带有轻微持阻的音姿。我们将探讨四类次要发音。

腭化（**palatalization**）是在一个音姿上加入前高舌位音姿。在俄语和其他一些斯拉夫语中，有一系列腭化辅音与非腭化形成对立的情况。斯拉夫语言学将腭化辅音称作软辅音，而非腭化辅音（有时候确实有些咽化）为硬辅音。腭化可以在音标后标[ʲ]表示。表 9.4 是俄语腭化音的词例。

EXAMPLE 9.9

有时候，palatalization（腭化）和 palatalized（腭化的）两个术语的用法和我们之前讲的不大一样：不是描述次要音姿，而是描述一个发音过程，在该过程中，主要音姿向硬腭区靠拢。也就是说，如果调音部位因某种原因向硬腭区靠拢，我们就称这个音腭化（palatalized）了。比如，英语/k/，在 *key* 中可以称作"腭化"了，因其调音部位接近硬腭；而在 *car*[kɑɹ]中则不是，因它是软腭接触。同理，*is* 中的龈擦音/z/在 *is she* 中变成了腭龈擦音[ɪʒʃi]，该过程也发生了腭化。另外，在语音的历时演变中，腭化也时有发生。古英语的 *chin* 开头是一个软腭音[k]，后来变成现代英语的[tʃ]，是受其后前高元音的影响，这种变化可称作腭化（palatalization）的一种。以上 palatalization（腭化）和 palatalized（腭化的）这两个术语的使用，描述的不仅仅是一个次要音姿，更是一个从 A 音变为 B 音的过程。

表9.5 俄语涉及腭化的对应词语			
formə	形式	fʲərmə	农田
vɪtʲ	号叫、咆哮	vʲitʲ	编织
sok	果汁	sʲok	他扎捆了
zof	叫	zʲof	呵欠
pakt	契约	pʲatʲ	五
bɨl	他是（过去式）	bʲil	他中风了
tot	那个	tʲotə	婶
domə	在家	dʲomə	Dyoma（爱称）
kuʃətʲ	吃	kʲuvʲətkə	碗碟

软腭化（**velarization**）是我们接着要谈的次要音姿，涉及舌后部的抬起。它可以被看作是一个类似[u]舌位的附加发音，但没有叠加[u]的圆唇。我们已经注意到在英语很多变体中，音节末的/l/会软腭化，并写为[ɫ]。

为了你能意识到如何在发辅音的同时附加类元音的发音，请把舌尖抵住龈脊，然后试着发元音[i, e, ə, a, ɑ, ɔ, o, u]。第一个音当然是跟[lʲ]相似的腭化音。最后一个是软腭音[ɫ]的形式。请确认你可以在不同元音前后发出这些音。然后，比较音节中其他音的腭化和软腭化形式，如[nʲa]和[nˠa]。记住，带软腭符号[ˠ]的[nˠ]是一个[n]叠加了不圆唇非音节滑音的[u]（即附加滑音[ɯ]）。

咽化（**pharyngealization**）是叠加咽腔变窄的动作。因为定位元音(5)[ɑ]被定义为无咽喉摩擦的最低、最靠后的元音，咽化可以看作是叠加于这一元音音质的音姿。国际音标中标记咽化的附加符号是[˗]，跟软腭化一样。如果要对这两个次要发音音姿进行区分，国际音标提供了替代符号：在音标上面附加另外的小符号来表示软腭化或咽化的擦音，如：表示软腭化的龈鼻音是[nˠ]，表示咽化的龈鼻音是[nˁ]。当用[˗]符号很难辨别该音是软腭化还是咽化时，用这两个符号来标记更合适。

软腭化与咽化的音几乎没有差异，没有一种语言将这两种语音区别开来。在阿拉伯语中有一系列辅音被阿拉伯语学者称为浑厚音。其中一些是软腭化辅音，一些是咽化辅音。它们都可以用国际音标附加符号[˗]记写。（阿拉伯语学者常用音标下面的[.]表示）。卷舌塞音与软腭化或咽化塞音之间有一些相似音质，这是由于发这些音时舌面前部都略微下凹。

唇化（**labialization**）是叠加嘴唇拢圆的动作。与其他次要音姿不同,它可以与次要发音中的任一个结合在一起。很显然,腭化、软腭化和咽化涉及不同的舌头状态,所以它们不能同时出现。但几乎所有辅音都可以附加圆唇,包括那些已经附加了一种次要发音音姿的辅音。从一定程度上看,即使主要调音部位是唇音,如[p,b,m]等,若发音时附加嘴唇圆拢、突出,也可以称为圆唇化。唇化通常伴随着舌面后部的抬起。可以用在音标右上方标[ʷ]来表示。在一个更精确的音标系统中,它可以表示我们称为圆唇软腭化的次要发音,但这个音与圆唇化的区别很小。

在一些语言中(如加纳通用的契维语等其他阿坎语方言),圆唇化与腭化同时出现。腭化是在一个音上叠加类似[i]的音姿,唇化加腭化是在一个音上叠加圆唇的[i]的音姿——即[y]。正如我们所看到的,与[y]对应的半元音是[ɥ],因此这种次要音姿可以用[ᶣ]来标写。请想想前面的法语词,huit[ɥit](八)中[ɥ]的发音,然后试着发一种阿坎语方言的名称:Twi[tᶣi](契维语)。

表9.6是对次要发音音姿的总结。跟前面一些总结表一样,表9.6的术语并不完全相互对立。一个音可能有也可能没有像腭化、软腭化或咽音化之类的次要发音音姿;可能有也可能没有圆唇化;也可能有也可能没有鼻化。你自己可以演示一下,试着发软腭化、圆唇化和鼻音化的浊龈边音[l]。

表9.6 次要音姿				
声学术语	简要描述	音标		
腭化	舌面前抬高	sʲ	lʲ	dʲ
软腭化	舌面后抬高	sˠ	ɫ	bˠ
咽化	舌根后缩	sˤ	ɫ	bˤ
唇化	嘴唇拢圆	sʷ	lʷ	dʷ

🔊 要点回顾

本章介绍了定位元音。还记得当时在加州大学洛杉矶分校,我(凯斯·约翰逊)作为彼得·赖福吉的博士后接受面试,其中一个问题是:"请发4号定位元音。"我很幸运地做对了,发音如同丹尼·琼斯的[a]一样标准(网络平台上有琼斯对定位元音的发音)。本章的目的是帮助你学会如何用定位元音来描述你所听到的语言及语言变体中的语音。

本章还包括对定位元音的应用价值及科学合理性的解释。

在此基础上,本章还描述了英语不同变体及其他语言中的元音。这样做其实也是通过例子向大家展示了如何用定位元音来描述音质不同的元音。除此之外,本章还介绍了非定位元音的元音特征,也就是除了高低、前后、圆唇以外,还有舌根前伸、r 化、鼻化等特征。结尾部分本章讨论了元音和滑音的相似性,由此引入辅音的次要音姿的概念(因为它其实就是辅音发音时附加一个滑音)。次要音姿包括腭化(舌形接近于[i])、软腭化(舌形接近[u])、咽化(舌形接近[ɑ])以及圆唇化。

练 习

A. 请看图 1.13 的英语元音舌位图,元音(见"注释"部分)可以从三个观察角度来描述:(1)最大收缩点的声道区域;(2)从声门到这一点的距离;(3)开唇度。

　　1. 在其中的前两个角度中,哪一个跟传统所说的 *heed*、*hid*、*head*、*had* 中元音的高度相对应?

　　────────────────────────────────

　　2. 哪一个跟 *father*、*good*、*food* 中元音的高度相对应?

　　────────────────────────────────

　　3. 这两个观察角度可以用来区分前元音与后元音吗?

　　────────────────────────────────

B. 有人提出另一种描写元音舌位的方法(见"注释"部分),认为 *head* 中的元音,舌位处于中间位置,并且:(1)诸如 *heed*、*hid*、*good*、*food* 词中的元音,它们的舌位比中间位置更高;(2) *good*、*food*、*father* 中的元音舌位比中间位置更靠后;(3)发 *heed*、*food* 中的元音舌根向前;(4)发 *had*、*father* 中的元音舌根向后,导致咽腔更加收缩。在图 1.12 中有多少数据支持这些观点?

C. 十七、十八和十九世纪早期(见"注解"部分),对三组元音有如下说法:(1)一组以 *see*、*play*、*father* 中的元音为例(也可能有央元音),这一组以开颌度简单地加以区分。(2)一组以 *fool*、*home*、*father* 中的元音为例(也可能有央元音),这一组以圆唇度简单地加以区分。(3)一组以法语 *tu*、*peu*("你、小")标为[y, ø]的元音为例,这一组是以开颌度和圆唇度共同区分的。这一看法跟图 9.13 所示相似。怎样将它们跟当代的元音描述比较呢？哪种普通类型的元音不能用这种说法来描述？

图 9.13 赫尔姆霍茨(1863)所采用的元音分类，其中的词由埃利斯(1885)提供

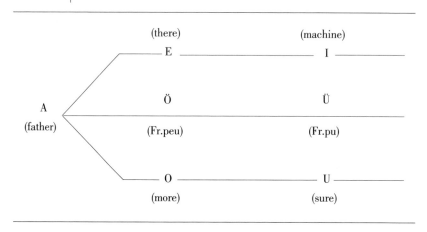

D. 试找一位说英语以外语言的发音人，找出他发这种语言的最小的成对元音例证。你可能会发现，查阅该语言词典中的发音部分或语法是大有帮助的。听这些元音并在元音表上把它们标出来。

（做完本章的操练题后再做这道题）

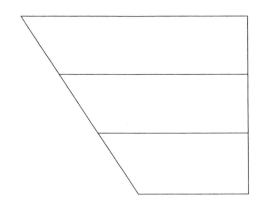

🔊 操　练

　　设计下面的练习内容，是为了让你发自己语言中没有的各种元音。当能发出元音音质间的细微差别时，你将会发现听出这些差别更容易。网络平台练习中有相应的录音材料。

　　A. 念单元音[i，e]，这两个音应该跟你所发 *see*、*say* 中的第一个元音一致。再试着发一个在[i]和[e]之间的元音，然后尽可能多地发[i]和[e]之间一系列元音。最后，从[e]到[i]反向发这些元音。

　　B. 反复练习下列单元音，要求跟你说话时发的一系列元音一致。记住从正向和反向分别来发。

　　　[ɪ–ɛ]
　　　[ɛ–æ]
　　　[æ–ɑ]
　　　[ɑ–ɔ]，（如果你说话时有这些元音就念）
　　　[ɔ–o]，或[ɑ–o]
　　　[o–u]

　　C. 试用一个元音滑向另一个元音的方式念，从正向和反向做你前面做过的练习。

　　D. 发每对元音之间的音。

　　E. 用下面元音反复练习 A、B、C，这里要调整好唇形变化。记住要从正向和反向两个方向来做这个练习，努力完成 A、B、C 题中所提出的不同任务。

　　　[i–u]
　　　[e–o]

　　F. 现在用下面各对元音重复上面的练习，这里无需调整唇形，当然还是要从正向和反向来发音。

　　　[i–ɯ]
　　　[e–ɤ]
　　　[y–u]
　　　[ø–o]

　　G. 练习区分不同的央元音。你学了发高-央不圆唇元音[ɨ]后，再试着发中-低-央元音[ə]和[ɜ]。试着用练习 A、B、C 的方法做下面元音的发音练习。

[ɨ – ə]
[ə – ɜ]

H. 发下面的鼻化元音和口元音。发鼻化音时只是软腭移动,但要注意舌位跟发口元音一致。

[i – ĩ – i]
[e – ẽ – e]
[æ – æ̃ – œ]
[ɑ – ɑ̃ – ʌ]
[o – õ – o]
[u – ũ – u]

I. 现在比较鼻化元音和与其舌位稍有不同的口元音。请念:

[i – ĩ – ɪ – ɪ̃]
[e – ẽ – ɛ – ɛ̃]
[ɛ – ɛ̃ – æ – æ̃]
[u – ũ – o – õ]
[o – õ – ɔ – ɔ̃]

J. 通过念下面无意义的词,可以保证你能发出各种不同的元音。找一位同学来检查你的发音。

'petuz   sy'tøt   'mēnod
'tynob   di'gɯd   pæ'nyt
'bɯgɛd   mo'pɑt   'degū̃n
'nisøp   gu'dob   sy'tōn
'bædid   kɯ'typ   'købɛ̄s

K. 学发各种二合元音(用反映英语元音音质的音标),先念横行,再念纵列。

iɪ	Ii	ei	ɛi	æi	ɑi	ɔi	oi	ʊi	ui	ʌi
ie	Ie	eI	ɛI	æI	ɑI	ɔI	oI	ʊI	uI	ʌI
iɛ	Iɛ	eɛ	ɛe	æe	ɑe	ɔe	oe	ʊe	ue	ʌe①
iæ	Iæ	eæ	ɛæ	æɜ	ɑɜ	ɔɜ	oɜ	ʊɜ	uɜ	ʌɜ
iɑ	Iɑ	eɑ	ɛɑ	æɑ	ɑæ	ɔæ	oæ	ʊæ	uæ	ʌæ

---

① 译按:原书 uɛ、ʌʌ、uI、ʌI、Iu,疑排版错误,改为 uI、ʌI、ue、ʌe。

iɔ	ɪɔ	eɔ	ɛɔ	æɔ	ɑɔ	ɔɑ	oɑ	ʊɑ	uɑ	ʌɑ
io	ɪo	eo	ɛo	æo	ɑo	ɔo	oo	ʊo	uo	ʌo
iʊ	ɪʊ	eʊ	ɛʊ	æʊ	ɑʊ	ɔʊ	oʊ	ʊo	ou	ʌo
iu	ɪu	eu	ɛu	æu	ɑu	ɔu	ou	ʊu	uá	ʌá
iʌ	ɪʌ	eʌ	ɛʌ	æʌ	ɑʌ	ɔʌ	oʌ	ʊʌ	uʌ	

L. 试着念下面无意义词中的二合元音(包含一个音节、两个音节和三个音节的词),这些音也是跟同学进行听力练习的好材料。

tɪop	'doeb'mɔid	sæo'tɑoneu
tʌep	'deub'mɑud	sɔɑ'tɛoɪnu
tɑop	'dɪʊb'bɛʌd	soɛ'tæunue
tɛɑp	'doeb'moid	sɑʌ'tʌinui
toʌp	'dʊeb'bɑʊd	sɔɪ'tɪunæu

M. 为了拓展你的发音范围,现在做下面练习(音节中包括前圆唇元音和后不圆唇元音)。

iy	ey	ay	uy	yi	øi	ɯi	yø	øy	ɯy
iø	eø	aø	uø	ye	øe	ɯe	yɯ	øɯ	ɯø
iɯ	eɯ	aɯ	uɯ	ya	øa	ɯa	yu	øu	ɯu

N. 下面无意义词中的元音可以用来做发音和听辨练习。

dɯeb	'tyæb'meyd	tɯy'neasʌø
diøb	'tuʊb'mɯød	tue'nøusʊɪ
deub	'tøb'mɑʊd	tɛɯ'noysæu
doub	'tøub'bɯɯd	tyɪ'nøysoɔ
dæob	'tɯab'miod	taø'naesɪy

O. 练习下面更为复杂的无意义词中的所有元音和辅音,这些音在前面章节中讨论过。

ɣɑ'roʈiɸ	ŋɔvø'den	jæɡɯ'ɓeɡ
be'ɟɛʒuð	Gɑçy'bіɡ	sy't'oʍek
ɲi'ɖyxeɳ	ʂeʔʑ'pæz	ʐʌ'nøk'œx
θæⱱakɯʃ	fiʁo'ceɟ	k!iʉrɪ'god

第十章 音节和超音段特征

本书各部分都提到了音节的概念,但是却一直没有对这一术语下定义。原因很简单,学术界对音节还没有形成共识。本章将讨论一些有关音节的前沿理论及其缺陷。我们也将讨论**超音段特征**（suprasegmental features）——即涉及超出单个辅音或元音的那些语音特征,包括重音、音长、声调和语调。分析这些特征不能采用描写音段特征（辅音和元音）所需的范畴——即气流机制、声门状态、主要和次要发音以及共振峰频率。

🔊 音 节

文字发展的历史表明,音节是语言中的重要单位。很多书写系统是用一个符号记录一个音节,最著名的例子是日文。在人类历史上发明字母书写系统仅有一次,在这个字母书写系统中音节拆分为元音辅音。大约 3000 年前,希腊人对闪语族音节表进行了修订,用单个字母符号代表辅音和元音。此后的阿拉米语（Aramaic）、希伯来语、阿拉伯语、印度梵语和其他字母书写系统都能追溯到希腊文字系统形成及后期发展所建立的原则。音节似乎是书写系统中比较容易使用的单位。但没有受过字母书写系统教育的人要识别由**音段**（segments）（辅音和元音）构成的音节其实并不容易。

大部分音节是由元音和辅音组成的,但 eye 和 owe 等词的音节是只由元音构成的。很多辅音也能构成音节,龈边音和鼻音成音节在英语中非常普遍（如 button 和 bottle 词末辅音）。鼻音也能构成音节,如 blossom 和 bacon,特别是在类似 the blossom may fade、bacon goes well with eggs 的短语中,由于后面音的同化,鼻音构成音节。在非重读音节中擦音和塞音可以成音节,如 suppose、today 等词,它们可以

严格标记为 [s̩ˈpoʊz] 和 [tʰˈdeɪ]。在读上述的词和短语时，发音会出现很多变化，对我们而言，它们都是成音节辅音，但其他人可能认为这些例子都是由辅音和后接元音 [ə] 构成的。

虽然很难给音节下一个定义，但几乎每个人都能辨识音节。如果我问你 *minimization* 或 *suprasegmental* 中有几个音节，你可能会很容易地数出来，并告诉我它们每个词有 5 个音节。然而，在任何语言中，用一个客观的语音程序来确定一个词或短语中音节的数目，以及音节与音节之间的边界却都是相当困难的。而且，有趣的是，大多数人说不出他们刚听过但未曾说过的短语中有多少个音节。

英语单词中有多少音节人们的看法也并不完全一致。其中有些是由一些特殊词语说法上的方言差异引起的。有些人会说 *predatory* 有 3 个音节，因为他们将它念作 [ˈprɛdətrɪ]；而把它发作 [ˈprɛdətɔɪ] 的人会说它有 4 个音节。同样，像 *bottling*、*brightening* 这些词，一些人发音时中间会有伴随性的成音节辅音，导致它们有 3 个音节，而其他人却不这样发。

有几组词在发音上没有区别，但在音节数量上人们的判断却有不同。第一组词包含着可算可不算作独立音节的鼻音。像 *pessimism*、*mysticism* 之类的词可以看成有 3 个或 4 个音节，这种不同判断取决于最后的 [m] 是否成音节。第二组单词包含后接 /l/ 的前高元音。一些人会认为 *meal*、*seal*、*reel* 有两个音节，但另一些人认为它们只有一个音节。第三组是含有可算可不算作成音节 /r/ 的词。一些人认为 *hire*、*fire*、*hour* 是 2 个音节的，另一些人（以完全相同的方式发音的人）却不这么认为。同样的分歧也出现在一些说美式英语的人发，如 *mirror* 和 *error* 等音时。还有一组词，其中含有后接另一元音的非重读高元音，且其间没有插入性辅音，它们的音节数也是有分歧的，如 *mediate*、*heavier*、*Neolithic*。有关这些词音节数的观点分歧可能是由于它们实际发音有差别，正如上面所引的 *predatory* 一例中的情况。但跟 *predatory* 不同的是，如果音节在特定场合省略，那情况通常就不清楚了。

一个词有多少音节，不同的人也可能有不同的看法。一些人可能更关注单词发音的音系结构。所以，很多人把 *realistic* 看作有 3 个音节，但另一些人（对词形和发音之间关系更加关注的人）可能认为它有 4 个音节，因为跟单词 *reality* 一样，每个人都认为它有 4 个音节。同样，一些人会认为 *meteor* 有 2 个音节，但认为它跟 *meteoric* 的词干一样的人则认为它有 3 个音节。

　　判断像 *hire*、*hour* 之类的词有多少音节,可能还受音位考虑的影响。一些人区分 *hire* 和 *higher*,发 *hour* 时它的结尾跟 *tower* 也不同。这些人好像认为 *hire* 和 *hour* 是单音节词,*higher* 和 *tower* 是双音节词。但另一些人却并不区分 *hire* 和 *higher*,也用跟 *tower* 同样的方式发 *hour*,他们会把这些词都看作是双音节。因此,两个发音人可能用完全相同的方式去发 *hire*,但是,由于受其他词的发音方式的影响,一个人会认为它是单音节的,而另一人则认为它有 2 个音节。

　　即使上面引述了一些难以确定音节数的词,但请记住大多数词的音节数是没有疑问的。这一点非常重要。请从电影字幕中(字幕语料库)任选一列词:*bronze*、*medications*、*waif*、*stoical*、*established*、*thistledown*、*nurtured*。除了比较生僻的 *stoical* 外,人们对每个词音节数的看法是一致的。*Stoical* 看上去有 2 个音节,发音为[stɔɪ.kəl]。但实际上,人们通常把它发作 3 个音节的[sto.ɪ.kəl]。

　　要给音节下一个令人满意的定义,我们需要做两件事:必须对音节数无分歧看法的词进行说明,还必须解释在其他一些词的音节数上为什么会存在不一致的观点。要做到这一点,可以用每个语音的固有响度来尝试着给音节下定义。一个音的**响度**(**sonority**)是跟具有相同音长、重音和音高的另一些音相比较而出现的音量大小。请试着发元音[i,e,ɑ,o,u],你会听到元音[ɑ]响度更大(这主要是因为它发音时开口度较大)。为了证实这一事实,你可以请一位朋友站在一定距离之外按任意顺序念这些元音,你会发现,低元音[ɑ]比高元音[i,u]更容易听见。

　　我们在第八章看到,一个音的大小主要取决于它的声学强度(所呈现出的语音能量值)。响度可以通过测量一组用类似的音高、音长和重音来念的音的声学强度来进行判断。运用这种判断方法我们画出了图 10.1 中的条形图。正像你看到的,低元音[ɑ]、[æ]比高元音[i]、[u]的响度更大。近音[l]跟高元音[i]的响度大致相同。鼻音[m,n]比[i]响度略小,但比浊擦音(如[z])响度更大。浊塞音和所有清音的响度非常小。

图 10.1 英语一组音的相对响度

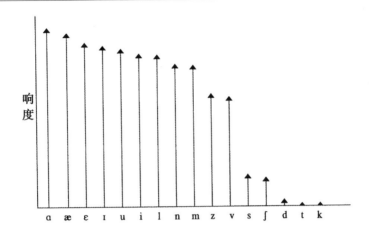

我们不能将图 10.1 呈现的响度看作是精确的测量。不同发音人和录音装置的音强差异可能很大。因此,在特殊环境中,一个发音人发 [i] 时可能比 [l] 响度更大,但另一个人却可能不是这样。

现在我们可以看到一种可能的音节理论是,即音节峰与响度峰一致。这一理论可以解释为什么人们对大部分词的音节数的看法是一致的。如在 *visit*、*divided*、*condensation* 等词中,响度峰清晰可见,每个音节峰跟它旁边的音相比都有更大的响度。这一理论也可以解释为什么人们对于 *prism*、*seal*、*meteor* 等词的音节数的看法会有分歧。不同的人对于这些词中响度峰数目的看法不同,一些人认为,*prism* 中最后的 [m] 可能比其前 [z] 的响度更大,但另一些人却不这样认为。同样,对 *seal* 中的 [l] 和 *meteor* 中的第二个[i],人们可能也可能不会有响度峰上的分歧。

然而,音节的响度峰理论并不能解释所有已观测到的事实。如它明显不能解释 *spa* 这个词。*Spa* 是一个单音节词,但发音时却一定有两个响度峰。它由三个音段构成,第一个和最后一个音的响度比第二个大一些。响度峰理论也不能解释短语 *hidden aims* 和 *hid names* 中音节数的差异。有些人发 *hidden* 没有第二个元音,所以这两个短语的音段组成一样,发成 [hɪdneɪmz](排除一些人喜欢带喉塞音的发音 [hɪdnʔeɪmz])。因此,它们的响度峰数一致。但是第一个短语有三个音节,而第二个短语却只有两个音节。

还有一些单词,很多人对其中一个音节或发音或不发音。最典型的词是 *paddling*、*frightening*、*reddening*,每一个都可以念成两个音节,用插入点号间隔:['pæd.lɪŋ,'fraɪt.nɪŋ,'rɛd.nɪŋ]。另一种念法是(仍用插入点号表示音节间隔),念成三个音节,中间有一个成音节鼻音或边音:['pæd.l̩.ɪŋ,'fraɪt.n̩.ɪŋ,'rɛd.n̩.ɪŋ]。一些人声称他们可以区分 *lightning* ['laɪt.nɪŋ](天空中)和 *lightening* ['laɪt.n̩.ɪŋ](发光)、*codling*['kɑd.lɪŋ](幼鳕)和 *coddling* ['kɑd.l̩.ɪŋ](溺爱)。音节的响度理论不能充分解释上述情况,所以我们不能把音节数的变化解释为是由响度峰的数目变化引起的。

为了克服响度峰理论在解释音节上的困难,我们用**突显峰**(**prominence**)来标记音节。如果音长、音强和音高相同,两个音的相对突显情况一半取决于它们的相对响度,但也有一半取决于它们的实际音长、音强和音高。我们可以说,*hidden aims* 中的[n]构成一个突显峰,因为它比 *hid names* 中[n]的音强要强或音长要长(或二者皆有)。

这个定义也存在着问题,它不能将构成突显的响度、音长、音强和音高的合力作用说清楚,也不能适用于所有的语言。部分原因是由于不同语言之间辨别突显的标准不一样,有的关注音长,有的更关注响度。另一部分原因是由于一个音的突显性还和它在词中的位置有关。所以,几乎没有办法确定某个音是否突显。结果是,突显峰的概念变成了完全主观的东西,使得它对于怎样定义音节不能带来任何真正的启示。一个音因为形成音节峰而呈现突显,因突显而成为音节峰。

另一种完全不同的观点认为:音节不是人们所听到的音的特性,而是由发音人发出的东西。心理学家 R. H. 史蒂森(R. H. Stetson)就主张这一理论。他提出,每个音节是由胸腔搏动引起的——由胸廓肌肉的收缩推动更多的气体从肺部排出。史蒂森对呼吸系统的活动做了大量观察,他关于胸廓肌肉活动的观点几乎都是在他对胸廓运动的观察和肺部气压的测量基础上所做的推理。但遗憾的是,随后人们关于肌肉自身活动的直接观察并不能证实他的理论。很显然,每一个音节是由胸腔搏动引起的观点是不正确的。

还有另一种探讨音节的方法,即将音节看成是在很大程度上存在于发音人心理活动中的抽象单位,它们是组织和形成话语的必要单位。一些话语组织研究发现以音节为单位的话语组织原则是事先储存在人脑中的,其他相关研究也都支持了这一观点。例如,请思考一下人们说话时犯的错误——舌头打滑,最常见的一种错误或许就是辅音互换,*our dear old queen* 变成了 *our queer old dean*。实际上,所有涉及辅音互换的错误并不是一个辅音与另一个辅音的互换,而是在音节相同位置辅音之间的互换。除非把音节看作形成言语的重要单位,否则很难解释我们观察到的这类现象。对出现在语言中的语音模式的描述为音节定义提供了更进一步的类似证据。在前面的章节中我们看到,不把音节看作语音单位就很难描述英语或者其他任何一种语言。因为,对于一段话语的语音学描述其实是关于说话人是如何组织语音的问题。所以,将话语组织单位——音节纳入音系学描述体系是完全合乎情理的。

概括来讲,我们可以说有两种试图给音节下定义的理论。第一,用像响度(声音能量)那样的声音性质或突显(响度、音长、重音和音高的联合作用)来定义;第二,根据音节是构成话语基本单位的概念来给它下定义。

从某种意义上看,音节是言语中最小单位,每一段话至少必须包含一个音节。用由元音和辅音音段组成的言语说起话来很方便,但是,这些音段只能被看作是组成音节的各个方面。为了便于描述,一个音节还可以分为音节**起始音**(**onset**)和**韵**(**rhyme**)。音节的韵由元音和其后辅音——一个非常熟悉的概念所组成,韵之前的辅音构成音节起始音,韵可以进一步分为**韵核**(**nucleus**,即元音部分)和**韵尾**(**coda**,由最后的辅音组成)。如 *I*, *owe* 等词由单音节组成,只有一个韵,也就是韵核,它们既没有起始音,也没有韵尾,*splint*、*stripes* 等是单音节词,包括由 3 个辅音构成的起始音和 2 个辅音构成的韵尾。

有时很难说一个辅音是一个音节的韵尾还是另一个音节的起始音。如,像 *happy*,怎样来划分它的音节呢?一些人读成['hæ.pi],另一些人却读成 ['hæp.i]。还有一种看法认为,[p] 属于两个音节,称它为**兼属两个音节的**(**ambisyllabic**)辅音。这样处理的结果是,将 *happy* 描写为 ['hæpi],不对音节进行切分。对于如何正确解答这一问题,语言学家们的观点并不一致,这里我们不再作进一步讨论。在言语合成技术中,如果需要知道某个英语词的音节构成,通常使用的计算原则是,使起始音最大化而不是韵尾——这一原则会把 *happy* 的音节划分为['hæ.pi],而不是['hæp.i]。而且,还要尽量避免出现属于两个音节并和前后元音都有关系的成分。

不同语言在所允许的音节结构方面存在着非常大的差异。正如我们已经注意到的，英语有复杂的起始音和韵尾。夏威夷语（Hawaiian）在起始音位置上只允许出现一个辅音，韵尾不出现辅音，所以每个词（如 *Honolulu，waikiki*）都是以元音结尾。汉语普通话中（软腭）鼻辅音只允许出现在韵尾，如 *Beijing，Shanghai* 的发音。

🔊 重　音

在第五章，我们曾经提到：单念形式中的重读音节会变成自然语流中的非重读音节。也就是说，作为英语词汇的一个基本特征，重音只是说话人临时想要强调的音节。这种"重音为强调而生"的观念同样也适用于其他语言。所以，在讨论重音的语言学特点时，我们一般指的是单念形式。

重音是话语的超音段特征。它体现在整个音节——无论音节用什么构成，但不体现在单个独立的元音或辅音上。重读音节比非重读音节发音要强，这种现象在语流中更加突出。

英语和其他日耳曼语重音运用上的差别远远多于世界上其他大部分语言。很多词的重音不是固定的。因此，很难从词的结构划分中判断重音的位置。比如，(*to*)*insult* 和 (*an*) *insult*，*below* 和 *billow*，*market* 和 *Marquette* 等。在一些语言中，重音位置与词的关系是固定的。不论词内的音节多少，捷克语词重音几乎总是在第一个音节上。波兰语和斯瓦希里语中，重音常常在倒数第二个音节上。

重音运用上的变化使不同语言有着不同的韵律节奏。但是，重音只是造成韵律差异的一个因素。由于重音似乎是一个主要因素，所以过去人们常把一些语言（如法语）叫作音节节拍语言，在这种语言中音节往往以有规律的间隔重复出现。相反，因为重音被看作是韵律节奏的主要特征，人们将英语和其他日耳曼语称为重音节拍语言。现在，我们知道这是不正确的，在当代法语中常有打破句子节奏的强重音，而英语中句子的节奏不只来自重音，还取决于多个相互作用的因素。有一种描写语言之间重音差异的好方法，这就是将语言分为变化性词重音（如英语和德语）、固定性词重音（如捷克语、波兰语和斯瓦希里语）和固定性短语重音（如法语）。

跟音节相比，重音的性质非常好理解。念重音要消耗发音人更多的肌肉能量，这通常需要通过胸廓肌肉收缩使更多的空气从肺部排出，并用喉部肌肉来增强音高。总之，增加的能量意味着增高的突显度。送气塞音的送气段更长，清辅音不大可能被同化为浊辅音，元音有更多等级的共振峰，以致高元音更高，低元音更低等。此外，强调某个音节还可以通过语调来实现，造成更多等级的音高，如比高声调更高的调，或比低声调更低的调。重音一般体现为重读音节的加长。

当肺部排出的气流量增加时，所发音的响度也随之提高。一些书简单地以响度来给重音下定义，但是，如果把响度只简单看作涉及一些语音能量的问题，这并不是一个很有价值的定义。我们已经注意到，一些音比其他音能量更强，这是由于开口度等因素的作用。

音高上升是重音一个更重要的表现，这可能是喉头活动的结果，也可能不是。你可以观察一下自己的发音，甚至在喉部肌肉活动没有增强的情况下，肺部呼出气流的增加引起了音高上升。你闭上眼睛靠墙站立，请一位朋友按住你的下胸部，这时，用稳定的音高发一个长元音，并让你的朋友突然推一下你的胸部。你会发现，在你肺部排出的气流增加（朋友推动的结果）的同时，元音的音高也上升了。

在讨论英语重音时还需要注意最后一个因素。我们在第五章已经知道英语中的音节要么是重读音节，要么是非重读音节。如果是重读，它可能处于语调音高变化的中心，从而成为语调重音，也可以说是它上升为主要重音。如果非重读，它可以有一个完全元音或一个弱读元音。有人认为弱读元音暗示着低层级的重音，但这里认为这不是重音问题，而是元音音质的问题。我们也发现一些成对的词，例如 (*an*) *insult*（名词）和 (*to*) *insult*（动词），它们之间的区别只是重音的不同。这些词因在句子里跟句重音一起出现而丢失重音时将会发生什么？请关注一对句子："*He needed an increase in price.*" 和 "*He needed to increase the price.*" 其中的 *needed* 重读程度一样。说话人（或语言学家）可能会认为 (*an*) *increase* 和 (*to*) *increase* 的强调方式不同，声学分析却显示两个句子之间不存在语音差异。这就是通常所说的一种情况——说话人对于词重音的认识导致了一个语音错觉。

🔊 音　长

音节中每个音段在音长上也可能存在变化。苏格兰高地英语 *week* [wik] 和 *weak* [wiːk] 中的单元音音质相同，它们的区别在音长上。英语的大多数变化中，音长变化完全是属于音位变体的变化。如：我们可以预测，*bad* 中的元音比 *bat* 中的更长，这是因为，其他条件都一样时,元音在浊辅音前总是比在清辅音前更长。

EXAMPLE 10.1

另有很多的语言是利用音长来形成对立。网络平台的语言索引中有爱沙尼亚语、芬兰语、阿拉伯语和日语用长短元音构成对立的例子。丹麦语的例子网络平台中也有。长音可以在音标后加［ː］来表示,也可以用重复写这个音标来表示。

EXAMPLE 10.2

辅音的长短对立并不非常普遍,但的确在一些语言中会存在。如:卢干达语中,［ˈkkúlà］(财富)和［kúlà］(成长)构成对立。意大利语中,*nonno* [ˈnɔnno]（祖父）与 *nono* [ˈnɔno]（第九）构成对立；*Papa* [ˈpapa]（教皇）与 *pappa* [ˈpappa]（麦片粥,婴儿食品）构成对立。那些可分析为双辅音(或元音)的长辅音(或元音)称为**双音**(**geminates**)。意大利语双音的例子在网络平台上可以找到。

可以将意大利语双辅音与英语 *white tie* [waɪt.taɪ]、*why tie* [waɪ.taɪ] 和 *white eye* [waɪt.aɪ] 中辅音间的对立进行比较,它们的差别在于,意大利语长辅音可以出现在一个单独的语素中(语素是一个语法术语,是最小的表义单位),但是英语双辅音只能出现在词的边界位置上,如前例所示;或者出现在一个包含两个语素的词中,如 *unknown* [ʌnˈnoʊn] 或 *guileless* [ˈgaɪlɛs]。然而,值得注意的是,一些在历史上是两个语素的词通常只发一个辅音,如 *immodest* [ɪˈmɑdɪst]。

EXAMPLE 10.3

在音长运用方面最有趣的语言可能要数日语了。日语可以用莫拉进行分析。莫拉是古希腊语和拉丁语中的词,现用做音长单位。每个莫拉可以理解为语言节奏框架中的一个节拍。其时长大约相同。日语莫拉最常见的类型由一个辅音后接一个元音构成,如:日语 [kakemono]（字画）和 [su̥kijaki]（牛肉火锅）分别由四个这种类型的莫拉构成。注意,在后一个词中,高元音 /u/ 是清音,因为它出现在两个清辅音之间,但仍然是该词节奏中的一个节拍。另一类莫拉由一个元音自身构成,如:[i.ki]（呼吸）中有两个莫拉,它们发音时长大约相同,在一个莫拉中辅音不能出现在元音后面,但可以自己构成一个莫拉,[nippoŋ]（日本）应划分为 4 个莫拉 [ni. p. po. ŋ],虽然它只有两个元音,但与[kakemono]或[su̥kijaki]有相同数量的节拍。你可以在网络平台例 10.3 中听到这三个词。

节　奏

不同语言给人不同的感觉——它们用不同方式来控制节奏。我们注意到,日语是用莫拉来控制节奏的,说话人感觉每个莫拉的时长是一样的。同样,语言学家把有些罗曼语系的语言(尤其是西班牙语和法语)归为由音节来控制节奏的语言,因为这些语言的节奏看上去更容易通过音节而不是通过莫拉或重音来确定。相比而言,英语和德语通过重读音节来控制节奏(和"韵律"的概念有关)。

若要用语音学原理来解释不同语言的不同节奏类型是很难的。确定语言节奏(我们也曾称之为"节拍")的最简单、最直接的办法莫过于找到像节拍器一样有规律的节拍单位。这种节奏模式称作**等时性**(**isochrony**)。对于由莫拉来控制节奏的语言(比如日语),说话人感觉每个莫拉的时长是一样的;对于由重音来控制节奏的语言(比如英语),说话人感觉每个重读音节的时长是一致的。当然,"感觉"时长一样并不意味着实际时长确实相等。从研究者的眼光来看,目前还没有找到任何完全等时的语音单位。我们能确定的只是:如果说话人想要讲得有节奏,就像在公共演讲时要达到的那种乐感一样,重音-节奏型语言的说话人会把重读音节看作等时的单位;音节-节奏型语言的说话人会把音节看作等时性单位,莫拉-节奏型语言的说话人则把莫拉看作完全等时的单位。这种心理上对于节奏的追求又在语言的历时发展中对词形演变起作用。重音-节奏型语言倾向于发展出非重读音节越来越少,而辅音连缀越来越多的词,而音节-节奏型语言则倾向于发展出所含音节长度相等的词。

这就引入另一个话题——词语的音段组成是确定不同语言节奏类型的最可靠单位。不管是重音还是音节(可能也包括莫拉)在控制语言的节奏,其最终都和音节的组成有关。所以,确定语言节奏的因素之一是重音的位置,同样重要的因素还包括语言中是否有长短元音对立、是否出现元音序列、非重读音节中的元音是否弱读、音节结构的类型(注意音节中的起始音和韵尾是否包括辅音序列)等等。夏威夷语两个元音之间最多只能出现一个辅音,但在英语中最多可以出现七个辅音,如短语 *texts spread* [teksts sprɛd]。在波兰语中甚至更多,你可以在网络平台上波兰语的相关网页上(使用"Extras"部分的语言索引）找到更多辅音连缀的例子。

音节结构差异会影响语言的节奏。有一种描述节奏差异的方法，就是考虑句子中音长变化因素。在法语里每一个元音的长短似乎都差不多，相反，英语里的短元音插在长元音中。这些韵律的差异可以用**成对变异指数**（pairwise variability index，PVI）算出来。PVI 可用在很多语音单位上——元音、元音间隔、辅音间隔，或者话语的其他领域。我们可以通过话语中所有邻近单位的平均率来计算 PVI。计算过程分为三个步骤，这听起来比实际上一次计算更复杂。第一，确定要测量间隔（例如，元音时长或两个元音之间的间隔时长）；第二，算出话语中每对邻近间隔之间的时长之差，再用相邻间隔的平均时长除以这个差；第三，通过每对平均时长来确定每一个结果；最后得到一对的平均率。计算公式如下：

$$PVI = 100 \times \left[\sum_{k=1}^{m-1} \left| \frac{d_k - d_{k+1}}{(d_k + d_{k+1})/2} \right| / (m-1) \right]$$

m 是话语里的项目数，d_k 是第 k 个项目的时长。为了避免出现分数，这个数值乘以 100。PVI 测量的是元音时长在一般情况下的变化比率。若所有元音的时长相等，则 PVI 接近于零；若相邻元音的时长是其邻近元音时长的三倍或三分之一，则 PVI 等于 100。

很多语言里元音的 PVI 已经算出来了，其中一些如图 10.2 所示。前四种语言是泰语、荷兰语、德语和英语，用黑色直方柱显示，它们的指数较大（邻近元音之间的时长变化比较大）。这些语言都有强重音和较大的元音时长变化。后四种语言是法语、日语、西班牙语和汉语，用白色直方柱表示。这些语言的元音时长比较稳定。在词中特定的音节上没有重音。图中间灰色直方框表示的是波兰语，它跟后四种语言比较接近。虽然它的重音在特定音节上（词尾倒数第二音节），但是一般不伴有元音时长变化的出现，所以它不能跟强韵律重音的语言归为一类。我们还应该注意，如果已经将解释辅音序列的 PVI 算出来，波兰语在图中刻度表上的位置应该不同于其他语言。正如我们所看到的，波兰语中元音之间的辅音可变性很大。图 10.2 还显示语言之间在节奏上没有明显的界线。PVI 主要测试语言节奏的强弱，不同语言在这一特性上强弱程度不尽相同。

图 10.2 一些语言的成对变异指数

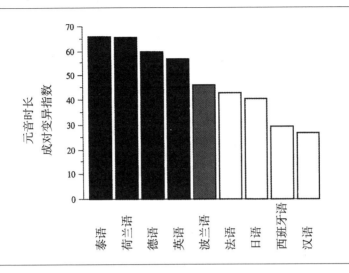

通过网络平台上例 10.4 中 PVI 的 Excel 数据表你可以非常容易地算出一组元音时长的 PVI(你的电脑必须安装 Excel 程序)。数据表将提供用于计算的公式,帮你算出指数。数据表所举的是我们上面讨论的对邻近元音之间时长变化的计算例子,以及邻近音节(包括辅音)之间时长变化的计算例子。

🔊 语调和声调

决定语音音高的因素很多,其中最重要的是声带的松紧度。如果声带拉紧,音高将提升。所以,改变声带的松紧度是形成话语中大部分音高变化的常见方法。另外,正像我们在重音部分所看到的,肺部排出气流的增加会使音高上升,因此,重读的音也常会出现较高的音高。最后,出现音高变化还与不同发声类型中声带位置的变化有关系。嘎裂声常常音高较低,而且具有特殊的音质属性。

音高变化可以传达很多不同信息。跟言语声音其他方面的情况一样,这些信息可以大体显示说话者的个人特性。音高常常能反映出说话者是男性还是女性,而且在一定程度上也可以反映出他或她的年龄。另外,它还传达出大量的关于说话者情绪状况的非语言信息——这个人是内心平静还是愤怒生气,是快乐还是悲伤。迄今为止,没有人知道音高变化所传达的这一类信息是否具有普遍性,但是,很多不同语言的发音人在传达相似情感信息时显然会有相似的音高变化。

EXAMPLE 10.5
264
语言在使用音高差异来传达语言学意义信息的方式上似乎也有一些具有普遍性的东西。所有语言都使用音高来标记句法单位的边界。几乎所有语言都用降调表示一个语法单位的完结,如:一个标准句子用低的音高表示语法单位的完结。最后一个音节(或最后一个重读音节)的音高比它不在句末时要低。相反,在不完整的话语中,如句中有从句停顿,说话者试图表示仍有一些事情要说,通常要用上升的语调。这些例子和英语其他语调的例子在第五章已经讨论过,在网络平台例 5.11 中(和例 5.10 也有联系)都能找到。当然,上面这两种普遍现象也有例外。如,根据英语一些话语方式,一些句子可能有上升的语调。但是,大部分话语还是使用降调标记非疑问句。

英语的语调还传达语篇信息。比如,在句子 But, he also wrote a very long one 中,long 可以重读,前提是这个句子之前有一句:Peter has written a few short books,"长篇"因此成了新信息。如果将前句换成 Peter read a very long book,新信息就成了"彼得写的书",wrote 应该重读。试着读一读这几句话,把重音放在不同的词上,感受一下语调在传达语篇信息中的重要性。

除了语篇和句法功能以外,其他许多语言的声调变化还能改变词义。比如在汉语普通话中,辅音-元音组合[ma]若为高平调,意思是"母亲",若为降调,意思是"骂"。

对词义产生影响的音高变化叫作**声调**(**tones**)。世界上大部分语言的词义都依赖于声调。所有语言也都使用语调,即,使用音高变化传达句法信息。语调模式构成了一种语言的声调框架,这一点我们将在后面讨论。

最简单的声调语言仅有高和低两种可能的声调。在一些班图(Bantu)语言中,如绍纳语(Shona,津巴布韦使用的语言)、祖鲁语及卢干达语,每一个元音可以分为高调或低调。因此,在绍纳语中,[kùtʃérá]("提水"的意思)第一个音节是低调,第二和第三个音节是高调,但是,当这一序列变成 [kùtʃèrà],即每个音节都是低调时,它的意思是"挖掘"。

EXAMPLE 10.6
我们可以用许多不同的方法来描写声调,其中最简单的描写系统是,在元音[á]上用锐音符号标记高调,用钝音符号标记元音[à]的低调,中调可以空缺不标。这是我们在一些图表上举例说明英语中不出现的一些音时所使用的一种描写方法(例如,请看显示科萨语里对立擦音的表 6.3 和显示埃维语擦音的表 7.1)。在有三种声调的语言中,如约鲁巴语(Yoruba,尼日利亚使用的一种语言),中调就空缺不标。我们可以用这种方法描写像约鲁巴语出现的三种对立声调,如:[ó wá](他来了)、[ó wa...](他寻找……)、[ó wà](他活下来了)如果三个声调包括高调、中调和低调,像尼日利亚的另一种语言伊比比奥语(Ibibio)中的情况,那么就可以用折调符(可认为是由锐音高调紧跟钝音低调构成的组合体),见在网络平台上伊比比奥语声调的例子。

注意:语音学学生在解读国际音标声调符号时,最容易犯的错误是认为[á]是升调,[à]是降调。其实,[á]是高平调,[à]是低平调。

说英语的人通常难以将声调看作词语的一个重要的、有意义的成分,但是对于使用有声调语言的人来说,声调差异与辅音和元音的音质差异一样重要。如果你试着用约鲁巴语说"他寻找……",用[ó wà]代替[ó wa],听起来就像说英语时用 *he licked* 代替 *he looked* 一样的奇怪。

在声调语言中,对立的声调虽然标在元音上面,但它们通常是整体音节的一部分。声调也可以出现在成音节的浊辅音上,伊博语(Igbo,尼日利亚使用的一种语言)把"我漂亮"说成 [ḿ mà ḿ mà]。声调偶尔也出现在一般情况下不成音节辅音上,在本章"音长"一节,我们将卢干达语"财富"标为 [ˋkkúlà],第一个 [k] 前面标为低调,显然,清辅音前面的无声部分不能用低调来说,只有浊音才有高调或低调,因为考虑到卢干达语语音的整体格局以及声调在词语中的分布,这一特征必须在标写系统中显示出来。

声调语言在词内使用音高时有两个细小的差别。在迄今所举的例子中,音高的不同会对词的词汇(词典中的)意义产生影响,但一些(而不是大多数)声调语言也使用音高变化来表示语法(形态)意义。伊博语表示"领属"的概念——大致跟英语中的 *of* 相当——可以通过高调来表示。如:这一高调出现在表示"猴子的下巴"的短语中。单念时,"下巴"发成[àgbà],其中有两个低调;"猴子"发成[èŋwè],也有两个低调。但发"猴子的下巴"这个短语时却成了[àgbá èŋwè],"下巴"的第二个音节是高调。因此,英语 *of* 一词在伊博语中有时就可以简单地用一个特定音节上的高调表示。

另一个用声调表示语法意义的例子出现在伊多语（Edo，尼日利亚使用的一种语言）的时态系统中，如表10.1所示。在被称为一般时的时态（表示惯用动作）中，代词和动词都是低调；在进行时（表示动作正在进行）中，代词是高调，单音节动词是低调，双音节动词由低到高；在过去时中，代词是低调，单音节动词是高调，双音节动词由高到低。

表 10.1	伊多语部分时态系统中的声调运用			
时态	单音节动词		双音节动词	
一般时	ì mà	我表演	ì hrùlè	我跑
进行时	í mà	我正在表演	í hrùlè	我在跑
过去时	ì má	我表演了	ì hrúlè	我跑了

在思考更复杂的声调系统之前，你应当检查一下自己是否可以准确发出前面几段所引例子中的所有声调。当然，高调应位于自己的音高范围内的上部，低调应位于其下部。如果你是跟一个朋友一起，或跟着一个说声调语言的发音人的录音一起发音，注意不要刻意模仿他们的精确音高，除非他们的音高区域恰好跟你平常的音高区域一样，我们一般认为形成对立的声调总是跟发音人既定的平均音高有关。（如果你的嗓音平时就很低沉，那么，在对说声调语言发音人的田野调查中常遇到的一个问题是：当你准确地模仿发音人时，他们常说你发错了。其实，要想发音正确，你需要的不是准确地模仿发音人，而是用你平时的嗓音说话。）

很多语言的声调可以用发音人音高范围内指定点的形式来描写。如果发音人所发出的是一个只有单一音高的音节，这个声调可以看作是水平声调。有的语言基本上只有高低两种声调，如卢干达语、祖鲁语和豪萨语。有的语言有高、中、低三种声调，如约鲁巴语（约鲁巴语还另有一些曲折调，但它们可能是一个单音节内两个声调合并的结果）。大部分声调语言都只有两三种声调，但是有四种甚至五种声调的语言确实存在。Egede语和Kutep语（都是尼日利亚使用的语言）的声调就可以分为顶、高、中、低四种。

采用钝音符和锐音符的声调描写体系可以满足对一个音节中只有一个目标声调的语言的描写。它可以表现语言的四种声调形式，方法是在中间两个声调中较低的声调上标注一条横杠，如[a]，较高的那个不做标注。国际音标把这个"超高"调标作[ӑ]，"超低"调标作[à]。但是，这种描写体系不能满足具有复杂声调系统的语言。例如，汉语普通话有四个声调,其中三个有明显的音高变化,这类声调叫**曲折调**(**contour tones**)。发这类声调时,发音人的目标是通过音高变化而不是音高范围内的单点高低变化来区别意义。除汉语之外,东南亚的一些语言(如泰语和越南语)也有曲折调。值得注意的是,这些著名的声调语言在世界声调语言中并不典型。世界上大部分的声调语言都有单一目标音高,或者至多每一个音节不是升调就是降调。

标写曲折调的方法是,在发音人正常音高范围内设置5个等距的点,分为(1)低、(2)次低、(3)中、(4)次高、(5)高;然后,我们可以将其中的一个点跟另一个点连起来,画出曲折调。我们可以用图来描写它。如果我们画一条竖线表示发音人音高的正常范围,那么在这条线的左边就可以标出音高简图,我们可以用这种方法制作一个类似字母的符号来表示声调。表10.2用三种方式描写汉语普通话的声调:(1)每一个调给一个序号;(2)标出声调符号,见表第四列;(3)用音高数字对声调符号进行描写,见表第三列。传统表示汉语声调类别的序号见表第一列,你可以在网络平台例10.7中听这些声调。

表 10.2　汉语普通话的声调①

调类	调值描写	音高	声调符号	例子	注释
1	高平	55	˥	ma^{55}	妈
2	高升	35	˧	ma^{35}	麻
3	低降升	214	˨˩˦	ma^{214}	马
4	高降	51	˥˩	ma^{51}	骂

用相同方法设计的其他声调符号也可以用来描写另一些语言的声调。表10.3描写的是泰语声调,录音材料见网络平台例10.8。要注意通常用来表示泰语声调的数字和表10.2中表示汉语普通话声调的数字所代表的值并不相同。泰语第一声是一个降调,而汉语普通话第一声是高平调,泰语里还有第五声,可以命名为*普通调*,记音时可不标在音标右边。

---

① 译按:原书第三列第四列有误,在此改正。

表 10.3　泰语声调对照表①

调类	调值描写	音高	声调符号	例子	注释
1	低降	21	↘	naa²¹	（昵称）
2	高降	51	↘	naa⁵¹	脸
3	高升	45	↗	naa⁴⁵	阿姨
4	低降升	214	↓	naa²¹⁴	浓的
普通	中降	32	↘	naa³²	田野

在一个有声调的语言里，即使音高持续性的变化会贯穿在整个带声振动的语音序列中，它们也很少会出现从一个调值突然跳到另一个调值的情况。跟音段之间同化的方式一样，声调之间也会出现同化。当高调出现在低调前时，低调常常会从下降的音高变化开始。相应地，高调在低调后时会从上升的音高变化开始。相邻的两个声调，常常是第一个影响第二个，而不是其他方式。在声调同化方面世界语言似乎有一种倾向，即顺同化：前一个音节的声调影响到后面音节的声调，并不是前一个音节声调预测后面出现的音节变化。

由一个声调对另一个的影响而形成的声调变化叫作**连读变调**（**tone sandhi**）。有时，这些变化非常复杂。如：在汉语普通话中，表示"非常"的意思可以是 [hao²¹⁴]（好），是降升调；但是，在表示"非常冷"的短语中它发成一个高升调 [hao³⁵ leŋ²¹⁴]（好冷）。用这种变调的方法是因为汉语普通话避免两个降升调相继出现。当第三声后面紧跟着另一个第三声的字，这个低降升调就变成第二声——高升调。连续变调的另一个例子，出现在上海话（一种与普通话相关但完全不同的方言）的复合词中。"天空"一词念 [tʰi]，是高降调，可以记为 [51]；"地"念成 [di]，是升调 [15]，把它们组合在一起，为"天地"一词（"宇宙"的意思），念 [tʰi⁵ di¹]，第一个音节的高调向第二个音节的低调下降。这样，第一个音节的声调模式扩展到了整个复合词。这是上海话由单念时为高降调的首音节组成的复合词的一般发音规则。"交响曲"一词由"交、响、曲"三个字组成。单念时第一个是 [tʃiɔ⁵¹]，为高降调 [51]；第二个是 [ʃia³⁵]，为中升调 [35]；最后一个是 [tʃʰioʔ⁵]，短高调 [5]。组合在一起构成"交响曲"[tʃiɔ⁵ ʃia³ tʃʰioʔ¹] 时，第一个音节是高[5]，第二个是中 [3]，第三个是低 [1]。

正如我们在前面所说的，声调语言的语调变化也使用音高来表

---

① 译按：原书第三列第四列有误，在此改正。

示。在很多声调语言中，普通的陈述句会是降调，而在语段中至少有一些疑问句会用升调。表达怀疑、生气、兴奋和其他许多带有感情信息时可以采用类似英语的语调，单个词的固有声调会叠加在整个发音格局上。

像英语中的那样，规则的句调常常标明句法边界。大部分语言中像句子那样的句法单位的音高会有一个下降的趋势。这一普遍下降的趋势叫**下倾**（**declination**）。下倾在不同语言中的实际表现不同。在豪萨语中，下倾包括整个句子平均语调音高水平的下降，句子开头的高调和低调都比结尾处要高一些。在一个高低调交替的豪萨语中句子［málàm ínsù jánà bá sà námà］（他们的老师给他们肉），可能在句末有一个高调，这个高调的绝对音高跟这个句子开头低调的绝对音高是一样的。

另外一些语言中，下倾可能会以稍有不同的方式表示。不是高调和低调都下降，而是低调在整个句子中可能保持着大体相同的水平，下倾只影响到高调。卢干达语有一条下倾规则，在同一句中，出现在低调前的高调无论何时都会略微降低。这就是为什么我们在［ˋkkúlà］（财富）开头要标成低调，尽管它标在一个不发声的清辅音之上。我们可以看出来这儿肯定有个低调，因为如果没有这个（无声的）低调，这个词的调会比它实际的调要高。

总之，音高变化可以用于许多不同的方面。首先，它们传达了有关发音人情感状态的非语言学信息，在一定程度上还传达了个人的生理特征；其次，在所有语言中，音高不同可以传达一种或多种语言学信息。音高的语言学功能是：语调（短语中的特殊音高）在所有语言中都传达了有关言语句法构成的信息；声调（词中的特殊音高）既可以传达有关这个词的词汇意义，也可表示它的语法功能。在声调语言中，声调可以分为曲折调和水平调，描写曲折调需要说明一个音节中音高的升降变化，描写水平调只需要对每个音节中音高单一的目标高度进行说明，音节中的音高变化可以简单看作是将音节组合在一起形成句子的结果。

🔊 重音语言、声调语言和音高-重音语言

汉语显然是有声调的语言，它的音高具有别义功能。英语是非声调语言，音高不区别词义，尽管我们在第五章描述过英语音节在一些句子里会具有高低语调。这些高低调只能影响整个句子或短语的意

思，决不会区别单个词的意义。英语有轻重音的对立，如 *below* 和 *billow*，但却没有声调的对立。

目前我们分析到的语言不是重音语言就是声调语言，但仅分析这两类语言也过分简单化了。在有些语言中，多音节音高模式在区分词义上有着明显的作用。以瑞典语为例，它跟英语一样有可以用相同的方法进行描写的重音差异，但也存在音高对立。例如 anden（鸭子）和 anden（鬼）。在斯德哥尔摩方言中，"鸭子"一词早期有一个高音调，而"鬼"可能有两个音高峰。瑞典语音学家将这种差异描写为重音 1 和重音 2 的对立。但是我们应该注意，这不是真正声调上的区别，"鸭子"的基本成分是/and/，后缀是/-en/，"鬼"的语根是/ande/，后缀是/-n/，是构词的方式不同造成了音高差异。可以说音高在瑞典语词的构成上起了作用，但是并没有区别意义。

外赫布里底群岛的苏格兰盖尔语（Gaelic）用音高区别词义，但这也不是真正的声调区别。如 *duan*/tuan/（歌曲）和 *dubhan*/tuan/（钩子）的对立。第一个词有上升调，第二个词在结尾时有个快速下降的调。虽然这两个词由完全相同的音段序列构成，而且时长通常也一样，但发音人还是觉得后边的词是由两个音节组成的（从历时发展和拼词法上看就是如此），所以两个词有着不同的音高模式。盖尔语很多词通过这种方式使元音间的辅音丢失了，因此可以说盖尔语正在转变为声调语言。

日语属于声调语言和重音语言之间的语言，它更引人注目。日语词在特定音节会出现重读，就像英语有一个或更多的重音那样。但是，日语的重音通常被看作高调，所以日语通常被称为音高-重音语言。日语词的不同是由音高-重音的位置决定的，例如"牡蛎"/kákiga/、"围墙"/kakíga/、"柿子"/kakigá/等词的对立。

🔊 要点回顾

本章讲的是语言是如何在音段这个层级之"上"组织语音的。我们强调了音节的重要性，同时又花了很大的篇幅来讲音节是如何难以确定的。要确定一个词中的音节界线确实很困难——*alligator* 是[ˈæ.lɪ.ˈgeɪ.rə]还是[ˈæt.ɪ.ˈgeɪ.rə]？从响度（音段的响亮程度）方面来说，音节的"高峰"不是很难找到。但根据响度"峰"来计算音节数时，像[sta]这样的语音序列就很难说了（因为它有两个响度峰，分别在[s]和

[a]上，但只有一个音节）。而 lanolin[læn.l.in]有两个响度峰，三个音节。最终，我们只能得出结论：音节是话语组织的一个单位，它不是在声音或发音动作方面可直接测量的。关于重音，虽然我们认为肌肉的紧张程度可以测量，但也只能得出一个相似的结论：重音与其说是一个可测量的话语特征，倒不如说是一个话语组织的单位。语言节奏的特征与此类似，但又比较抽象。我们可以测量具体语音的时长，而且，在许多语言中，时长还可以区别词义，就像英语中的不同塞音区分 pat 和 cat 两个词一样。但是，在判断一种语言的节奏类型时（音节-节奏型或重音-节奏型），我们发现，不管说话人感觉如何，节奏单位并不是完全等时的。相反，节奏（即相邻元音时长，大致是强弱相间，或者所有的元音音长都差不多）的间接测量方法倒好像是判断一种语言是重音-节奏型还是音节-节奏型语言的最佳方法了。最后一个超音段特征是声调。我们说有些语言的声调变化不多（仅区分高调和低调），而有些语言不仅区分平调，还区分曲折调。像音节、重音和节奏一样，声调的实际表现和语境因素（连续变调及语调下倾）有关。所以，即使是像音高这样一个简单的语音特征，和声调也不存在直接联系。

说到这儿，我们似乎意识到一个令人沮丧的事实：语言声音系统的主要特征是难以确定的。但是，换一个角度看，它又凸显了语音学最有趣的一面。听者在使用语言理解信息时很少出问题，但现在我们知道，他们所用的不过是一个简单的密码系统，像莫尔斯代码一样。然而解释人类是如何成功使用这一密码系统的，是当今社会科学的一大挑战。

练 习

A. 人们对下列单词音节数的判断有分歧。请找一些人（如果可能，也找一些孩子）读这些单词，然后让他们说出各有多少个音节。即使你找的人观点一致，也要试着解释为什么人们可能在判断上会产生分歧。

laboratory _____
spasm _____
oven _____
prisoner _____
million _____
merrier _____
feral _____

B. 列举 4 个按音节响度理论不能充分说明其音节数的词。

C. 从词典中任意选取 10 个词列成一个表,请考查它们中有多少词的音节数没有疑问,解释其在另一些情况下产生疑问的原因。

D. 请参看本章没有提及的四五种外语的词典或初级课本。试着说明其中的词重音是固定的还是不定的,或者词中有无重音。

E. 再看看词典或初级课本,找找本章没有提到过的声调语言的例子。试着阐述每种语言有几种对立声调,并尽可能举例说明最小对立声调之间的差别。

F. 在卢干达语中,很多词属于下表两类中的一个,每一类都带有一个许可范围内的不同声调模式,如下表例子所示:

第 Ⅰ 类		第 Ⅱ 类	
èkítábó	一本书	ákásózì	一座山
òmúːntú	一个男人	òmùkázì	一个女人
òlúgúːdó	一条路	èmbwáː`	一条狗
òkúwákáná	辩论	òkùsálà	剪

描写每一类许可范围内的声调序列。(事实上,第Ⅱ类比此处给出的材料所反映的声调情况更复杂。)

_____
_____

G. 大体来说,卢干达语表陈述句时第一个元音音高下降,第Ⅰ类词的声调变得如下所示:

 kìtábó   这是一本书。
 lùgúːdó   这是一条路。

说明在这一语法结构中影响声调的规则。

_____
_____

🔊 操　练

A. 练习念包括长短元音的无意义词,如下面所示将其中一部分念成英语短语。试着让每个元音时长与它的原有音质不同,以保持 [bɪb] 和 [bib] 时长一样;也让辅音不同于其原有音质,以保持 [bip] 和 [bib] 时长一样。将这些音节放在短语中,以便你可以确保自己维持了大体恒定的语速。但注意,当时长发生变化时,这些听起来将不再像英语词。

ˈseɪ	ˈbiːb	əˈgɛn
ˈseɪ	ˈbib	əˈgɛn
ˈseɪ	ˈbɪb	əˈgɛn
ˈseɪ	ˈbɪːb	əˈgɛn
ˈseɪ	ˈbiːp	əˈgɛn
ˈseɪ	ˈbip	əˈgɛn
ˈseɪ	ˈbɪp	əˈgɛn
ˈseɪ	ˈbɪːp	əˈgɛn

B. 用下面所列的其他音节重复练习 A,连续使用同一个格式,如"*Say* _____ *again*"。

 buːd
 bud
 bʊd

bʊːd

buːt

but

bʊt

bʊːt

C. 学习区分单辅音和双辅音或者双音，念：

e'pɛm	o'num	ø'zys
ep'pɛm	on'num	øz'zys
'epɛm	'onun	'øzys
'eppɛm	'onnun	'øzzys

D. 造一个句子，其中强重音可以按大致规律性的间隔重复出现，如：

'What is the 'difference in 'rhythm between 'English and 'French?

请在重读音节上轻拍，同时，尽可能按规律性的节奏说这句话。先慢慢说，然后用正常速度，最后快速说出。每说一次都要轻轻地拍出一个规律性的节奏。现在试着像正学说英语的法国人那样去说，每个音节时长大体相同，在整个句子相应的每个音节上轻拍，先慢慢地说，再用正常语速，最后快速说出，并连续拍出节奏。

E. 学习超音段特征的最好方法是从后往前念短句子。要做好这一点，你必须将句子的语调形式倒过来，让送气在清塞音之前出现，并且要根据前后语音环境考虑元音和辅音时长的变化。如果能用电脑录自己的发音，那么你应该可以通过回放录音来检查自己发音的质量，这样反向的句子听起来应该像正常发音一样。先从下面非常简单的短语开始：

Mary had a little lamb.

然后念一个难一点儿的短语：

Whose fleece was white as snow.

最好用严式音标记写上面的短语，包括语调，然后再反向写出。

F. 通过学习下面伊比比奥语（尼日利亚人说的一种语言）的一组词来进行对立性声调的练习。有三种音调：高调 [́]，低调 [̀]，降调 [̂]。这里给出了双音节词中的六种对立形式。（念这些词，也可以练习第七章讨论过的腭化唇音 [k͡p]）

声调序列	例子	注释
高调后接高调	ákpá	宽广的大海

高调后接低调	ákù	牧师
高调后接降调	ákpân	方形编织篮
低调后接高调	àkpá	第一
低调后接低调	àkpà	蚂蚁的种类
低调后接降调	àkpô	橡胶树

G. 汉语广东话声调系统跟普通话不同(见表 10.2)。在广东话中,六个声调出现在开音节中,三个声调出现在以辅音收尾的闭音节中。念下面的广东话词语:

调类	音高	声调符号	例子	注释
高	55	˥	si	诗
中	33	˧	si	试
低	22	˨	si	事
超低	11	˩	si	时
中升	35	˧˥	si	使
低升	13	˩˧	si	市
高	5	˥	sik	识
中	3	˧	sit	释
低	2	˨	sik	食

第十一章

语言学的语音学

本章我们将总结语言学语音学的研究方法。这些方法不仅体现在国际语音协会的基本原则中,也体现在一个等级性的语音描述框架里(该框架为形式音系学提供了理论基础)。本章结尾,我们会展望语音生成和理解过程中的认知研究,探讨认知原理是如何对人类语音系统进行调整的。

和前几章不同,本章主要谈理论问题,重点在于对前面章节中描述的现象进行解释。谈到理论解释,我们只能说:若要达成定论,还有很长一段路要走。自然,你的老师可能会对本章某些观点持有不同见解。

公众语音学和个人语音学

目前为止,本书中所描述的语音现象大都是关于公众的或社团的语音现象。国际音标符号以及形式音系学所分析的内容也都在讲一种公众共享的信息:如何发某种语言的音和词。一种语言的发音人都默认这些共享的语音信息(当然,语音学家也是默认的)。因为它是从群体意识中出现的,反映群体中所有成员对正确发音的理解。比如,英语发音人都会认为:重读音节起始处的清塞音一定是送气的。但是,检查一下我们所录制的语音数据,就会发现很多不送气的例子。例如,在快速语流中,*on top of* 可能被发成[ədapə]。虽然存在这样的反例,英语发音人还是坚持原来的观点——重读音节起始处的清塞音一定是送气的。也就是说,我们共享的语音信息或语音能力是关于慢速、清晰的语流而非正常语流的。

同样,在之前好几个地方,我们也指出过:发音人之间存在个体差异。的确,每个发音人所拥有的语音习惯都可能和他人不同——以至于没有两个人所讲的英语、法语或日语是完全一样的。关于个人的发音描述牵涉到言语行为中的语音知识和技巧。我们已经看到：个人发音中的某些现象可以用国际音标符号进行标音，就像标写方言或语言变体一样。但还有一些现象是不能标写的。也就是说，语言学语音学的工具不适于描写这类现象。关于个人的语音问题，本书中谈到的不多。因为个人的发音行为和个人的语言经历有关，也只能通过实验室仪器的测量才能显现出来。个人语音问题不是语言学关注的重点，而且，用语图也很难说清楚。但有趣的是，个人语音学却是具有解释力的语音理论的焦点（这一点在本章最后一节，大家将会看到）。在接下来的两个小节中，我们将对公众的语音学进行回顾和总结。在最后一节，探讨个人语音学的三个方面。

🔊 国际音标

要回顾用于语音描写的各种概念，可以考察国际音标。国际音标是由国际语音学会正式承认的一套音标和附加符号。经允许，我们把语音学会出版的国际音标图表复印下来放在本书的封二和封三。这张图表实际上由许多小图表组成，由于版面所限本书对图表重新做了安排。在封二你可以找到主要的辅音表。辅音表下面是非肺部辅音符号一览表，再下面就是元音图。封三是附加区别符号和其他符号的列表，以及一套标记超音段（如声调、语调、重音、音长）的符号。

国际音标表是对语言学的语音学完整理论所做的总结。根据表的排列通则，本书把表分放在封二和封三上。这个表并不想涵盖所有可能的语音类型，比如个人在展现音系对立时所使用的方法和技巧，以及相邻语音成分间被同化的不同程度。相反，国际音标仅限于描写具有语言学意义的语音，即在一些语言中能够改变词义的语音[①]。

现在，你应该对辅音表中的所有术语都有了了解。如果还有问题，你可以参阅书后的术语表。辅音表中音标是这样安排的：如果一个独立单元有两个符号，那么右边的音标表示浊辅音。这样就使这张表能显示出辅音的三种主要特征：音姿目标（形成辅音的器官部位，见纵列），音姿类型（发音方式，见横行）以及声门状态（每个单元之间）。

[①] 校按：在这最后一章，重复一下序言里重点指出的一个问题，那就是对于英语语音学来说，个人色彩和病理性质的各种声质/发声态，如弛声、嘎裂声、假声等，在亚洲南部数以千计的语言和方言中，是常态的、社团的、具有音位性质的语音特征。

辅音表概括了描写辅音所需的主要特征,不可能出现的特征组合用阴影区显示。我们认为没有一种语言有软腭颤音或拍音(舌后部颤动或者轻轻拍触软腭发出的音)。表中空白区(既无阴影又无音标的区域)表示可能出现但还未在任何语言中发现的语音类型组合,例如,卷舌的清边擦音完全可能在某一语言出现。因为没有一种语言的语音学著作有这个音的记录,所以无法提供标这个音的符号。事实上这个音在托达语(Toda)中有。托达语是住在印度南部尼尔吉山上的人说的一种达罗毗荼语,使用者大约有一千人。这种语言在卷舌的浊边近音 [ɭ] 和卷舌的清边擦音之间构成对立。我们随后将讨论应如何标写这个音。

其他一些空白和阴影区域只反映绘制这张图的语音学家的判断。请浏览一下每一个小单元,看看你是否同意将它安排在空白或阴影区。如:你是否能发一个唇齿爆发音?一些牙齿排列很整齐的人能发出一个完整的唇齿爆发音。但是,并不是所有人都拥有排列整齐的牙齿,他们所发的唇齿爆发音可能不如其他爆发音有力。再举一个例子,你能否发出一个喉部爆发音?你可以在喉的上部发出一个完整的爆发音,但因为在任何一种已知语言中并不会用这种音来与其他音形成对立,所以没有描写这类音的符号。总之,辅音表的绘制者在使用附加阴影方面是相当保守的,只有当这个不可能发的音明确无误时才用阴影表示。很显然,没有人能发浊喉塞音(这是声带在正常颤动的同时又紧紧合拢而发出的音)或咽鼻音(咽部闭塞使气流被完全堵住,不可能同时从鼻腔出来)。

从辅音表的纵横栏来观察,[h]、[ɦ] 的发声位置值得思考。这些音真的是喉擦音吗?正像我们前面注意到的,[h] 通常是一个进入音节的过渡清音(在一些语言中它是音节外的过渡清音)。它的调音部位取决于邻近的音。声门处的摩擦音(湍流)通常是听不到的。同 [h] 一样,[ɦ] 不是擦音,最好认为它是没有特定调音部位的一个声门状态。因此,[h]、[ɦ] 最好应放在"其他音标"下。

辅音表下面的符号是用来标写一组用不同气流机制产生的辅音。国际音标承认咂音、浊内爆音和喷音等三种可能出现的音,但这并不意味着它否认清内爆音的存在。只是国际音标认为它们数量太少而不必另用符号,可以用附加区别符号来表示。如:对只出现在少数语言中的双唇清内爆音,可以标写为在浊声音标下加表清音的附加区别符号,记为 [ɓ̥]。喷音符号 ['] 因可以加在很多不同辅音(包括擦音)上,如 [s'],也就像一个附加区别符号。

元音图从三个维度显示元音。"前后"在图的上部,表示横向维度;"开闭"表示垂直维度;圆展度根据成对元音的相关位置来说明。再说一次,这里显示的只是元音的主要类型。至于其他类型,如鼻化元音或者舌根前缩元音,我们可以通过添加附加区别符号来标写。

　　"其他符号"在封三的左上边,它们表示一些在我们认识范围内不便标记的语音,包括标记具有多重调音部位的音(圆唇软腭音和圆唇硬腭音)和会厌音,这些音在阿拉伯语、希伯来语、高加索诸语言中都有。如果不增加许多空栏就很难将这些音放在表里。

　　表中附加区别符号部分,允许在反映语音主要特征的音标上面或下面加一个符号来表示语音的附加特征。很多不同语音都可以用一些表示附加特征或维度的符号来标写。我们可以通过送气、气声和嘎裂声的附加区别符号来认识声门的另一种状态。还有更多的特殊特征,如特别的舌头形状,可以通过为唇音、齿音、舌尖音和舌叶音提供的附加区别符号来认识。元音更细微的音质也可以用其他许多附加区别符号来标写。

　　另外,国际音标也提供了用于标写重音、音长、声调和语调的符号。有三种可能的重音特征:主重音、次重音和非重音;有四种可能的音长特征:长、半长、无标记短音和超短音。可能出现的声调和语调允许五种对比等级和很多的组合形式。

　　国际音标没有为每一种偶发音提供符号,所以当语音学家遇到以前从来没记录过的音时就得及时改进音标。让我们回到前面的关于如何标写出现在托达语中的卷舌清边擦音问题上。对我们来说,有一种在任何情况下适用的标音选择,就是使用星号,在托达语给定的辅音表或音标后加上 [ˣ],表示一个卷舌清边擦音。另一种标音选择是给卷舌浊边近音的音标 [ɭ],添加附加区别符号 [˳],表示清音。有时很难在已低于书写线下的音标下面再标写附加区别符号。要解决这个难题,可以选择在 [ɭ] 稍前的位置上加 [˳],即 [˳ɭ]。这个符号应该表示一个卷舌清边近音。这里需要做一个解释,即"[˳ɭ] 是一个擦音而不是近音。"然而,用 [˳ɭ] 表示卷舌清边擦音已成定论,因为没有哪种语言在同一调音部位存在着任何种类的清边擦音和清边近音的对立。请试着发一个普通英语 [l] 的清音形式,你将有可能发现自己发的是听感上带有摩擦色彩的边擦音 [ɬ],而不是一个清近音。

　　国际语音学会宣称:创制国际音标是为了能够标写语言中所有相互区别的语音,实现以不同符号描写语言中有区别词义作用的语音形式的目的。为了尽可能达到这一目标,国际音标采用了罗马字母表中的一些普通字母或对它们稍加修改的形式。由于采用这种方法就意味着要创造大量的符号来描写一系列相关的语音,所以国际音标更喜欢使用一些附加区别符号。如在鼻化元音或喷音标音上就用了这种符号。

国际音标可以用于很多不同的方面。如果只能给已知语音标写国际音标,这算不了什么。正像在第二章英语元音讨论中所看到的,我们可能用到很多标音法。表11.1概括了一些不同标音类型之间的关系。

图 11.1 | 用于描写不同标音法的术语图解

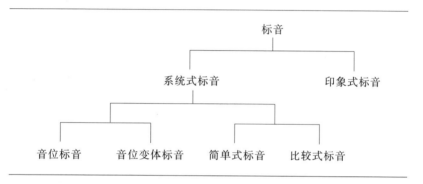

以上标音法的第一个明显区别是:有的在一些方面反映了所记语音的系统的语言学事实,有的只是几种用符号对听到的音做印象式记录,如:言语矫正师在还没有找到病人病理时所做的记录,或者是语音学家在听到以前从未标写过的语言时对最初传入耳朵里的几个词所做的纪录。从理论上讲,印象式标音法是用符号描写一般语音类型的实时面貌。

语音学家很少对语音进行彻底的印象式标音。通常,在给新病人的语音或者给以前没标写过的语言标音的头几分钟里,我们是使用那些凭语音直觉和先前经验得来的音标。但我们很快就不再关注那些在同一话语中重复出现的细微差异,尤其当说话人自己并没有意识到这些差异时。实际上,彻底的印象标音法只是在调查婴儿前语言的咿呀声时才是必要的。

系统的(语音学)标音又由两个独立部分构成。首先可以分为音位标音和音位变体标音。音位标音是用尽可能少的音标将一种语言中所有不同的词标写出来的标音方法,音位变体标音则是用大量不同的音标来描写话语中带有系统性、变体性的语音差异。

正像我们讨论英语语音时所注意到的,音位标音和音位变体标音之间是通过一系列的表述联系在一起。这些表述讲的是不同语音环境下的语音分布问题。音位标音和音位变体标音相冲突的地方仅在于语言中对立的音值。这两种类型标音的区别仅在于,对语音信息做出精确详细的描写是通过标音本身还是标音后附加一系列关于语音分布的表述。

系统语音学标音中还有一种区别,那就是简单式标音还是比较式标音。最简单的国际音标符号是采用罗马字母表的普通字母,如 [a]、[r]。像 [ɑ, ɒ, ɐ]、[ʀ, ɹ, ɾ] 等许多不那么常见的字母反映了更多的语音细节。采用更多不常见符号的标音法叫比较式标音。因此,采用更多特殊符号无疑反映了简单音标的一般语音学价值和外来符号更精确的语音价值之间的比较。像我们先前提到的,通常宽式标音既是音位标音(与音位变体标音相对)又是简单标音(与比较式标音相对)。严式标音可以显示音位变体之间的差别,它或者可以通过采用更多的特殊符号来显示更多的语音细节,或者将变体差别和更多的语音细节都显示出来。

一说到音标我们就会看到音系学分析和语音学描写缠结在一起——两者都是关于公众共享的语音知识。一般认为音系学必须依赖于精确的语音学观察。但同样,大部分语音学观察是在音系学框架内进行的。唯一纯正的语音学标音是由高质量仪器录音而得出的数据。一旦这些数据被切分或者用某一方式标记,那么音系学的思路也就立刻显现出来了。

🔊 特征的层级系统

我们复习语音学标音的第二个方法是考察一组具有语言学意义的语音**特征**(**features**)。在这里特征是一个音的构成部分,它可能是比较笼统的描述性术语(如"唇音"),或具体的描述性术语(如"双唇音")。在最具体的层面,语音特征可能和特定的发音动作或声学特征联系起来,也就是说"双唇"这个特征不仅说明调音部位在唇部,而且还是双唇。特征是以层级形式排列的,每个层级的节点都和更具体的特征有关。

图 11.2 是主要的语音学特征。所有语音都具有一些喉上特征、喉部特征和气流机制。喉上特征可以分为(调音)部位、(调音)方式和可能的鼻化和边音性等。

部位特征在图 11.3 有详细的说明。有关部位的第一个分节从进入声道主要区域开始,它为我们分出了五个特征:唇、舌冠、舌面、舌根、喉。在第一章我们用了前三个术语,现在我们增加**舌根**(**radical**),作为涵盖由舌根发声所产生的[咽音]、[会厌音]等术语。我们还有一个喉音,它只有一个特征值[喉],涵盖像[h, ʔ]的各种发声。如果要给辅音做一个简易的特征组合,我们必须认识到,喉上特征一定允许喉部动作具有双重特性并且将喉包括在调音部位中。

图 11.2 | 特征层级系统中的主要特征

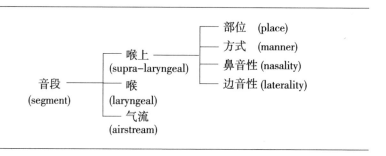

图 11.3 | 调音部位特征的分级系统

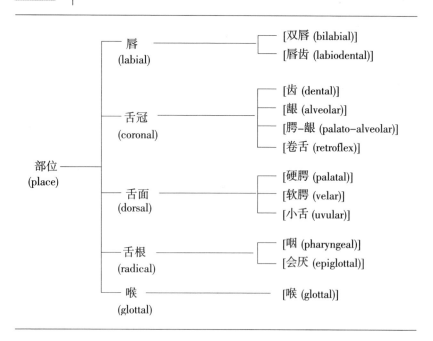

发一个音时可以使用唇、舌冠、舌面、舌根、喉等一个以上的部位。[ɥ]就同时具有[唇音]和[硬腭]的特征值，[w]同时有[唇音]和[软腭]。在五个常用部位中，舌冠音的发音可以分成三种互相排斥的可能性：舌叶音（舌叶的）、舌尖音（舌尖的）和舌尖下音（舌面下部）。这三种互相排斥的可能性和其他调音部位可以在图11.3的右边部分看到。在这本介绍性的教科书中，有些可能性我们并没有谈到，但是在描写世界语言的语音时需要用到它们。

用一个简单的框架可以满足将舌冠音和唇音、舌面音看作终端特征的需求，如图11.3所示。要区别包括我们在第七章讨论的舌尖音和舌叶音就要用一个更精密的特征层级体系。这样通过使用图11.4中所示的区别，我们就可以研究更多的语言。图11.5显示了调音方式方面的可能特征。我们可以将塞音、擦音、近音和元音（不考虑精确性的话也可以称之为特征）归为一组，作为空隙度特征的组成部分。这个归类反映了这四种特征——塞音、擦音、近音和元音都依赖于调音器官的收紧程度。在一些旧的系统中这些可能性被分成两个组，但现在最好认为它们形成一个语音变化连续体。拿赖福吉名字Ladefoged 的发音变化来说，它就属于这个连续体。这个名字起源于丹麦语。在英语中赖福吉把它发为 [ˈlædɪfoʊɡɪd]，其中有丹麦语曾有过的辅音。在丹麦语中，这些塞音先变成擦音[ˈlæːðəfoːɣð]，然后变成近音 [ˈlæːð̞əfoːɣ̞ð]，现在可能更像是 [ˈlæːðfoːwð]。很明显，这个连续体是从塞音开始经过擦音再到近音的。（注意使用附加区别符号[̞]意味着开合度更大，把擦音符号转变为近音符号。）赖福吉的名字只是两个丹麦语单词的简单组合，*lade* 指谷仓，*foged* 指像管理员、地主管家之类的人。所以，Ladefoged＝"谷仓管理员"。西班牙语同样有这样从塞音变成擦音再变成近音的过程。

塞音特征只有一个可能的值[阻塞]，而擦音有两个值：[咝音]和[非咝音]。近音和元音可能的值我们在下一段会讨论到，但这里我们首先应该注意有两个调音方式上的特征，即颤音和拍音，它们分别有一个可能的值：[颤音]和[拍音]。所有这些方式特征间的进一步关系不在本书的讨论范围之内。

图 11.4 | 舌冠特征的详细图解

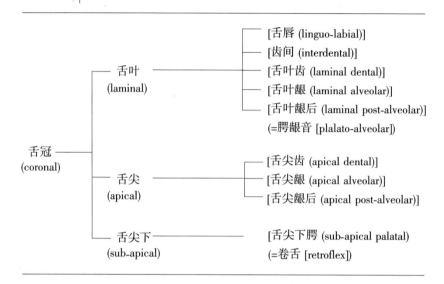

图 11.5 | 由调音方式特征统辖的特征

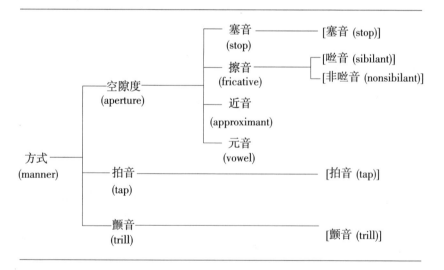

图 11.6 | 由元音和近音特征统辖的特征

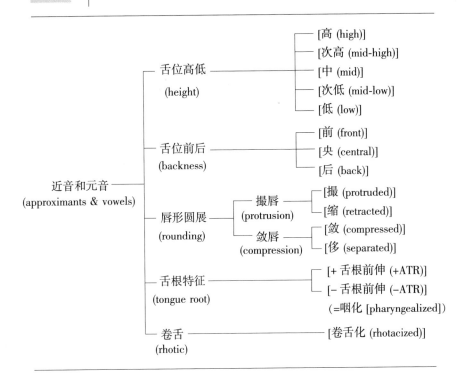

如图 11.6 所示，近音和元音支配其他的特征。其中有五个主要特征，舌位高低包括五个可能的值：[高]、[次高]、[中]、[次低]、[低]。我们知道，到目前为止没有哪种语言的音高差异会超出这五个高度值。舌位前后只有三个值：[前]、[央]、[后]。如我们在第九章所看到的，日语的[ɯ]有两种唇形圆展①：撮唇性和敛唇性。撮唇性有两个可能的值：[撮]、[缩]；敛唇性也有两个可能的值：[敛]和[侈]。舌根特征有两个可能的值：[＋舌根前伸] 和 [－舌根前伸]。咽化音因为有跟舌根前伸相反的值，因此被归为 [－舌根前伸]。卷舌音类只有一个可能的值，即 [卷舌化]。

我们没有画独立的图表来描写另外两个喉上特征：鼻音性和边音性，因为它们本身就是终端特征。鼻音性有两个可能的值：[鼻音]和[口音]，边音性的两个可能值是[边音]和[央音]。

---

① 译按：第九章"其他语言的元音"，将这个元音描写为[ɯ]。

图 11.7 显示了喉音的三种可能特征。喉头开闭度说明声带之间的距离有多大。很多语言用以下五种可能特征：[清化]、[气声性]、[（常态）浊化]、[嘎裂声性]、[喉闭态]。我们在印地语中可以看到[清化]和[气声性]，[（常态）浊化]是用于每一种语言中的常态嗓音，[嘎裂声性]出现在豪萨语之类的语言中，[喉闭态]形成喉头闭塞。其中会出现很多介乎中间的可能性，但如果我们只是提供用于区别喉头打开度的分类，这五个值就足够了。另一个独立特征，即喉头开闭时，是用来描写送气清塞音和气声性送气浊塞音的。第三个特征，即喉头运动，它同样也包括在喉化特征中，是用来具体说明内爆音和喷音的。包括本书前几版在内的一些书更倾向于认为这些音只是涉及不同的气流机制。我们在第六章的开头就是这样描写的。在第六章的最后我们在总结声门的动作时把它们也包括进去了。就和那一章指出的一样，它们跟其他的喉化特征互相作用，因此被相应地放在这个层级体系中。

气流特征我们没有放在图 11.7 里，而是在图 11.8 里独立显示，它只支配两个特征：肺和软腭。这两个特征都只有一个值。在更精密的安排中应该考虑肺气流机制是否因动力变化而有区别，但在这里我们不考虑这个可能性。

图 11.7 | 由喉音特征统辖的特征

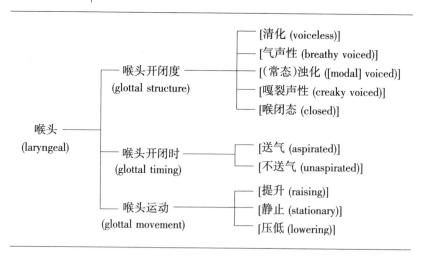

图 11.8 | 由气流特征统辖的特征

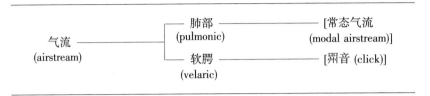

上面讨论的图表提供了用来描写世界上几乎所有语音所需要的特征层级体系。请试着从头到尾来学习这个层级体系,那么你能得到一个对各种语音完整而详细的说明。表 11.1 是对英语一些音段所做的部分说明。

🔊 关于"语言学的解释"

下面我们讲个人语音学。当代语音学理论从很大程度上说聚焦于言语运动控制这样的话题。言语在记忆中的呈现方式、言语生成和理解过程的互动、语言演变的产生(接下来三个小节的内容),就是在这些话题中我们找到了关于语音模式的解释。比如,相邻语音具有共同特征这一现象叫作"同化",但如果我们把自己局限于语言学语音学的术语和知识,那就等于被局限于语音模式的描写而不是解释。而且,被局限的解释往往属于**观念与现象混淆**(reification)的谬论——就好像抽象的东西变成了具体的东西。这儿有一个现成的例子:产生同化的原因是相邻语音倾向于共享某些特征。这个"解释"会更加有力,如果我们把它看作语音序列的形式上的一个限制:**AGREE(x)**相邻语音都具有特征 x。这种解释只是描述性语言的重组:同化就是相邻语音共享某些特征。所以说,这个解释无任何新意。其本质上是:存在同化的倾向(具有跨语言的普遍性),是因为有同化倾向存在(具体化为一条"解释原则")。在下一节,我们将探讨个人语音信息,以得出更令人满意的关于语音模式的解释。

表 11.1 某些英语音段的部分特征赋值（元音只包括那些出现于所有地方口音中的音）

部位	唇	[双唇音]	p, b, m
		[唇齿音]	f, v
	舌冠	[齿音]	θ, ð
		[龈音]	t, d, n, l, s, z
		[龈后音]	r
		[腭龈音]	ʃ, ʒ
	舌面	[软腭音]	k, g, ŋ
空隙度	擦音	[塞音]	p, t, k, b, d, g, m, n
		[咝音]	s, ʃ, z, ʒ
		[非咝音]	f, θ, v, ð
	近音元音 高低	[高]	i, u
		[次高]	ɪ, ʊ, eɪ, oʊ
		[中]	ə, ɜ
		[次低]	ɛ, ɔ
		[低]	æ, ɑ
	前后	[前]	i, ɪ, eɪ, ɛ, æ
		[后]	ɑ, ɔ, oʊ, ʊ, u
	圆展	[圆]	ɔ, oʊ, ʊ, u
		[展]	i, ɪ, eɪ, ɛ, æ, ɑ
鼻音性		[鼻]	m, n, ŋ
		[口]	（所有其他音）
边音性		[边]	l
		[央]	（所有其他音）
喉音	喉头开闭	[清音]	p, t, k, f, θ, s, ʃ
		[（常态）浊音]	（所有其他音）

🔊 统辖发音动作

关于言语运动控制，我们举个简单的例子：比如对[p]的描写，牵涉一系列复杂的肌肉运动（胸肌、腹肌、喉头、舌头、面部肌肉等）。在发音过程中，这些肌肉要经历不同程度、持续时间不同的紧张。例如，有两块主要肌肉（降下唇肌和下唇切齿肌）牵拉下唇，使它和上唇分开。这两块肌肉必须放松，才能使[p]发音过程中的唇部持阻顺利完成。还有两块主要肌肉（口轮匝肌和颏肌）的作用是让下唇接近上唇，其紧张程度必须超过降下唇肌和下唇切齿肌，[p]的阻塞才能形成。

像"足够的紧张程度"这样的描述意味着，唇部持阻所需要的肌肉紧张度是很难精确描写的，而只能参考作用相反的其他肌肉的紧张度。另外，作用相同的肌肉在紧张时还必须互相协调。比如，口轮匝肌（OOI）和颏肌须相互协调，才能保证[p]发音时，若降鼻翼肌紧张度不够，OOI 就起动补充作用。

所以说，这些下唇肌肉之间的协调是非常复杂的，其紧张度难以确定。因为[p]发音过程中抬起下唇所需的肌肉纤维紧张度取决于其他唇部肌肉的紧张度。若考虑到下唇在做上下运动时，颌骨也在上下运动，问题就更复杂了。下降颌骨的肌肉（颌舌骨肌、下颌舌骨肌、下颌二腹肌）必须和抬起颌骨的肌肉（咀嚼肌、颞肌）相协调。而且，其紧张度取决于唇部肌肉的紧张度。就像下唇肌肉之间要互相协调一样，颌肌和唇肌也必须互相协调，才能顺利地发出[p]。有些人发[p]时，颌肌的运动多于下唇，有些人可能正好相反——下唇肌的运动多于颌肌。当然，还有可能我们所听到的某个[p]是上唇肌肉运动较多。颌肌的运动同时还取决于它在运动开始时的位置。如果它本身就处于关闭状态（就像发[ipi]时那样），发[p]时它就不需要运动，而发[apa]时，它的运动度就比较大。

自由度问题（degrees of freedom problem）指的就是言语生成过程中要控制的这些自由变项。如果用平面的结构图来展示，每块肌肉的收紧独立操控，言语运动控制问题就会显得异常复杂。如果用带有层级结构的、以目标为导向的**协调结构图**（coordinative structures）来展示，问题（不仅言语运动控制系统，也包括其他的行为控制系统，像吞咽、行走、伸取、观看等）就会得到解决。

比如，[p]发音时的一个主要**音姿**（gestures）是唇部持阻。图 11.9 即是这一音姿的协调结构图。图中，"双唇闭合"这一任务位于顶层，"抬起下唇"和"降下上唇"这样的次级任务需互相配合才能完成顶级任务"闭合双唇"。"抬起下唇"在图中出现了两次，第一次是和上唇配合完成"双唇闭合"这一顶层任务；第二次是和下颌配合完成"抬起下唇"这一次级任务。所谓"协调"，就是每个音姿都可用若干个任务和次级任务来界定。任何一个动作（比如闭合双唇）都不能实现对肌肉的直接控制。肌肉有其自身的运动目标，通过把总任务分化为若干个小的、简单的任务，自由度问题才得到解决。

图 11.9 双唇闭合过程中的部分协调结构图

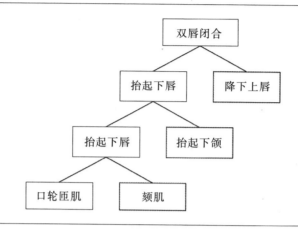

我们还可以通过观察调音部位和肌肉之间的配合来了解协调结构图。比如,在发语音序列[papapapapa]时,上唇和下唇的位置很有趣:序列中有的[p]在发音时,下唇的抬起程度较高,有的[p]下唇抬起程度不高,这时我们发现上唇下降的程度较大(以弥补下唇运动度不够的问题)。图 11.9 中所有的次级任务都呈现这种"互补模式"——下颌和下唇互相配合,口轮匝肌和颏肌互相配合。这种配合模式叫作**等值动作**(**motor equivalences**):动作行为不同,但结果一致。

为了进一步举例解释协调结构,我们可以讨论一下元音的发音。你自己可以很容易看到,用很多不同的下腭位置可能发出相同的元音。请试着尽量咬紧上下齿发元音[i],然后分开再发这个音。所发的这两个音有差别的话,那是极小的。其他很多元音的发音也是如此。事实上,你让牙齿几乎并拢发音或者咬着像小硬币大小的楔子来发,都能够发出一套完整的元音。很显然,在这两种状态下发音动作肯定是很不一样的。如果发[i]时上下齿离得远,你能感觉到舌头在颌中提升。上下齿若靠得很近,下颌上升,带动舌头上抬发出[i]。人们在发 heed、hid、head、had 等词的元音时,你可以观察到不同音姿等值运动的结果。你极有可能看到,一些人发音时是通过降低下颌来使舌头下降,而另一些人仍然保持下颌位置不变,舌头在颌内下降。

言语运动控制几乎通常包含除了必要的意义差别描述外,对言语生成更为详细的思考。而且,人与人之间言语运动控制的差别很大。

这就是为什么个人语音信息也很重要的原因。我们已考虑到的每一个例子都可以用生理学或发音学术语的特有方法来描写。因此,如果两个[p]音有同样的唇部持阻,它们在语言学上就是完全等值的,不管下颌和嘴唇的配合方式如何。同样,采取不同的颌位并不会影响舌头的最高点或者与上声道相关的舌头形状。

关于言语运动控制,还有很多内容可讲。但是,这里我们只需关注一下它给解释"同化"这样的音系模式提供了多少灵感:注意到言语的生成是通过若干个音姿相配合的总体效果来完成的,这些音姿从本质上说都在争夺对声道肌肉的控制权这一点,我们就已经离那个解释很近了。比如,某个语音成分要求抬起下唇的肌肉比降下下唇的肌肉更活跃,而相邻语音成分的要求正好相反。肌肉运动的开始和结束都是逐渐的,所以,相邻语音成分的同化倾向只能是由不同类型的音姿交叠所致(当然,也可以用言语行为控制原理来解释)。

🔊 言语的记忆

我们已经看到:语言是非常复杂的一个系统。由于声道生理特征和发音习惯的问题,同一语言的不同发音人所发的音差别很大。而且,语言还存在风格变体,从公共演讲到朋友间的随意交谈变化很大。

语音中缺少"常量"的问题给语音学理论的构建造成了很大困难。一方面,我们要用国际音标符号和音系规则来表述公众共享的语音知识;另一方面,在日常生活中,人与人之间,同一个人在不同时间的发音差别都很大。这对于想用电脑自动生成和识别语音的语言工程师来说,也意义重大。

要解释不同语言间的差异,方法之一是假设每种语言都拥有各自所独有的一套**语音执行**(**phonetic implementation**)原则。这一方法论的前提是默认存在一些普遍的语音特征,这些语音特征通过各语言独有的执行原则来实现,语言间的差异也由此形成。比如,纳瓦约语和汉语都有清送气塞音。在第六章我们看到:纳瓦约语清送气塞音的声带起振时比汉语要长得多。若用执行原则来解释的话,就是:[+展喉]这一普遍语音特征在汉语和纳瓦约语中执行方式不同。

若用执行原则来解释风格变体就比较复杂。部分原因是由于很难假设:在把认真发音转化为随意发音的过程中,所有语言有一套完全相同的弱化程序。比如,前几章我们介绍过,日语中有元音清化现象,通常只发生在高元音[i]和[u]上。规则表述为:"清辅音之间的高元音通常被清化"。但问题是,日语中的央元音也有可能被清化(虽不是必须的)。规则可表述为:"清辅音之间的央元音有时会被清化,语流速度越快,清化可能性越大"。清化是一种语音弱化现象,在弱化过程中,原来相对立的语音特征(因语速和风格问题)被中和或消失了。其他语言中虽然也存在元音清化现象(试着发英语的 potato),但它还远远不是跨语言的普遍特征。所以说,每种语言都需要一套特有的执行原则来实现其风格差异。

用执行原则来解释人与人之间的语音差异几乎是不可能的。首先,人与人之间存在生理解剖学上的差异。不管这些差异是大(像成人和儿童之间),还是小(像相似人群中不同人的硬腭形状和大小差异),其对言语运动控制都会有影响。要解释这种类型的差异,执行原则就必须假设:个人语音差异的度远远小于由规则所支配的差异。自动语音识别工程在处理大词汇量、多个说话人系统时仍然不可靠,这说明,个人差异是执行模式的实质性问题。

这一节,我们探讨了语音差异问题(包括语言间的差异、风格差异和个人差异),但本节的标题叫作"言语的记忆",因为和执行原则相对的还存在一种理论,它更强调语音经历在记忆中的存储。值得一提的是:执行原理默认,记忆中存储的词都是以其最基本的语音形式存在,风格差异、个人差异等一切语音变异都是通过执行原则的转化来实现的。与之相反,另一种理论(**特例原则,exemplar theory**)却认为各种变体本身就被储存于记忆中了,不需要由执行原则去转换。图 11.10 用元音[u]的变体形式展示了这一理论,图中的两条轴线分别代表两个语音特征(也许是第一和第二共振峰,也许是舌头收紧点的位置和收紧度)。当然,真正的语音空间比这张图中展示的信息要多得多。执行原理用一个假设中的、抽象的语音形式[u]来代表源自[u]的各种变体;特例原则却认为每个[u]的不同实现形式都被储存在大脑中。总之,特例原则更注重存储信息,而执行原则更注重由转换而得来的各种变体。

图 11.10 假设中储存于大脑中的[u]的发音变体云状图

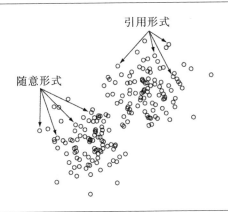

特例原则在对待语音学几个核心概念时的观察视角不同:

普遍语言特征 笼统的语音类别(像送气和不送气)源自听、说过程中的生理限制;细小的语音差异却是任意的——群体标准问题。另外,和认知普遍特征相比,生理和物理普遍特征更可信。

讲话风格 没有一种风格是最基本的(其他风格都源自于它),所有风格变体都存储在记忆中。会讲两种方言的人存储两种方言的信息,所有说话人都掌控着一系列的风格变体。听者(通过记忆中存储的特例)可能会听到新的变体——区域方言或电脑合成的语音形式。

归类与生成 生成是执行原则中最主要的信息。但有趣的是,特例原则好像把它忽略不计。

语音演变 新语法学派(大约在十九和二十世纪之交)认为语音演变是逐渐的,而且会影响到语言中所有的词汇。其实,他们所依据的也是特例原则:在新的特例被加入到旧的特例"云图"的过程中,语音演变就形成了。注意,在执行原则中,语音的逐渐演变要求两个逻辑上相互独立的机制——执行原则本身的变化,以及语音特征的变化(在变化足够大之后)。

🔊 语音驱动力之间的平衡

当讨论一种语言的语音模式时,我们必须同时重视说话人和听话人的观点。说话人常常喜欢用尽可能小的发音努力去表达他们要说的内容。除了要做非常清晰的演讲之外，他们发音倾向于用大量的同化形式，使某些音段不出现，让其他不同音段间的差异减少到最低程度。用这种方式发音要求发音人遵循**发音方便**（**ease of articulation**）原则。减少发音努力的主要方法是使用语音间的协同发音。协同发音导致语言变化。例如，在英语的早期形式中，像 *nation*、*station* 等词被发成含有 [s] 的 ['nasion] 和 ['stasion]。音姿交叠的结果是，因擦音后前高元音的影响，舌叶上升，所以 [s] 变成了 [ʃ]，[i] 消失了，非重读的 [o] 变成了 [ə]。（这里的 *t* 在英语中从不发音，受拉丁语影响的学者将它引入到英语词的拼写形式。）

我们很容易找到更为深入的例子。在 *improper* 和 *impossible* 之类的词从诺曼法语进入英语之前，协同发音所涉及的变化是词中鼻音位置和紧随其后的塞音。这些词前缀 *in-*（如在 *intolerable*、*indecent* 中）中的 [n] 变成了 [m]。这些变化甚至反映在拼写中。协同发音同样也涉及声门的状态。*Resist*、*result* 等词发成 [rəˈzɪst] 和 [rəˈzʌlt]，两个元音之间有一个浊辅音。这些词的词干原来是从清辅音 [s] 开始，这一点仍然在 *consist*、*consult* 等词中出现，这里的 [s] 并没有处在两个元音之间。在上述所有的词以及很多具有类似音变的词中，一个或更多的音段受到邻近的音段影响，这就形成了发音的经济性。历史上同化现象的例子我们在第五章开头已经讨论过了。

因为听话人也需要用尽可能少的努力去理解对方话语的意义，所以发音人就不可能过多地简化自己的发音。听话人更喜欢在所有场合都能听到固定的、具有区别性的语音。在感知方面，人们所关心的是对词的意义有影响的语音应该跟另一个词的语音有足够的区别。一种语言必须总是保持充分的感知区分（*sufficient perceptual separation*）。因此，语言对发音人也有一定的约束，使其总是要保持每个词充分的区别性。语言要确保出现在对立单位中的语音之间有充分的感知距离，如重读单音节词中的元音（像在 *beat*、*bit*、*bet*、*bat* 等词中的元音）。

感知区分原则通常不会像发音方便原则那样形成一个音对其邻近音的影响。相反，感知区分可能影响出现在词中指定位置的一系列语音，如：在一个重读单音节里必须由一个元音占据的位置。发音过程是音段横向组合的过程，所以发音时会影响音段序列中的邻接语音；而感知过程是纵向聚合的过程，发音会影响一个语音序列中出现在指定位置的一组单位。

我们已经注意到人类语言用一些方法来最大程度拉大语音的感知距离。正如我们在第九章看到的,这个趋向可以解释为什么某些元音系统比较容易出现。如果一种语言元音之间的区别非常大,那么在绘制元音图时它们的共振峰频率就会显示元音之间可能离得很远。因此,人类语言的元音有一种自然的分布趋势:不同的元音被置于大致等距的位置上,也有可能在元音区域之外。这个趋势在元音数目少的语言中犹为明显。只有 5 个对立元音的语言有上百种(以西班牙语、豪萨语、日语和斯瓦希里语为例,这是 4 种完全没有关系的语言)。在这些语言中,元音分布大致均匀,至少有 2 个前元音、2 个后元音。世界上没有一种语言存在不均匀分布的 5 个前元音。当然,也有许多语言像英语那样,有 5 个前元音和数目大致相同的后元音。

如果一对对立的音出现于一个词的相同位置上,那么这两个音之间的感知距离有增强的倾向。相反,若一种语言无论何时对两个相似的音都不做区别,那么实际所发的音趋向于两个音的中间位置。因此,正像我们所看到的,英语是区别清塞音和浊塞音的,如 *pie*、*buy*。但这种区别不能出现在/s/之后。所以,*spy* 的塞音在这两种可能性之间(更接近于 *buy* 的塞音)。

这种现象同样也出现在其他例子中。我们看到,英语对 [ŋ] 之前的紧元音和松元音并不做区别。例如 *sing* 中的元音音质在 [i] 和[ɪ] 之间。同样,[ɹ] 之前的音也无松紧之分。在美式英语的大部分形式中,*here* 的元音同样介于 [i]、[ɪ] 之间。

最大感知区分的原则同样也可以用来说明语言之间的一些差异。法语有两个高的圆唇元音,如 *tout* [tu](全部)中的 [u] 和 *tu* [ty](你)中的 [y]。它们的感知区别通过一个绝对的前元音和另一个绝对的后元音来保持,但是英语并没有这种对立。所以,出现在 *who*、*two* 中高的圆唇元音音质变化很大。在一些方言(如美式英语的很多形式)中,它是一个央或后元音,在另一些方言(如苏格兰英语的一些形式)中,它是一个前元音,跟法语的 [y] 差不多。在英语中要考虑这个元音的话,最重要的是它应该有高而圆唇的音质,至于是前元音还是后元音就没有那么重要了。

所有这些例子都说明了语言是如何保持发音人和听话人之间所需的平衡。一方面,从发音人的角度来说,他们有一种为方便发音而促使音变的压力;另一方面,从听话人的角度来说,他们也有一种压力,为了区别话语意义语音之间应该有足够的感知对立。

要点回顾

和别的章节不同,本章探讨了一些尚未解决的、更高端的语音学问题。通过检查特征层级,我们了解了语音的相似结构。这为我们提供了一个有用的语音知识的分类,同时也要求我们默认判断语音相似的标准。这里,发音基础和许多音系模式(不同语言中的)是相配的。另外,我们还提到语音知识的认知层面,包括言语运动控制的模式和言语记忆的本质。关于言语生成中的层级控制模式以及言语记忆中的特例原则,都还需要将来的研究来丰富。

操 练

这一章最后的材料是用来帮助你复习前面几章描述过的许多语音,包括一些不同语言中的真实词语。如果可能的话,请一个母语者指导你发这些词的音。但不管怎样你还是应该再听听网络平台上的发音。请试着在听之前根据所提供的音标来发音,或者请教一下专家。

6.1	Lakhota(拉科塔语)	(喷音)
6.2	Sindhi(信德语)	(内爆音)
6.3	Xhosa(科萨语)	(咝音)
6.5	Gujarati(古吉拉特语)	(哞声元音)
6.6	Thai(泰语)	(塞音)
6.7	Hindi(印地语)	(塞音)
7.1	Ewe(埃维语)	(双唇和唇齿擦音)
7.2	Malaylam(马拉雅拉姆语)	(调音部位)
7.3	Quechua(克丘亚语)	(硬腭音、软腭音、小舌爆发音和喷音)

现在试着读下面单词。

A. 纳瓦约语

纳瓦约语有三种方式的塞音对立,你需要发英语中没有的不送气、清音、喷音,还有几个不同于英语的塞擦音。

不送气清音	送气清音	喷音
tota	tˣa̋ːʔ	t'ah
不、没有	三	恰好
ha̋títsɪ	tsʰah	ts'ah
你会说	钻子，锥子	灌木蒿
	tɬʰah	niʃtɬ'aː
	油膏	左边
t̠ʃí	t̠ʃʰaːʔ	t̠ʃ'ah
一天	海狸	帽子
	bɪkʰa̋ː	k'aːʔ
	它的表面	箭矢

B. 祖鲁语

祖鲁语有一套咂音，跟科萨语中咂音相同。

齿音	龈音	龈边音
k|a̋ːgà	k!àːka̋	k‖a̋ːgà
用石灰水把……刷白	解开	陷入困境
k|ʰàːgá	k!ʰàːk!ʰà	k‖ʰáːga
认出，识别	扯开	拴马
g|òːɓá	g!òːɓá	g‖òːɓá
涂油脂于	挤奶	打击
ìsìːŋ|é	ìsìːŋ!é	ìsìːŋ‖éːlè
（一种鱼叉）	（动物的）臀部	左手

C. 缅甸语

缅甸语浊鼻音和清鼻音的对立表现在四个调音部位上。

浊鼻音		清鼻音	
mâ	举起	m̥â	从……
nǎ	痛苦	n̥ǎ	鼻子
ɲǎ	右边	ɲ̥ǎ	体贴的
ŋâ	鱼	ŋ̥â	借进

D. 希腊语

希腊语是几种少见的有硬腭和软腭擦音清浊对立语言中的一种，

它还有齿间擦音。

齿音		腭音		软腭音	
θiki	盒子	çɪe	手	xɔma	土壤
ðiki	审判	jɪe̠	老人	ɣoma	橡皮擦

E. 埃维语

埃维语有双唇和唇齿擦音的清浊对立，它们处于元音之间和带[1]的复辅音中。

双唇清音	éɸá	éɸle
	他润色	他买了
唇齿清音	éfá	éflé
	他很冷淡	他撕开
双唇浊音	èβè	èβló
	埃维语（语言）	蘑菇
唇齿浊音	èvè	évló
	二	他很邪恶

F. 祖鲁语

除了一组复杂的咔音外，祖鲁语还有几种不同的边音对立。

	浊边近音	浊边擦音	清边擦音/塞擦音
龈音	láǃlà	ɮáǃlà	ɬânzá
	睡觉	嘲弄[过去未完成时]	呕吐
鼻音＋龈音		ínɮàlà	íntɬʼàntɬʼà
		饥饿	好运
软腭音			kʟʼîná
			淘气的

下面复习元音和半元音。正像我们在第九章所注意到的，书面音标并不能精确描写元音音质的主要特征。请听网络平台上的录音，如果有条件的话，找一些如下语言的发音人，然后试着模仿他们的发音。

注意那些跟英语音标音值不同的音标。

G. 法语

法语有12个对立的口元音。（一些说法语的人并不完全区分这

些对立的口元音）

li	*lit*	床
le	*les*	定冠词(表示某个或某些特定的人或物,复数形式)
lɛ	*laid*	丑陋的
la	*là*	那里
lɑ	*las*	疲倦的
lɔʁ	*Lore*	(人名)
lo	*lot*	奖赏
lu	*loup*	狼
ly	*lu*	阅读(过去分词)
lø	*le*	定冠词(表示某个或某些特定的人或物,阳性,用于赞美)
lœʁ	*leur*	他们的
lɛ̄	*lin*	亚麻
lā	*lent*	慢慢的
lō	*long*	长的
lœ̄di	*lundi*	星期一

法语还有 3 个对立的半元音。

mjɛt	*miette*	(面包)屑
mɥɛt	*muette*	哑的
mwɛt	*mouette*	海鸥
lje	*lié*	系、拴
lɥi	*lui*	他(宾格)
lwi	*Louise*	路易丝(人名)
ɥit	*huit*	八
wi	*oui*	是、对

H. 德语

德语有所谓的紧元音和松元音,它们的不同表现在音长和音质上。音标 [Y]([i] 的圆唇形式)表示前高元音的舌位稍有下降。

biːten	*bieten*	提供
beːtən	*beten*	祈祷
bɛːtən	*bäten*	询问了(虚拟语气形式)

baːtən	baten	询问了
vʏːtən	wüten	发脾气
bøːtən	böten	提供了（虚拟语气形式）
buːtən	buhten	唱倒彩了
boːtən	boten	小船（与格，复数形式）
bɪtən	bitten	询问
bɛtən	betten	床位
latən	latten	棒条
bʏtən	bütten	桶
bœtiŋən	Böttingen	（城镇名）
bʊtən	butter	黄油
bɔtiç	bottich	大桶
vaɪtən	weiten	放宽
bɔʏtə	beute	战利品
baʊtən	bauten	建造

I. 瑞典语

瑞典语有长元音和短元音，短元音跟在长辅音的后面。音标 [ʏ]（[ɪ] 的圆唇形式）表明前高元音的舌位有轻微下降。音标 [ɵ]（舌位稍微下降的 [ʉ]）代表更央化的后高元音。

ɹiːta	rita	画
ɹeːta	reta	取笑、戏弄
ɹɛːta	räta	（使）变直
hæːɹ	här	这儿
ɹɑːta	rata	拒绝
ɹoːta	Rota	（山谷名称）
ɹuːta	rota	根
ɹyːta	ryta	怒吼、大声喊
ɹøːta	ro·ta	腐烂
hæːɹ	hör	听！
ɹʉːta	ruta	窗玻璃
ɹɪtː	ritt	骑（名词）
ɹɛtː	rätt	正确的（形容词）
hæːɹ	herr	先生

ɹɑtː	ratt	方向盘
ɹɔtː	rått	生的
ɹʊtː	rott	划船
nʏtːɑ	nytta	用途（名词）
ɹœtː	rött	红色
ɹɵtː	rutt	路线

J. 越南语

越南语有 11 个元音，包括成对出现的对立的圆唇和展唇后元音。本练习声调记写为：中-平调不标记，高-升调有个锐音符号 [́]。

前		后			
		展唇		圆唇	
ti	办事处	tɯ	第四	tu	喝
te	麻木的	tɤ	丝绸	to	汤碗
tɛ́	跌倒	ʌŋ	好感、喜爱	tɔ	很大的
æŋ	吃	tɑ	我们/我们的		

附录 A

标音材料:老鼠亚瑟的故事

网络平台上提供了英式英语发音人和美式英语发音人对故事《老鼠亚瑟》(*Arthur the Rat*)的全文录音。这个故事曾被田野工作者用于为《美国区域英语词典》(*Dictionary of American Regional English*)(哈佛大学出版社)开展的访谈活动。苏格兰语言学调查曾经用一个类似的故事制作过录音。两个版本的故事都源自于另一个更为古老的故事,19 世纪为方言研究编写的《捉老鼠》(*Grip, The Rat*)。

《老鼠亚瑟》故事的第一段,还有一些其他随口说的句子,录制这些发音的说话人有着阿拉巴马、爱丁堡、伦敦、都柏林、新西兰等地方的典型口音。参看教材的网络平台,上面有音频文件。

Arthur the Rat

Once there was a young rat named Arthur, who could never make up his mind. Whenever his friends asked him if he would like to go out with them, he would only answer, "I don't know." He wouldn't say "yes" or "no," either. He would always shirk making a choice.

His aunt Helen said to him, "Now look here. No one is going to care for you if you carry on like this. You have no more mind than a blade of grass."

One rainy day, the rats heard a great noise in the loft. The pine rafters were all rotten, so that the barn was rather unsafe. At last the joists gave way and fell to the ground. The walls shook and all the rats' hair stood on end with fear and horror. "This won't do", said the captain. "I'll send out scouts to search for a new home."

Within five hours the ten scouts came back and said, "We found a stone house where there is room and board for us all. There is a kindly horse named Nelly, a cow, a calf, and a garden with an elm tree." The rats crawled out of their little houses and stood on the floor in a long line. Just then the old one saw Arthur. "Stop," he ordered coarsely. "You are coming, of course?"

"I'm not certain", said Arthur, undaunted. "The roof may not come down yet."

"Well," said the angry old rat, "we can't wait for you to join us. Right about face. March!"

Arthur stood and watched them hurry away. "I think I'll go tomorrow," he calmly said to himself, but then again, "I don't know; it's so nice and snug here."

That night there was a big crash. In the morning some men—with some boys and girls—rode up and looked at the barn. One of them moved a board and he saw a young rat, quite dead, half in and half out of his hole. Thus the shirker got his due.

# 附录 B

给《国际语音学会期刊》(JIPA)投稿人的建议

为"国际音标说明"系列投稿之前,请您先和期刊编辑联系,以确认您是对该语言国际音标进行说明的第一人。稿件不要求有固定格式。

每种语言都有自己的特性,投稿应尽可能提一个建设性的指导原则,尽量多地涵盖一致性内容。一般来说,提交给《国际语音学会期刊》的文章应相对简短,可以是一篇在某种语言的语音学领域并非完全成熟的文章。文章一般包括五个部分:(1)绪论;(2)辅音表及其讨论;(3)元音表及其讨论;(4)韵律特征;(5)标音展示用短文。文章还应附上简要的参考书目。所有材料(不只是最后的标音说明章节)的高质量录音也要随文提交。

第一部分,绪论,应该用一到两段的文字(不加节标题)介绍这种语言的使用地方、语言类型,以及录音中发音人的相关信息。

第二部分,辅音表及其讨论,应冠名"辅音"。辅音表应紧接着标题放,并用一套国际音标符号来标写辅音音系的对立,将它放在官方的国际音标表中,只在需要时用横行纵列编排。每列题头应从本段末尾的术语中选择,按显示顺序排列(首字母大写并加括号)。如果次要发音需要在表上另列显示,则应紧跟着主要发音的那一列,如下表中的"(唇化软腭音)":双唇音(Bilabial)、唇齿音(Labiodental)、齿音(Dental)、龈音(Alveolar)、龈后音(Post-alveolar)、卷舌音(Retroflex)、硬腭音(Palatal)、软腭音(Velar)、(唇化软腭音 Labialized Velar)、唇软腭音(Labial Velar)、小舌音(Uvular)、咽音(Pharyngeal)、喉音(Glottal)。

每行题头应依据其在国际音标表中的顺序排列,并从下列术语中选择:爆发音(Plosive)、塞擦音(Affricate)、喷音(Ejective)、塞擦喷音

(Ejective Affricate)、边喷音(Ejective Lateral)、内爆音(Implosive)、咂音(Click)、鼻音(Nasal)、颤音(Trill)、拍音/闪音(Tap/Flap)、边擦音（Lateral Fricative）、近音（Approximant）、边近音（Lateral Approximant）。注意，塞音是通称，在此不用。每行题头都需要用单数形式。

辅音表后应接一张展示这些辅音的词语列表。这些词语应尽可能简短，每个辅音后最起码应接有相同的元音，除非音系上行不通。每个词应该用音标和当地的认读法（如果有的话）标写，而且后面要有英语注释。词语列表后面应该有一到两段对辅音更精确的解释性文字。必要时可以使用附加区别符号，标出重要的音位变体。作者可以使用突破传统形式的音系描写，但还应提供一个传统的音段描写。

第三部分，元音表及其讨论，应冠名"元音"。元音符号应放在国际音标常规元音表中：表的顶端有四个单元，（右）侧上下有三个单元，表的底部有两个单元。跟描写辅音一样，元音也要用尽可能最小的对立组来展示。紧随元音表后的应有关于元音精确音质及其主要音位变体的讨论。我们鼓励作者提供表现许多发音人的第一、第二共振峰平均频率值的图表。当然这不是什么硬性规定。如果提供共振峰图表，最好使用 Bark 刻度，数据源点位于右上端，F1 刻度是 F2 刻度的两倍。

第四部分，韵律特征，应以适合这种语言的方式呈现，并冠名合适的标题。如果有词调，它们应该由最小的对立组以列表的形式来展示，就像展示元音、辅音的列表一样。对比重音或者音高重音应以相似的方式展示。句法结构的韵律特征提及时要简短。

第五部分，标音展示用短文，应冠名"标音文本"，并包含一段标音用的短文本。我们推荐的文本是下面寓言故事《北风和太阳》的译本。对某些文化而言，这篇短文有点不合适。为了更适用于某种语言或方言，短文可以全部或部分替换。然而，要探寻尽可能多的语言在相同片段的价值，应避免不必要的改动。标音时应只使用上面章节中列出的符号。标音之前应该对明显的音位变体或同化现象做必要的解释性评述，后面再接一个音位的正字版。如果合适的话，还应该提供这篇短文字面上逐字翻译的文本。作者，即便本身是这种语言的发音人，也应该牢记一点：通常可取的做法是，首先对发音人进行录音，然后再对录音进行标音，而不是让发音人读一篇已经标好音的文章。

The North Wind and the Sun

The North Wind and the Sun were disputing which was the stronger when a traveler came along, wrapped in a warm cloak. They agreed that the one who first succeeded in making the traveler take off his cloak off should be considered stronger than the other. Then the North Wind blew as hard as he could, but the more he blew the more closely did the traveler fold his cloak around him; and at last the North Wind gave up the attempt. Then the Sun shined out warmly, and immediately the traveler took his cloak off. And so the North Wind was obliged to confess that the Sun was the stronger of the two.

北风和太阳

北风和太阳争论着谁更厉害。这时,一个人走了过来,他穿着暖和的外套。北风和太阳都同意,谁先脱下路人的外套,谁就更厉害。北风使出全身的力气猛吹,但是它吹得越猛,那路人将他的外套裹得越紧。后来,北风放弃了。接着太阳出来闪耀着温暖和煦的光芒,不一会儿,那路人便脱下了外套。最后,北风不得不承认,还是太阳更厉害。

来源:编者的话:国际音标说明,《国际语音学会期刊》,32(1):89—91(2002),DOI http://dx.doi.org/10.1017/S0025100302000166。已得到重印授权。

注　释

　　书中关于特殊语言的许多资料都来自彼得·赖福吉本人的田野调查。当然,一些语言学家因对被调查的语言更为熟悉也给田野调查提供了非常可贵的帮助。很多资料都已发表在赖福吉和麦迪森合著的《世界语音》(Oxford：Blackwell,1996),并对提供原材料的语言学家表示了感谢。除非另有标注,书中所有的声道矢面图都来自赖福吉所拍的 X 光视频。

第一章

　　X 光视频。Kenneth N. Stevens 制作的高速 X 光视频在网络平台上全都可以找到。放射线活动照相术拍摄的 35 毫米原始胶片由 Sven öhman 和 Kenneth N. Stevens 在瑞典斯德哥尔摩 Norrtull 医院的 Wenner-Gren 研究实验室制作完成。两个人合著的《言语的放射线活动照相术研究：程序和目标》[1]论文摘要和《言语的放射线活动照相术研究》[2]一文里均有描述。Joseph S. Perkell 在《言语产生的生理学：放射线活动照相术量化研究的结论和意义》[3]一书中对这些原始胶片做了细节性的描述与分析。

---

[1] 《言语的放射线活动照相术研究：程序和目标》："Cineradiographic Studies of Speech：Procedures and Objectives," *Journal of the Acoustical Society of America* 35, 1889 (1963), by Sven E. G. öhman and Kenneth N. Stevens.

[2] 《言语的放射线活动照相术研究》："Cineradiographic Studies of Speech," *Quarterly Progress and Status Report*, *Speech* Transmission Laboratory, KTH, Stockholm, 2/63：9—11 (1963), by Kenneth N. Stevens and Sven E. G. öhman.

[3] 《言语产生的生理学：放射线活动照相术量化研究的结论和意义》：*Physiology of Speech Production*：*Results and Implications of a Quantitative Cineradiographic Study* (Cambridge：MIT Press, 1969), by Joseph S. Perkell.

这些胶片后来被转换成 DVD 格式,并由名誉教授 Stevens 在 2004 年 6 月麻省理工大学的一个会议(From Sound to Sense:50^+ Years of Discoveries in Speech Communication,"从语音到感知:言语交流的发现 50 年$^+$")上发布。胶片是海报的一部分,海报题为《发音的 KEN 氏运动学:重访 Stevens 的放射线活动照相术》(Articulatory KENematics:Revisiting the Stevens Cineradiography),参与人有 K. G. Munhall(皇后大学)、M. Tiede(霍金斯研究室)、J. Perkell(麻省理工大学)、A. Doucette(工业光魔公司)和 E. Vatikiotis-Bateson(英属哥伦比亚大学)。

第二章

国际音标。《国际语音学会手册》(*The Handbook of the International Phonetic Association*)是关于国际音标最权威的参考书。认真的学生应人手册。出版商网站链接为 http://www.langsci.ucl.ac.uk/ipa/handbook。

第三章

受元音影响的辅音。图 3.6 中的资料由 Anne Vilain、Pierre Badin 和 Christian Abry 提供。这些核磁共振材料发表于他们 1998 年的一篇文章"Coarticulation and Degrees of Freedom in the Elaboration of a New Articulatory Plant:Gentiane"(载于 R. H. Mannell 和 J. Robert-Ribes 编写的 *proceedings of the 5th International Conference on Spoken Language Processing*,第 7 辑,第 3147-3150 页,澳大利亚悉尼,1998 年 12 月,http://www.icp.inpg.fr/%7Ebadin/Vilain_Abry_Badin_ICSLP_1998)中。

第四章

发音词典。书中共提到三本词典:J. Peter Roach、Jane Setter 和 John Esling 编写的《英语发音词典》(*English Pronouncing Dictionary*,第 18 版,Cambridge:Cambridge University Press,2011);John C. Wells 编写的《朗文发音词典》(*Longman Pronunciation Dictionary*,第 3 版,Harlow, U. K.:Pearson, 2008);Clive Upton、William Kretzschmar 和 Rafal Konopka 编写的《牛津现代英语发音词典》(*Oxford Dictionary of Pronunciation for Current English*,Oxford:Oxford University Press,

2003)。需要指出的是：我们参考的都是网络平台而非纸版，因为出版商都及时更新内容。

英式英语元音舌位。John Coleman 教授曾把这些核磁共振视频资料发布在牛津大学语音实验室的网站（http://www.phon.ox.ac.uk/jcoleman/British_English_vowels.html）上。他慷慨地授权我们在本章使用这些材料。

/r/发音：抬舌与卷舌。英语中相关的原始核磁共振视频由 Mark Tiede 提供。Xinhui Zhou、Carol Y. Espy-Wilson、Mark Tiede 和 Suzanne Boyce 的文章"An Articulatory and Acoustic Study of 'Retroflex' and 'Bunched' American English Rhotic Sound Using Magnetic Resonance Imaging"（载于 *Proceedings of Interspeech* 2007，第 54—57 页，比利时安特卫普）中也曾用到过这些材料。Suzanne Boyce 添加了如下信息："图片记录的是两个发音人持续发/r/音 13—20 秒的情况。当时给他们的指令是把 Pour 中的/r/拖长。同时我们还收集了这些发音人连续语流的超声波资料。资料显示：不管是在发真实的词还是无意义的词时，这些人都使用相似的舌形。但发音人 22 的超声波资料和核磁共振资料显示他在发元音间的/r/和/gr/时舌头是稍微抬起的。"

命名词汇。英国重要的语音学家 J. C. Wells 在其著作《英语的口音》（*Accents of English*，Cambridge University Press，1982）中提议使用这一术语。英式英语和普通美式英语的命名词汇本章早先已有论述。澳大利亚英语的命名词汇来自 Felicity Cox 和 Sallyanne Palethorpe 2007 年的文章"澳大利亚英语"（Australian English，载于《国际语音学会期刊》，第 37 期，第 341—350 页）。爱尔兰英语的命名词汇来自 Raymond Hickey 的网站——爱尔兰英语资源中心（the Irish English Resource Center，http://www.uni-due.de/IERC/)，以及其著作《爱尔兰英语发音图集》（*A Sound Atlas of Irish English*，Berlin：Moutonde Gruyter，2004）。

英语音位变体。第四章提到的许多关于英语音位变体的信息都来自加州大学洛杉矶分校的 Patricia Keating 教授和她的学生 Dani Byrd、John Choi、Edward Flemming 对 TIMIT 资料库以及其他反映美式英语不同方言语音资料库的观察所得。

发音达人。感谢加州大学洛杉矶分校的 Bruce Hayes 教授作为我们的"普通美式英语"发音人。

第五章

两个"*opposite*"。对话中有关元音弱化的说明来自 Buckeye 语料库(http://buckeyecorpus.osu.edu/)。这个对话语音标写语料库在 Mark A. Pitt、Keith Johnson、Elizabeth Hume、Scott Kiesling 和 William Raymond 2005 年的文章"The Buckeye Corpus of Conversational Speech: Labeling Conversations and a Test of Transcriber Reliability"(载于 Speech Communication,第 45[1]期,第 89—95 页)中也有论述。

奥巴马演说乐谱。巴拉克·奥巴马在爱荷华州竞选演说的前 47 秒内容,由加州大学伯克利分校的 Richard Rhodes 教授用苹果应用程序 Garage Band 制作成乐谱。

ToBI 标音法。俄亥俄州立大学的 Mary Beckman 和加州大学洛杉矶分校的 Sun-Ah Jun 对本章中的语调标音进行了检查和修改。尽管所有 ToBI 的声调符号都能转换成国际音标的语调符号(比如降调[↓]和升调[↗]),ToBI 标音系统(书中我只展示了声调部分)仍然不像国际音标那样被广泛教授。但是,有些语音学家不把 ToBI 作为教学内容,是因为他们认为 ToBI 标音法不太符合语音事实。比如,用 H-L%来表示平缓语调。我们认为,不标语调的语音标写系统是不完整的。如果有比 ToBI 更好的标音系统的话,我们肯定会在书中加以介绍。

第六章

如何发咿音? 图 6.5 展示的咿音噪声的发音过程是基于 Anthony Traill 1985 年的著作《布须曼人语音及音系研究》(*Phonetic and Phonological Studies of* ǃ*Xoo Bushman*, Quellen zur Kohisan-Forschung. 5: Helmut Buske, Hamburg)里大量的 X 光视频研究。

喉头。图 6.6 喉头的照片由 John Ohala 和 Ralph Vanderslice 提供。关于这些照片,Ohala 介绍说:"照片拍的是 RalphVanderslice 的声带。我的工作类似于微距拍摄(用我的尼康相机),用一个长焦镜头加上一根可伸缩的管子和一个环形闪光灯(装在镜头周围,以使光线均匀)。但真正面临技术考验的是 Ralph,他能忍受一面超尺寸的镜子(直径大约 3 厘米,如果我没记错的话)——他几乎是'爬上'这面镜子,因为镜子是安装在一个固定设备上的——除此之外,没有其他办法能让我更好地给每张照片对焦。"

第七章

加州英语的齿塞音。在讨论英语齿音时提到的"细致的硬腭位图研究"是由彼得·赖福吉的学生 Sarah Dart 在她 1991 年的博士论文里做的。这篇论文名为"Articulatory and Acoustic Properties of Apical and Laminal Articulations"（载于 *UCLA Working Papers in Phonetics*，第 79 篇）。

第八章

第一次竞选。图 8.1 中高频和低频成分的展示来自 Buckeye 对话标音语料库。在 Mark A. Pitt、Keith Johnson、Elizabeth Hume、Scott Kiesling 和 William Raymond 2005 年的文章"The Buckeye Corpus of Conversational Speech: Labeling Conversations and a Test of Transcriber Reliability"（载于 Speech Communication，第 45[1]期，第 89－95 页）中也有论述。

元音共振峰。图 8.5 中元音共振峰的声学资料来自 G. E. Peterson 和 H. L. Barney 1956 年的文章"Control Methods used in Study of the Vowels"（载于 *Journal of the Acoustical Society of America*，第 24 期，第 175－184 页），以及 A. Holbrook 和 G. Fairbanks 的文章"Diphthong Formants and their Movements"（载于 *Journal of Speech and Hearing Research*，第 5 期，第 38－58 页，1962 年 3 月）。

Bark 频率。以赫兹为单位的频率和以 Bark 刻度为单位的音高之间的关系是由 M. R. Schroeder、B. S. Atal 和 J. L. Hall 在他们的文章"Objective Measure of Certain Speech Signal Degradations Based on Masking Properties of Human Auditory Perception"（载于 B. Lindblom 和 S. Ohman 编的 *Frontiers of Speech Communication Research*，第 217－229 页，New York：Academic Press，1979）中定义的。

第九章

英语元音。图 9.1 中英语元音的共振峰频率声学资料来自 G. E. Peterson 和 H. L. Barney 1956 年的文章"Control Methods used in Study of the Vowels"（载于 *Journal of the Acoustical Society of America*，第 24 期，第 175－184 页），以及 A. Holbrook 和 G. Fairbanks

的文章"Diphthong Formants and their Movements"（载于 *Journal of Speech and Hearing Research*，第 5 期，第 38—58 页，1962 年 3 月）。

定位元音的舌位。图 9.3 定位元音的 X 光照片来自 S. Jones 1929 年的文章"Radiography and Pronunciation"（载于 *British Journal of Radiology*，新系列第 3 期，第 149—150 页）。

英语方言中的元音。关于英语不同口音的详细资料：加州英语来自 R. Hagiwara 1995 年在加州大学洛杉矶分校未发表的博士论文 "Acoustic Realizations of American /r/ as Produced by Women and Man"；美国北部城市英语来自 J. Hillenbrand、L. A. Getty、M. J. Clark 和 K. Wheeler 1995 年的文章"Acoustic Characteristics of American English Vowels"（载于 *Journal of the Acoustical Society of America*，第 97[5] 期，第 3099—3111 页）；BBC 英语来自 D. Deterding 1990 年在剑桥大学未发表的博士论文"Speaker Normalization for Automatic Speech Recognition"。

其他语言中的元音。西班牙语元音的材料来自 Pierre Delattre 1964 年的文章"Comparing the Vocalic Features of English, German, Spanish and French"（载于 *International Review of Applied Linguistics*，第 2 期，第 71—97 页）；日语元音的材料来自 Han Mieko 的著作《日语音系》(*Japanese Phonology*，Tokyo：Kenkyuusha,1962)；丹麦语元音的材料来自 Eli Fischer-Jorgensen 的文章"Formant Frequencies of Long and Short Danish Vowels"（载于 E. S. Firchow 等编的 *Studies for Einar Haugen*，The Hague：Mouton,1972)。

舌根前伸时的舌形。图 9.10 是基于 Mona Lindau 的阿坎语元音 X 光照片，参见 Mona Lindau Webb 1987 年的文章"Tongue Mechanisms in Akan and Luo"（载于 *UCLA Working Papers in Phonetics*，第 68 篇，第 46—57 页）。

/r/发音：抬舌与卷舌。关于美式英语/r/的资料也来自 Robert Hagiwara1995 年在加州大学洛杉矶分校的博士论文。

练习 A。该练习中关于元音的描述来自 Kenneth N. Stevens 和 Arthur House 1955 年的文章"Development of a Quantitative Description of Vowel Articulation"（载于 *Journal of the Acoustical Society of America*，第 27 期，第 484—493 页）。

练习 B。该练习中的描述是由 Morris Halle 和 Kenneth N. Stevens 在他们 1969 年的文章"On the Feature 'Advanced Tongue

Root'"（载于 *Quarterly Progress Report*，第 94 期，第 209—215 页；由麻省理工大学电子研究实验室发布）中建议的。第 3 项练习中关于元音的历时描述可以在 Hermann Helmholz 的著作《声调的感知》(*Sensations of Tone*，New York：Dover Publications，Inc.，1954）中找到。该著作的初版是德文版，1863 年出版；第四版由 A. J. Ellis 翻译成英文版，1885 年出版；1954 年由纽约 Dover Publications 公司重印。

第十章

测量语言节奏。"成对变异指数"的概念来自 E. Grabe 和 E. L. Low 的文章"Durational Variability in Speech and the Rhythm Class Hypothesis"（载于 *Papers in Laboratory Phonology*，第 7 期，The Hague：Mouton，2000）。如果你对该话题感兴趣，一定要还读一读 F. Ramus、M. Nespor 和 J. Mehler 1999 年合著的文章"Correlates of Linguistic Rhythm in the Speech Signal"（载于 *Cognition*，第 73[3]期，第 265—292 页）。本章中关于节奏的论述也反映了我本人（凯斯·约翰逊）的观点，参见我发表的第二篇文章（1985 年，和 B. Sinsabaugh 一起）"The Simplification of the Greek Vowel System"（载于 *Chicago Linguistic Society*，第 21 期，第 189—198 页），谈的是节奏变化对音段造成的影响（古希腊语从音节—节奏型转变为重音—节奏型）。

第十一章

发[p]时的协调动作。图 11.9 是基于 Mary Beckman 名为"Notes on Speech Production"的课堂教学材料。Beckman 博士对我们这一版教材的贡献也体现在第五章里。

新语法学派特例。非常感谢 Andrew Garett 教授为我们提供了下面这段引文。引文来自 Hermann Paul 1920 年的著作 *Prinzipien der Sprachgeschichte*（第 5 版，Haller：Niemeyer；第 1 版，1880 年；第 2 版，1886 年），其中 Paul 清楚地解释了特例记忆（同一话语在不同时间的发音）和语音演变的关系：

> 为了理解我们称之为语音演变（德文 Lautwandel）的现象，我们必须分清话语发音时的生理过程和心理过程：首先，发音器官的运动……；其次，这些动作所伴随的系列感觉，发

音感觉（德文 Bewegungsgefühl）……；第三，听者产生的声学感觉（德文 Tonempfindungen），周围的说话人自身处于正常环境中。即便是生理上的兴奋已经消失了，心理效应却仍然在持续。也就是，记忆中的呈现（德文 Erinnerungsbilder）对语音演变起着至关重要的作用。因为正是它连接了本质上独立的生理过程，并建立起了同一话语在不同时间的发音之间的联系。

术语汇释

注：表中的解释不是正式定义，但可以作为复习本书的向导。定义中的粗黑体词在术语注释中有独立词条。

Advanced tongue root（ATR）（**舌根前伸**）发音时舌根前移，使咽腔扩大，（通常抬高舌头，使其接近上腭）。咽腔变窄时所形成的音是咽音〔−舌根前伸〕。

Affricate（**塞擦音**）由塞音后接一个同部位擦音所构成的音。

Allophone（**音位变体**）音位的变体形式。音位变体由一组音构成，其条件是：(1)不改变词义；(2)彼此语音相似；(3)出现的语音环境互补，如：音节起始音跟韵尾相对立。音位变体之间的差异可以用音系学规则来解释。

Alternations（**交替形式**）可以用音系学规则描写的词内形式变化。如：*divine* 和 *divin*(*ity*) 中〔aɪ〕和〔ɪ〕之间的差异。

Alveolar（**龈的；龈音的**）涉及舌尖或舌叶跟龈的发音，如英语 *die* 的〔d〕。

Alveolar ridge（**龈脊**）口腔上部紧接上门齿后的部位。

Alveolo-palatal（**龈腭音**）龈后辅音，发音时舌前部朝硬腭方向抬起。

Ambisyllabic（**兼属两个音节的**）属于两个音节。如 *happy* 中的辅音〔p〕有时被称为兼属两个音节的音。

Anticipatory coarticulation（**预期协同发音**）本与发某音无关的某个调音器官，由于后接音的影响而预先移向发该音位置的动作。如 *swim* 中的〔s〕带有圆唇，是受紧随其后的圆唇音〔w〕的影响。

Apical（**舌尖音**）与舌尖相关的调音。

Approximant（**近音**）调音时两个器官彼此接近，但还没有窄到可以形成湍流。在英语很多形式中，/j, l, r, w/ 都是近音。

Articulation（**发音；调音**）两个调音器官接近或接触，如舌尖和上齿。

Articulator（**调音部位**）声道中用来发音的组成部分。

Arytenoid cartilages（**勺状软骨**）声带后末端的一对软骨组织，它们的运动统辖着不同的发声类型。

Aspiration（**送气**）除阻后的一段无声期，如英语 *pie*〔pʰaɪ〕。

Assimilation（**同化**）由于比邻音的影响，一个音变成另一个音的现象。如下面的变化：*input* 中，〔n〕变为〔m〕，读

[ˈɪmpʊt］；*does she* 中，[z] 变为 [ʒ]，读 [ˈdʌʒʃi]。

Back(of the tongue)(舌面后) 位于软腭下面的舌体部位。

Back vowels(后元音) 舌体位于口腔后部发出的元音。[u,o,ɔ,a] 等元音形成了一组具有参照价值的后元音。

Bark scale(巴克刻度) 用相同的间距来标记说话人感知的音高。

Bilabial(双唇音) 涉及双唇的发音，如英语 *my* 中的 [m]。

Binary feature(双值特征) 可以用来给带有两种可能值的音进行分类的特征（如边音）。

Breathy voice(气声) 哼声的另一种名称，是一种气流高速通过微微张开的声带并使其振动的发声类型，如印地语中的 [bʱ]。

Broad transcription(宽式标音) 不显示大量语音细节的标音，通常只指简单的音位标音。

Cardinal vowels(定位元音) 由丹尼·琼斯(Daniel Jones)首先定义的一组参照元音。任何一种语言的元音都可以通过定位元音之间的关系来描述。

Citation form(单念形式) 一个词单独发音时的形式。

Click(咂音) 由内入的软腭气流产生的塞音，如祖鲁语的 [ǁ]。

Closed syllable(闭音节) 以辅音收尾的音节。如 *magpie*、*pantry*、*completion* 英语词中的第一个音节。

Coarticulation(协同调音) 相邻音的调音交叠。

Coda(韵尾) 音节中出现在元音后的辅音。

Contour tone(曲折调) 在声调语言（如汉语）里，音高范围内的滑动变化。

Coordinative structures(协调结构) 和肌肉群在发音控制中的功能有关。是以目标为导向的、有层级结构的控制系统。像"双唇闭合"这样一个语音动作由若干个次级任务组成。

Coronal(舌冠音) 舌尖或舌叶抬起靠近牙齿或龈（有时是硬腭）发出的音，如 [θ,s,t]。

Creaky voice(嘎裂声) 参见**喉化**。

Declination(降调) 在发音过程中音高不断降低的语调。

Degrees of freedom problem(自由度问题) 在言语运动控制中，需要同时掌控很多块肌肉，而每块肌肉的运动都有一定的自由度。参见**协调结构**。

Dental(齿音) 舌头和牙齿接触所发的音。

Diacritics(附加符号) 用来区别一个音标不同值的附加小符号。例如，附加 [⁼] 来区别软腭化音和非软腭化音，如 [ɫ] 和 [l] 相对。

Diphthong(二合元音) 单音节中一个元音音质的变化，如英语 *high* 中的 [aɪ]。

Dorsal(舌面) 用以描述那些用舌后部发的音。

Dorsum(舌后) 舌的后部。

Downdrift(下移) 在语调短语中音高下降的趋势。

Downstep(降阶) 高音高重音或高音调位于一个类似的高音高重音或高音调后可能会逐渐降低。

Ease of articulation(发音轻松度) 影响语言声音系统的一种力量，它导致易发的音比难发的音更有可能存在。

Ejective(喷音) 用喉头外出气流产生的塞音。如豪萨语的 [k']。

Epenthesis（增音）在词中插入一个或多个音，如把 sense 发作 [sɛnts]。

Exemplar theory（特例原则）一种观点。认为：发音人所发的和（或者）所听到的全部音都以特例形式储存在记忆中。

Feature（特征）此处指语音学特征。有些特征（比如"舌冠音"）比较笼统，有些特征（比如"唇齿音"）比较具体。

Filter（滤波器）在声学语音学中，它指的是一个声学管道，可以强化一个音的某些共振峰，而弱化另一些共振峰。

Flap（闪音）某一调音器官（通常是舌尖）先往后收卷，然后再迅速回到原位置时碰击另一调音器官所产生的音。

Formant（共振峰）声道中空气的共鸣频率。元音的特征反映在前三个共振峰上。

Frequency（频率）一个音在气压下的振动率。

Fricative（擦音）收窄两个调音器官的距离使部分气流受阻从而产生一股湍流。如英语 zoo 中的 [z]。

Front vowels（前元音）舌体位于口腔（嘴）前部的元音。元音 [i, e, ɛ, a]形成一组可供参考的前元音。

Full（完整形式）当某个词的发音展现了单念形式中所有或大部分语音信息时，该形式就是完整的发音形式。

Geminate（双音）两个相邻的同质音段，如意大利语 folla [ˈfolla]（拥挤）中的两个辅音。

Gesture（音姿）言语运动控制中声道动作的抽象展现。参见**协调结构**。

Glottal（喉音）与声门相关的发音。如英语的许多形式中，button [ˈbʌʔn] 中的 [ʔ]。

Glottal stop（喉塞音，又称 glottal "catch"）声带紧贴在一起时所发的音。

Glottalic airstream mechanism（喉头气流机制）由喉头活动形成的咽部气流运动。喷音和内爆音都是由喉头气流机制产生的。

Glottis（声门）声带间的空间。

Hard palate（硬腭）由骨性组织形成的口腔前顶部。

Homorganic（同部位的）调音部位相同。如英语 hand 中的 [d] 和 [n] 调音部位相同。

Implosive（内爆音）由内入的喉头气流发出的塞音，如印地语的 [ɓ]。

Impressionistic transcription（印象标音法）只显示语音的普通语音学价值的标音法。

Intensity（声强）语音的声学能量值。

Interdental（齿间音）舌尖稍突出于上下齿间发出的音。许多美式英语发音人在 thick、thin 之类的词中就发齿间音。

Intonation（语调）在短语或完整句子中出现的音高变化模式。

Intonational phrase（语调短语）采用某一特殊调型的可扩展的言语片段。在一个英语句子中可能有一个或更多的音调组。

Labial（唇音）涉及唇的发音，如 [f, v, m]。

Labial velar（labiovelar）（双唇-软腭音）发音时同时涉及舌后部运动形成的软腭闭塞和双唇闭塞。

Labialization（圆唇化）发音时作为次要的发音动作出现一定程度的圆唇现象，如英语[ʃ]中。

Labiodental（唇齿音）涉及下唇和上齿的发音。

Laminal（舌叶音）用舌叶发的音。

Laryngeal（喉音）用声门处的声道区域发出的辅音，如[h,ʔ]。

Laryngealization（喉化）嘎裂声的别称。是一种由勺状软骨紧贴声带后部发声端，使声带另一端振动的发声类型。如豪萨语[ɓ]。

Lateral（边音）气流从舌两边流出的音。如英语 *leaf* 中的 [l]。

Lateral plosion（边爆发）通过降低舌的两边来完成爆发音的除阻，如 *saddle* 的末尾。

Lax（松元音）这个术语没有具体的语音相关物，只在音系学基础上给元音分类时使用。在英语中，松元音可以出现在由 [ŋ] 结尾的单音节中，如 *sing*、*length*、*hang*、*long*、*hung*。

Length（时长）发音持续时间的单位，用于区分不同的词。参见**双音**。

Lexical sets（命名词汇）说明具有相同元音的词汇主要分组的关键词；用于比较各种英语变体间的元音发音。

Linguo-labial（舌唇音）发音时舌靠近或接触上唇。

Lip rounding（圆唇）双唇的横向或纵向收缩，使得口腔开口度变小的动作。

Liquid（流音）这个术语包括边音和各种形式的 r 音。

Locus（音轨）每个调音部位共振峰的明显源点。

Loudness（响度）语音的听觉特性，它使听者可以从轻到重给一个音分级，不必像语音的强度那样考虑声学特性。

Mid-sagittal section（正中矢状面图）声道中线（从前额到下巴）的切面图。

Monophthong（单元音）在音节中与二合元音对应，单元音的音质变化不显著，如英语 *father* 中的 [ɑ]。请比较"二合元音"。

Motor equivalence（等值动作）由调音器官的两个不同音姿所产生的同音现象。

Multivalued feature（多值特征）一个可以用来给超过两种可能的音分类的特征（如高度）。

Murmur（哞声）气声的别称，它是一种发声类型：发声时声带稍分开并允许一股气流高速通过声门，使声带振动，如印地语[bʱ]。

Narrow transcription（严式标音）显示语音细节的标音。这种音标用大量符号并在一些情况下还用附加区别符号来表示语音细节（如英语中的送气、音长等等）。

Nasal（鼻音）发音时因软腭下降而不形成闭塞，气流从鼻腔通过，如英语 *my* 中的 [m]。

Nasalization（鼻化）发音时气流从口腔流出，同时软腭下降，如英语 *man* 中位于两个鼻音中间的元音 [æ̃]。

Nasal plosion（鼻爆发）通过下降软腭使爆发音除阻，从而使气流从鼻腔流出，如 *hidden* 的末尾。

Nasal stop（鼻塞音）口腔完全堵塞，气流只能从鼻腔流出。鼻塞音通常就称作**鼻音**。

Nasal vowel（鼻化元音）一部分气流从鼻腔通过而产生的元音。

Nucleus（音节核）一个音节的核心部分，通常是元音。

Obstruent（阻音）即塞音、擦音或塞擦音。

Onset（起始声）音节中出现在元音前的所有辅音。

Open syllable（开音节）没有辅音尾的音

节，如 *beehive*、*bylaw*、*sawing* 英语词中的第一个音节。

Oral stop（口塞音）口腔和鼻腔都完全阻塞的音，如 [b, d, g]。

Palatal（腭音）涉及舌前部和硬腭的音，如英语 *you* 中的 [j]。

Palatalization（腭化）一种舌前部向硬腭抬起的次要发音，就像俄语中所谓的软辅音。

Palato-alveolar（腭龈音）涉及舌叶和龈后部的发音。

Palatography（腭位测量术）显示发音接触的技术。可以用带有印记的媒介覆盖整个舌头，然后在一个词发完以后，就能够观察到这种媒介移动到口腔顶部的情况。

Perseverative coarticulation（后遗协同调音）前一个音的某方面发音保留到下一个音（后面的音段被前面的音段同化），例如：喉塞音后面元音的喉化现象。

Pharyngeal（咽音）涉及舌根和咽后壁的发音，如阿拉伯语中的 [ʕ]。

Pharyngealization（咽化）舌根后缩使咽腔变窄的一种次级调音，如阿拉伯语中的所谓浑厚音。

Phonation（发声）发音时声带振动。

Phoneme（音位）可以用来系统、明确地描述一种语言声音的抽象单位。参见音位变体。

Phonetic implementation（执行原则）描述不同语言间、方言间以及人与人之间发音差异的一种理论。通过规则来展示抽象的基本形式和实际发音形式之间的关系。

Phonogy（音系学）对一种语言语音系统和模式进行描写的学科。

Pitch（音高）语音的听觉特性，它可以让听者不必考虑声学性质就可以辨别出语音的高低，如语音的频率。

Plosive（爆发音）运用肺气流机制发出的塞音，如英语的 [p] 或 [b]。

Post-alveolar（龈后音）持阻部位在龈脊和硬腭之间的音。

Prominence（突显）一个音因为跟其他一些音彼此在响度、时长、重音、音调上组合在一起而显得格外突出。

Pulmonic airstream mechanism（肺气流机制）由呼吸肌推动肺气流运动的气流机制。大多数音是由肺气流机制产生的。

R-colored（r 化音）带有卷舌近音 [ɹ] 色彩的元音。

Radical（舌根音）用舌根发的音。

Reduced（弱化）一个词的弱化形式和单念形式不同，包括弱化的元音和省略的音段。

Reduced vowel（弱读元音）元音发音时有非对立性的央化元音音质，在词的底层形式中，它仍是一系列充分对立音的一部分。如 *emphasis* 第二个元音就是 *emphatic* 元音 [æ] 的弱读形式。

Reification（观念与现象混淆的谬论）逻辑上的一个谬论。将原因和现象混淆起来。比如，以下解释就是一个谬论：由于存在一条普遍原则 AGREE(x)，它要求相邻音段共享特征 x。所以，就会出现同化现象。

Released burst（除阻爆发）塞音除阻时产生的噪音。

Retroflex（卷舌音）涉及舌尖和龈后部的发音，一些说英语的人在说 *rye* 和 *err* 时有卷舌近音。卷舌塞音出现在印地语和其他一些在印度使用的语言中。

Rhotacization（卷舌化）卷舌音的听觉性质。卷舌色彩是由降低的第三共振峰引起的。

Rhotic（卷舌音）在英语的某种形式中，/r/可以出现在元音后，如 *car*、*bird*、*early*。卷舌音出现在中西部美式英语的许多形式中，相反，在英国南部，其英语中大多数没有卷舌音。

Rhyme（韵体）由音节中元音（韵腹）和出现在其后的辅音构成。

Roll（滚音）参见颤音。

Rounded（圆唇的）一种带有圆唇特征的发音。

Secondary articulation（次要发音）由不涉及主要发音的两个调音器官形成的音。英语音节尾的龈边音通常是由舌后部抬起发出带软腭化的次要发音，如 *eel*。

Segment（音段）像辅音或元音一样的语音单位。

Semivowel（半元音）跟发元音的调音方式一样的音，但这个音不能独立构成音节。如 *we* 中的 [w]。

Sibilant（咝音）一个音高很高并伴随紊乱噪音的语音，如英语 *sip* 和 *ship* 中的 [s] 和 [ʃ]。

Soft palate（软腭）腭的一部分，它位于口腔后部，柔软可活动。

Sonority（响度）一个音的响度与拥有相同时长、重音和音高的其他语音相关。

Source（音源）在声学语音学中，音源被声道所过滤。浊音、摩擦以及爆发时噪音都是主要音源。

Spectrogram（声谱仪）显示语音频率的图像，横坐标表示时间，纵坐标表示频率，图中灰度表示任何时间点的频率强度。

Stop（塞音）两个调音器官完全闭塞所发的音。这个术语通常指口塞音——即两个调音器官完全闭塞且软腭闭塞，如英语 *buy* 中的 [b]。但鼻音，如英语 *my* 中的 [m] 同样也可视为塞音。

Stress（重音）在整个音节中使用额外呼吸能量发音。

Strong form（强式）一个词重读时的形式。这个术语通常只用于那些重读的强读式单词①，如 *to*、*a*。

Suprasegmental（超音段）诸如重音、时长、声调和语调等语音学特征，它不是单个辅音或元音的性质。

Syllable（音节）一个不是很令人满意的定义。音节似乎是组织和产生话语的必要单位。

Systematic phonetic transcription（系统的音值标音）可以显示语言所有语音细节的标音方法，并又可以用音系学规则表述。

Tap（拍音）舌尖向上快速移动碰触口腔上部，然后沿着原路线回到原来位置。

Target position（目标部位）理想化的调音部位。可以用来描述发音人如何发出一个话语时做参照点。

Tense（紧元音）一个没有确切语音相关物的术语。它在根据音系学原则划分元音时使用。英语中，紧元音是出现在重读开音节中的元音，如：*bee*、*bay*、*bah*、*saw*、*low*、*boo*、*buy*、*bough*、*boy*、*cue*。

ToBI 一个通过高低及高低结合的音高重音序列来描写重读音节、语调短语和边界的系统。这个系统用从 1（连接最紧）

---

① 译按：此处有误。原文为 This term is usually applied only to words that normally occur unstressed and with a weakform，与"弱式"术语矛盾。强式是指词重读时的读音。

到 4（停顿最久）的停顿指数来表示相邻词语间关系的紧密程度。
Tone（**声调**）可以传达词部分意义的音高。如汉语中，[ma] 发高平调时是"妈妈"的意思，发高降调时是"骂"的意思。
Tone sandhi（**连续变调**）由于受邻近声调的影响而产生的声调变化。
Tonic accent（**语调重音**）参见**调核音节**。
Tonic syllable（**调核音节**）在一个声调群里由于承担主要音高变化而突显出来的音节。
Trill（**颤音**）发音时一个调音器官保持放松并去靠近另一个调音器官，用气流使它们发生颤动，并交替着碰触分开。在苏格兰英语的一些形式中，*rip* 中的 [r] 是颤音。
Unrounded（**不圆唇的**）参见**圆唇的**。
Uvular（**小舌音**）涉及舌后部和小舌的发音，如法语 *rouge* [ʁuʒ] 中的 [ʁ]。
Velar（**软腭音**）涉及舌后部和软口盖或者软腭的发音，如英语 *guy* 中的 [g]。
Velar pinch（**软腭夹**）软腭音语图上常见的一种图形。第二和第三共振峰较为接近。
Velaric airstream mechanism（**软腭气流机制**）由舌头动作产生的口腔气流运动。咂音即用软腭气流机制发出。
Velarization（**软腭化**）舌后部向软腭抬起的次要发音现象。在英语的许多形式中，如 *hill* 音节末的 [ɫ] 腭化程度很高。
Velic（**软顶**）涉及软腭及其上表面和咽腔的发音。软顶闭塞使空气无法从鼻腔中流出。
Velum（**软腭**）腭的一部分，位于口腔后部，柔软可活动。
Vocal tract（**声道**）气流流经的声带以上的部分，声道包括口腔通道和鼻腔通道。
Vocoid（**纯元音**）口腔中不形成阻碍所发的音。元音和半元音都是纯元音。
Voice bar（**浊音杠**）在语图底线附近的灰色区域，它显示了发辅音过程中的声带振动情况。
Voice onset time（**声带起振时**）声带振动到闭塞解除之间的时间。
Voiced（**浊音**）发音时声带振动的音，如英语 *me* 中的 [m]。在某些有浊音的语音中，声带只是在发音的某一部分时间里振动，如发英语 *die* 中的 [d] 就常如此。
Voiceless（**清音**）发音时声带不振动的音，如英语 *see* 中的 [s]。
Vowel quality（**元音音质**）由元音共振峰频率所决定的元音音色（参见**共振峰**）。
Weak form（**弱式**）任何词的非重读形式。如 *but* 或 *as*，当在谈话中出现时它并不保持自身完整的读音形式。

相关阅读资料

语音学研究已有数百年的历史。下面列出了近四五十年来出版的一些重要著作。当然，还有许多重要发现并没有写成书，只是发表在期刊上。你如果想了解语音学的最新发现，可以去阅读以下期刊：*Journal of the International Phonetic Association*，*Journal of Phonetics*，*Journal of Speech and Hearing Research*，*Language and Speech*，*Phonetica*，以及更多其他领域的专门期刊。这些领域如声学（特别是 *Journal of the Acoustical Society of America*）、语言学、言语病理学及特殊语言领域等。当然，还有必要上一些专业语言学机构的网站查看。

语音学词典：

Jones, Daniel, James Hartman, Jane Setter, and Peter Roach.《英语发音词典》（第 18 版）(*English Pronouncing Dictionary*, 18th edition)，剑桥：剑桥大学出版社，2011。

Wells, John.《朗文发音词典》（第 3 版）(*Longman Pronunciation Dictionary*, 3rd edition)，哈洛：培生教育出版社，2008。

这两本词典都是很好的参考书，每个学语音学的学生都应该用它们来查阅相关资料。

Upton, Clive, WilliamKretzschmar, and Rafal Konopka.《牛津当代英语发音词典》(*Oxford Dictionary of Pronunciation for Current English*)，纽约：牛津大学出版社，2003。

这是一本相对比较新的词典，被出版商描述为"对 21 世纪纯正英语口语的一项独特调查"。

Kenyon, J. S., and T. A. Knott.《美式英语发音词典》（第 2 版）(*A Pronouncing Dictionary of American English*, 2nd edition)，斯

普林菲尔德,MA:梅利姆·韦伯斯特,1953。

虽然一些发音已经过时,但这本词典还是美式英语发音的参考标准。Knott"词典怎么确定就怎么发音"的观点(*Quarterly Journal of Speech*，21，1—10)是阅读这部词典有趣的指南。

常用语音学著作:

Abercrombie, David. 《普通语音学纲要》(*Elements of General Phonetics*),纽约:Aldine 出版社,1967。

这是一本语音学经典著作,提出了许多重要的语音学概念。它通俗易懂,对所选主题有很好的介绍,但在涉及的范围上有所限制。

Ball, Martin, and Nicole Müller. 《交际混乱现象的语音学研究》(*Phonetics for Communication Disorders*),LEA,2005。

本书是一本综合性教材,解决"语音诊室"里可能出现的各种交际混乱现象。

Catford, John C. 《语音学基本问题》(*Fundamental Problems in Phonetics*),布鲁明顿:印第安纳大学出版社,1977。

本书对发声类型和言语产生的空气动力过程有精彩的介绍,但不适合初学者阅读。

Celce-Murcia, Marianne, Donna Brinton, Janet Goodwin. 《发音教学指南》(第 2 版)(*Teaching Pronunciation: A Course book and Reference Guide*, 2nd edition),剑桥:剑桥大学出版社,2010。

对于英语为第二语言的学生,这是一本很好的语音学教程。

Clark, John, ColinYallop, and Janet Fletcher. 《语音学和音系学入门》(第 3 版)(*An Introduction to Phonetics and Phonology*, 3rd edition),牛津:Wiley-Blackwell 出版社,2007。

本书的基础知识部分和其他书相同,但对语言学家来说它的专业性更强。

Hardcastle, William, and John Laver. 《语音科学手册》(*The Handbook of Phonetic Sciences*),牛津:Blackwell 出版社,1997。

此书很全面,包括语音学所有方面的权威解释。

International Phonetic Association. 《国际语音学会手册》(*The Handbook of the International Phonetic Association*),剑桥:剑桥大学出版社,1996。

这是语音学专业的学生应该人手一册的参考书。

Johnson, Keith.《声学和听觉语音学》(第 3 版),(*Acoustic and Auditory Phonetics*, 3rd edition),牛津:Wiley-Blackwell 出版社,2011。

此书是一本声学语音学专著,介绍语音生成中的声学原理以及语音的听辨过程。

Ladefoged, Peter, and Sandra Ferrari Disner.《元音和辅音》(第 3 版)(*Vowels and Consonants*, 3rd edition),牛津:Wiley-Blackwell 出版社,2011。

此书对语音学的介绍比本教材更为简洁、轻松。

——.《声学语音学纲要》(第 2 版)(*Elements of Acoustic Phonetics*, 2nd edition),芝加哥:芝加哥大学出版社,1996。

这本书只介绍了语音学专业的学生需要掌握的声学方面的基本知识。

——.《语音数据分析:田野调查和仪器分析技术入门》(*Phonetic Data Analysis: An Introduction to Fieldwork and Instrumental Techniques*),牛津:Wiley-Blackwell 出版社,2003。

这是一本教你"怎样做"的书,旨在引导如何做语音学田野调查和语音分析。

Ladefoged, Peter, and Ian Maddieson.《世界语音》(*Sounds of the World's Languages*),牛津:Wiley-Blackwell 出版社,1996。

此书对世界上已知语言的语音做了全面解释。

Laver, John.《语音学原理》(*Principles of Phonetics*),剑桥:剑桥大学出版社,1994。

此书对语音学领域做了多方面的回顾。

Maddieson, Ian.《语音模式》(*Patterns of Sounds*),剑桥:剑桥大学出版社,1984。

此书是一份有关 300 多种语言语音系统的调查报告,为描写许多世界性语音及发展趋势打下了基础。

Pickett, J. M.《言语交际的声学语音学:基本原理、语音感知理论和技术》(*The Acoustics of Speech Communication: Fundamentals, Speech Perception Theory, and Technology*),波士顿:Allyn and Bacon 出版社,1999。

此书对声学语音学的介绍比其他入门书更深入,其中对语音感知做了很多探讨。

Pike, Kenneth.《语音学:理论述评及语音描写技巧》(*Phonetics*: *A Critical Account of Phonetic Theory*, *and Technique for the Practical Description of Sounds*),安·阿伯:密歇根大学出版社,1943。

这是一本高年级学生的经典教材。

Pullum, Geoffrey, and William Ladusaw.《语音符号指南》(第 2 版) (*Phonetic Symbol Guide*, 2nd edition),芝加哥:芝加哥大学出版社,1996。

这是一本非常有用的参考书,其语音描写包括国际音标在内的大量语音符号。

Roach, Peter.《英语语音学和音系学实用教程》(第 4 版) (*English Phonetics and Phonology*: *A Practical Course*, 4th edition),剑桥:剑桥大学出版社,2000。

这本书非常适合对英语感兴趣的人阅读。

Stevens, Kenneth.《声学语音学》(*Acoustics Phonetics*),剑桥:麻省理工学院出版社,1999。

此书显然是一本技术方面的前沿著作,描写了已知的言语声学的所有方面。

Zemlin, Willard.《发音与听辨科学、解剖学和生理学》(第 4 版) (*Speech and Hearing Science*, *Anatomy and Physiology*, 4th edition),Englewood Cliffs:Prentice-Hall 出版社,1998。

此书在解剖学和生理学方面对调音器官做了很好的介绍。

常用网站:

国际语音协会: 国际语音协会网站首页(http://www.langsci.ucl.ac.uk/ipa/)上有很多有用的链接,包括音频文档以及专业的国际音标字体可供下载(免费)。当然,还有如何加入该协会,如何得到《国际语音学期刊》等内容。

语音分析软件: 这里,我们推荐一些免费的声学分析软件(可作波形图及语图等)。

Wavesurfer:http://www.sourceforge.net/projects/wavesurfer/
Praat:http://www.fon.hum.uva.nl/praat/
Audacity:http://audacity.sourceforge.net/

YouTube 上的语言学: 凯斯·约翰逊的 YouTube 上有各种语音视频,内容丰富,甚至包括物理学讲座和业余喉镜检查等。http://www.youtube.com/user/keithjohnsonberkeley。

索 引[1]

注:加黑的术语又见于"术语汇释"。

Acoustic and Auditory Phonetics(声学和听觉语言学),6,200
Acoustic phonetics(声学语音学),197—226
　acoustic analysis(～声学分析),203—208
　consonants(～辅音),19,208—214
　individual differences(～个体差异),221—224
　overview(～复习),6
　perturbation theory(～微扰理论),202—203
　source/filter theory(～声源/滤波理论),197—200
　spectrograms interpretation(～语图解析),213—221
　tube models(～管道模型),200—203
Acoustic(声学)
　analysis(～分析),203—208
　articulation and(发音学和～),2—34
　of consonants(辅音的～特征),19,208—214
　correlates(～关联),213,242
　intensity(～强度),204,207,210,216—217,255—256
Advanced Tongue Root(ART)舌根前伸(ATR),238—239
Affricates(塞擦音),18,71,175,180,184
African languages(非洲语言),184,190,238
Airstream process(气流过程),144—171
　features(～特征),282—287
　glottis actions(～声门动作),156—159,164—165
　mechanisms(～机制),144—155
　overview(～复习),5—6
　voice onset time(VOT)(～声带起振时),159—164
Akan language(阿坎语),238
Aleut language(阿留申语),181
Allophones(音位变体),48—49,61,76—80,107—109,180—181
Allophonic transcriptions(音位变体标音),281—282
Alternations(交替),177,118,120,121
Alveolar lateral approximants(龈边近音),189

---

[1] 译者注:条目后的数字是原书页码,即本书边码。

Alveolar ridge(龈脊),10,11,13,14
Alveolars(龈),13,36,76,78,175,179
Alveolar stops(龈塞音),78,79,175,215
Alveolar palatals(龈腭音),179
Ambisyllabic(兼属两个音节的),258
American English(美式英语)
 alveolar nasal(~龈鼻音),78
 approximants(~近音),72-73
 back vowel(~后元音),232
 bilabial gestures(~双唇音姿),174
 consonant sounds(~辅音),37-38,40
 coronal and nasal stops(~舌尖塞音和鼻塞音),68-69
 dental fricatives(~齿擦音),175
 dictionaries for(~词典),90
 diphthongs(~二合元音),96-99
 glottal stops(~喉塞音),66,67,118
 intonational phrase(~语调短语),126-131,265
 lateral plosion(~边爆发),68
 nasal plosion(~鼻爆发),184
 post alveolar sounds(~龈后音),179
 regional differences(~区域差异),42,43,69,93,96,98,101-102,234-235
 rhotacization(~卷舌化),99-101,239-241
 semivowels(~半元音),243-244
 spectrogram of(~语图),204-205,209,220
 stress in(~重读),259-260
 taps and flaps(~拍音和闪音),187
 timing(~节奏),262-263,272
 tones(~声调),265
 velarization(~软腭化),73
 velar stops and nasals(~软腭塞音和鼻音),180
 vowel sounds(~元音),41-44,95-97,203,234
American Newscaster English(美国播音员式英语),101
Amplitude(振幅),8-9
Anticipatory coarticulation(逆同化),74
Aperture(空隙度),284,288
Apical sounds(舌尖音),178,280,284
Approximants(近音),17,72-73,116,188-190,279-281,284-287
Arabic language(阿拉伯语),39,181-182,245,253,261
Aramaic language(阿拉米语),253
Articulation(发音/调音,参见"Coarticulation")
 acoustics and(声学和~),2-34
 central(央式~),189-191
 consonants(辅音~),15-18,173-182
 controlling(~统辖),289-291
 coronal(舌冠~),12,13,68-69,283-284
 dorsal(舌面~),12,180,283-284
 ease of(~方便),294
 formant frequencies and(共振峰频率和~),206-207
 glottal(喉~),283,286
 labial(唇~),12,282-284
 manners of(调音方式),15-19,60,191-192
 places of(调音部位),46,174,175,178-181
 radical(舌根~),283
 secondary(次要~),71,244-246
 structures of(~结构),12-13
 of vowel sounds(元音~),20-22
Articulators(调音器官),10,12
Articulatory gestures(音姿),10-14,

183—191,289—291
Articulatory process(发音过程),5—6
Arytenoid cartilages(勺状软骨),156—157
Aspiration(送气),61,154,160,163
Assimilation(同化),119,284—285,287—288,291
ATR(舌根前伸,参见"Advanced tongue root")
Auditory vowel space(元音听觉空间),93—95
Australian aboriginal language(澳大利亚土著语),179
Austronesian languages(南岛语系),174

Back (of the tongue)(舌后部),10,12,14,45,60,152—153,180,245—246
Backness(元音发音的靠后程度),22,227,230,233,238,240,242,285
Back vowels(后元音),21—22,91,94,96,109,232
Bantu languages(班图语),265
Bark scale(巴克刻度),207
Bilabial gestures(双唇音姿),12,174—175,176,182,183,187,282—283
Break index(停顿指数),136—137
Breathy voice(气声),157—158,162
British English(英式英语,参见"Cockney English")
    approximants(～近音),72—73
    consonant sounds(～辅音),40
    dental fricatives(～齿擦音),175
    dictionaries for(～词典),90
    diphthongs(～双元音),96—99
    glottal stops(～喉塞音),66,67
    intonation(～语调),126—134
    lateral plosion(～边爆发),68
    rhotacization(～卷舌化),99—101

spectrogram of(～语图),205—206,215,218
vowel sounds(～元音),41—42,44,95—97,236
Broad transcription(宽式标音),35,50
Burmese language(缅甸语),185

California English(加州英语),222,234—235
Canadian English(加拿大英语),69,98
Cantonese language(粤语),48
Cardinal vowels(定位元音),227—232
Central articulation(央式调音),189—191
Centre for speech technology(CTT)(语音技术中心),204
Chadic languages(乍得语),158
Chaga language(查加语),190
Charts(图表)
    consonants(辅音～),45—47,51,183,279—280
    vowels(元音～),45—47,51,228—229,232—233,280
Chinese language(汉语,参见"Mandarin Chinese"),179,259,263,268,269,270
Citation form(单念形式),35,115—119
Clicks(咧音),152—155
Closed-class words(封闭性词类),117
Closed syllables(闭音节),106
Coarticulation(协同发音),74—175,294
Cockney English(考克尼口音英语,参见"British English"),40,66,98,102,184,211
Coda(韵尾),258
Coleman,John(约翰·科尔曼),91
Connected speech(连续语流),116
    citation speech compared to(单念和

~相比),35,117
  intonation(~语调),126—134
  sentence rhythm(~句子节奏),124—126
  stress in(~中的重音),121—124
Consecutive stops(连续的塞音),77
Consonants(辅音),60—87,173—196,243
  acoustics of(声学),19,208—214
  affricates(~塞擦音),71
  alveolar(~龈音),175
  approximants(~近音),72—73
  articulations of(~的发音),15—18,173—182
  charts(~表),45—47,51,183,279—280
  coda(~韵尾),258
  diacritics(~附加符号),50,80—81
  emphatic(强调~),245
  flaps(~闪音),186—189
  fricatives(~擦音),69—71,185
  homorganic(同部位~),68,79
  laterals(~边音),189—191
  liquid(~流音),78
  nasals(~鼻音),71—72,108,185—186,210,213—214,241
  overlapping gestures(~音姿交叠),73—76
  places of obstruction(~阻塞形成部位),12—14
  stops(~塞音),61—70,76—77,183—185
  taps(~拍音),186—189
  transcription of(~标音),37—40
  trills(~颤音),186—189
  waveforms of(~波形),19—20
Consonant sounds(辅音声音),37—38,40
  American English(美式英语的~),40
  British English(英式英语的~),127—129,132,134
Continuation rise(连续升调),129—130,133,267—268
Contour tone(曲折调),129—130,133,267—268
Coordinative structures(协调结构图),289
Coronal articulations(舌冠音),12,13,68—69,283—284
Creaky voice(嘎裂声,参见"laryngealization"),24,158,164
CTT(参见"Center for Speech Technology"),204
Czech language(捷克语),188,259

Danish language(丹麦语),237,261,284—285
Declination(下倾/衰减),269—270
Degrees of freedom problem(自由度问题),289
Dentals(齿音),12—13,81,147,152—154,175,178,280
Devoicing(清化),292
Diacritics(附加符号),50,80—81
Dictionaries(词典),89—90
Diphthongs(二合元音),44,96—99,211
Dorsal articulations(舌面音),12,180,283—284
Dorsum(舌面后),180
Downdrift(下移),137
Downstep(降阶),135,137,138
Dravidian language(德拉威语),175
Dutch language(荷兰语),39,238,263—264

Ease of articulation(发音方便),294
Edo language(伊多语),266—267
Egede language(Egede 语),267

Ejectives(喷音),146—148,155,164—165

English Pronouncing Dictionary (EPD)(《英语发音词典》),89,90

Epenthesis(增音),79—80

Epiglottal sounds(会厌音),181—182,280,283

Epiglottis(会厌),11

Eskimo language(爱斯基摩语),181

Esling, John(约翰·艾斯灵),89

Estonian language(爱沙尼亚语),261

Estuary English(河口音英语),66,102

Ewe language(埃维语),174,175,182,265

Exemplar theory(特例原则),293

Falling contour(降调),129—130

Features(特征),282—287

Filter(过滤),198—199,204

Finnish language(芬兰语),39,261

Fixed phrase stress(固定性短语重音),259

Fixed word stress(固定性词重音),259

Flaps(闪音),18,186—189

Formants(共振峰)
 acoustic analysis(～声学分析),203—208
 articulations and(发音和～),206—207
 consonants(辅音～),208—213
 individual differences(～个体差异),221—224
 overview(～概述),6,24
 perturbation theory(～微扰理论),202—203
 source/filter theory(～声源/滤波理论),197—200
 spectrograms interpretation(～语图分析),213—221
 tube models(～管道模型),200—201
 of vowels(元音～),24

French language(法语),39
 allophones(音位变体),180—181
 alveolar consonants(龈辅音),175
 laminal sounds(舌叶音),178
 palatal nasals(腭鼻音),180
 perceptual separation(感知区分),295—296
 places of articulation(调音部位),175,178—181
 stress in(重音),259,263
 timing(节奏),262
 trills(颤音),188
 uvular sounds(小舌音),180—181,188
 VOT(voice onset time)(声带起振时),161—162
 vowels(元音),238,243—244

Frequency,7—8,25(频率,参见"Acoustic phonetics")

Fricatives(擦音)
 acoustic correlates(～的声学关联),242
 apertures and(空隙度和～),284,288
 bilabial(双唇～),174,175
 consonants(～辅音),69—71,185
 dental(齿～),175
 labiodental(唇齿～),174—175
 mechanism of(～发音机制),17
 palatal(硬腭～),180
 palate-alveolar(腭龈～),178—179
 retroflex(卷舌～),175—177
 sibilant(咝音～),185
 stops and(塞音和～),69—71
 symbols for(～符号),179
 velar(软腭～),180

Front vowels(前元音),20—21,73,80
Full vowels(元音的非弱化形式),118,122—124

Gaelic languages(盖尔语),162,271
Geminates(双音),261
German language(德语),39,43—44,179,183,184,262
    affricates(～塞擦音),175
    rounded vowels(～圆唇元音),238
    stress(～重音),259,263
    velar fricatives(～软腭擦音),180
    voiceless palatal fricatives(～清硬腭擦音),180
Gestural targets(音姿目标),73—76
Gestures(音姿),2—4
    articulatory(调音～),10—14,183—191,289—291
    bilabial(双唇～),12,174—175,176,182,183,187,282—283
    interdental(齿间～),13
    labiodental(唇齿～),12,174—175,183,279
    overlapping(～交叠),73—76,108,109,294
    palatal(硬腭～),14,176,179—180
    palate-alveolar(腭龈～),14,177—179,288
    post-alveolar(龈后～),14,179
    retroflex(卷舌～),13—14,99,175—177,179,279—281
    secondary articulation(次要～),71,244—246
    velar(软腭～),14,80,145,147—148,164,180—182,213,287—288
Glottal articulations(喉音),283,286
Glottalic airstream mechanism(喉头气流机制),145
Glottal stops(喉塞音),18,40,65—67,77,118,156—159,164—165
Glottis(喉头),144—149,151,156—159,164—165
Greek language(希腊语),253,261
Gujarati language(古吉拉特语),157—158

Hard palate(硬腭),10
Hausa language(豪萨语),145—146,158,164,187,270
Hawaiian language(夏威夷语),258—259,262
Hebrew language(希伯来语),181—182,253
Height of vowels(元音的高度),21—22,24,74,91,99,227,230—231,233,238—239,242,285
Helmholtz,Hermann(赫尔姆霍茨),201
High plus downstepped high("高"加"含有下降的高"),135
Hindi language(印地语),157,162—163,176,178
Homorganic consonants(同部位辅音),68,79
Hungarian language(匈牙利语),180

Ibibio language(伊比比奥语),266
Icelandic language(冰岛语),186
Igbo language(伊博语),155,266
Implosives(内爆音),148—151,155,164—165
Impressionistic transcription(印象标音法),51
India,language of(印度语言),157—158,175,177

Intensity(强度),204,207,210,216－217, 255－256
Interdental gestures(齿间音姿),13
International Phonetic Alphabet(IPA)(国际音标),15,38－40,51,90, 245,267,278－282
International Phonetic Association(国际语音协会),38,277,278
Intonation(语调),264－270
  in connected speech(连续语流中的～),126－134
  defined(～定义),25－26
  rising and falling contour(升降调), 129－130,133
  ToBI system(ToBI标音法),135－138
  tone and(声调和～),264－265
  tonic syllables(～调核音节),122, 123,127－129,133
Intonational phrase(语调短语),126－131,265
IPA.(参见"International Phonetic Alphabet")
Isochrony(等时性),262
Italian language(意大利语),42－43, 65,161－162,179,180,190,261

Japanese language(日语),190,236－237,243,253
  mora-timed(以莫拉为节奏的～),261－262
  stress in(～重音),263,271
  tone(～声调),270
  vowels(～元音),292
Johnson,Keith(凯斯·约翰逊),6,151, 200,246
Jones,Daniel(丹尼尔·琼斯),89－90,229, 246

Kele language(凯莱语),188
Khoisan language(科瓦桑语),155
Konopka,Rafal(拉夫·科诺普卡),90
Kretzschmar,William(威廉·克雷奇马尔),90
Kutep language(Kutep语),267

Labial articulations(唇音),12,282－284
Labilalization(唇化),71,245－246
Labial velars(labiovelars)(圆唇软腭音), 182
Labialdental gestures(唇齿音姿),12, 174－175,183,279
Labiovelars.(参见"Labial velars")
Lakhota language(拉霍它语),146－148, 151,180
Laminal sounds(舌叶音),178,280,284
Laryngeal characteristics(喉音特征), 286－287
Laryngealizaion(喉化),158－159
Larynx(喉),5
Lateral plosion(边爆发),68
Laterals(边音),17－18,175,189－191, 210,212,283－284
Lax vowel,(松元音),105－107
Length(音长),199,260－261
Length vocal tract(声道长度),198－200
Length,segmental(音段的时长),260－261
Lexical sets(命名词汇),101－103
Linguistic phonetics(语言学的语音学), 277－301
  of community and individual(群体语音学和个体语音学中的～),277－278
  controlling articulatory movements(～统辖发音动作),289－291

explanations problems(～解释问题),287－288

feature hierarchy(～特征层级),282－287

IPA(～国际音标),278－282

memory for speech(～言语记忆),291－294

phonetic forces balance(～语音驱动力之间的平衡),294－296

Linguo-Labials(舌唇音),174

Lip movements(唇部动作),289

Lip rounding(圆唇)22,71,74－75,206,208,221,232－233

Liquid consonants(流音),78

Locus(音轨),209,211,214

Longman Pronunciation Dictionary (Wells)(《朗文发音词典》,威尔斯。参见"LPD3"),89－90

Loudness(音强),7

LPD3(《朗文发音词典》)(威尔斯,参见"*Longman Pronunciation Dictionary*")

Luganda language(卢干达语),261,265,266,270

Malayalam language(马拉雅拉姆语),175,176,177,178,188,190

Mandarin Chinese(汉语普通话),265,267,268,292

Manner of articulation(调音方式,参见"Articulation"),285

Margi language(马尔吉语),189

Mid-sagittal section(正中矢状面),12

Mid-Waghi language(中-瓦几语),190

Midwestern English(美国中西部英语,参见 American English)

Modal voice(常态浊音),157－158,165

Monophthongs(单元音),95,98,102

Mora-timed language(莫拉-节奏型语言),261－263

Motor control(运动控制),289－291

Motor equivalences(等值动作),290

Murmur(哼声),154,157－158,162,165

Nama language(那马语),153,155

Narrow-band spectrograms(窄带语图),221

Narrow transcription(严式标音),50

Nasalization(鼻化),241,285

Nasal plosion(鼻爆发音),66－67,184

Nasals(鼻音),184

acoustic correlates(～的声学关联),213

consonants(～辅音),71－72,108,185－186,210,213－214,241

features(～特征),282－285

palatal(腭～),180

in spectrograms(～语图),116

syllabic(成音节～),71－72,77

symbols for(～符号),183

velar(软腭～),145－147,152,182

voicelss(清～),185

Nasal stop(鼻塞音),15－16

Nasal tract(鼻通道),5

Nasal vowel(鼻元音),107,108,241

Native American languages(美洲土著语言),146,181

Navajo language(纳瓦约语),159－162,184,190,292

Neogrammarians(新语法学派),294

Newton,Isaac(艾萨克·牛顿),24

New Zealand English(新西兰英语),234

Norwegian language(挪威语),39

Nuclear pitch accent(核心音高重调),135

Nucleus(韵核),258

Obama, Barack(贝拉克·奥巴马),125
Obicularis oris inferior(OOI)(口轮匝肌),289
Obstruents(阻音),70,77,145
Onset(起始音),258
OOI(参见"Obicularis oris inferior"),289
Open syllables(开音节),106
Oral stop(口塞音),15
Oral tract(声道),5
Oro-nasal process(口—鼻过程),5—6,15
An Outline of English Phonetics (Jones)(《英语语音学纲要》,琼斯),230
Overlapping gestures(音姿交叠),73—76,108,109,294
Overtone pitches(陪音音高),23,197—198,201
Owerri dialect(Owerri 方言),155
Oxford Dictionary of Pronunciation for Current English (Upton/Kretzchmar/Konopka)(《牛津当代英语发音词典》),90,98

Pairwise variability index(PVI)(成对变异指数),263
Palatal gestures(硬腭音姿),14,176,179—180
Palatalization(腭化),244—245
Palato-alveolar gestures(腭龈音姿),14,177—179,288
Perceptual separation(感知区分),238,295—296
Perturbation theory(微扰理论),202—203
Pharyngealization(咽化),245
Pharyngeal sounds(咽音),181—182,285
Pharynx(咽腔),4,5,10,11
Phonation process(发声过程),5—6
Phonemes(音位),41—43,72
Phonemic transcriptions(音位标音),37,282
Phonetic implementation(语音执行),292
Phonetics(语音学)
  acoustics(声学~),6,19,197—226
  linguistic(语言学的~),277—301
Phonetic transcription(语音学标音),35—57,282
Phonetic variability(语音变体),292—293
Phonetic vowel quality(元音音质),102
Phonology(音系学),35—57,281—282
Phrase accent(短语重音),136
Pitch(音高),7,25,126,264—265
  accent, nuclear(核心~重调),135
  overtone(陪音~),23,197—198,201
  velar(软腭~),209
Plosives(爆发音),15,145
Polish language(波兰语),179,259,262
Polysyllabic word(多音节词),124
Post-alveolar gestures(龈后音姿),14,179
Prominence(显著度),257
Pulmonic airstream mechanism(肺气流机制),145—145,153,155
PVI(pairwise variability index)(成对变异指数),263

Quality(音质)
  of sounds(声音的~),7
  vowel(元音~),91—93,198,242
Quechua language(克丘亚语),181

Radical articulation(舌根音),283
R-colored vowels(卷舌化元音),99—100
Reduced(弱化),115

Reduced vowels(弱化元音),104－105,108,115,122
Reification(观念与现象混淆),287
Release burst(爆发性除阻),146
Retroflex gestures(卷舌音姿),13－14,99,175－177,179,279－281
Rhotacization(卷舌化),99－101,239－241,285
Rhotic vowels(卷舌化元音),99－101
Rhyme(韵尾),258
Rising contour(升调),129－130,133
Roach,Peter(皮特·罗奇),89
Roll(滚音,参见 Trill)
Rounded vowels(圆唇元音),22,238,243－244,288,296
Russel,G.Oscar(G.奥斯卡·拉塞尔),208
Russian language(俄语),39,184,244－245

Scottish English(苏格兰英语),187
Scottish highlands(苏格兰高地),260－261
Secondary articulation(次要发音),71,244－246
Secondary cardinal vowels(次要定位元音),232－234
Segments(音段),253
Semiconsonant(半辅音),243
Semitic languages(闪米特族语),181－182,253
Semivowels(半元音),242－244
Sentence rhythm(句子节奏),124－126
Setter,Jane(简·塞特),89
Shona language(邵纳语),265
Sibilants(咝音),17,185,285,288
Sindhi language(信德语),148－150,159－160,162－163,176,180
Slavic language(斯拉夫语),244
Slips of the tongue(舌头打滑),258
Soft palate(软腭),10
Sonority(响度),255－256
Sounds(声音)
　　apical(舌尖音),178,280,284
　　consonant sounds(辅音),37－38,40
　　epiglottal(会厌音),181－182,280,283
　　laminal(舌叶音),178,280,284
　　pharyngeal(咽音),181－182,285
　　quality of(音质),7
　　sub-apical(舌尖下音),284
　　uvular(小舌),180－181,188
　　voiced(浊音),4,19,61,69－73,77,147－149,156－157,175,185
　　voiceless(清音),4,19,61,69－73,76－77,147－149,156－157,175,180,185
　　vowel(元音),20－22,41－44,95－97,203,234,236
Sound waves(声波),6－10
Source/filter theory(声源/滤波理论),197－200
Spanish(西班牙语),39,161－162,191,236－237,262,263
　　palatal nasals(～腭鼻音),180
　　trill and tap(～颤音和拍音),187
　　vowels(～元音),42－43
Speaker identification(识别发音人),221,223
Speaking styles(讲话风格),293－294
Spectrograms(语图),8－9,115,241
　　of American English(美式英语～),204－205,209,220
　　of British English(英式英语～),205－206,215,218

individual differences(～中的个体差异),221—224
interpretation(～解析),213—221
of Lakhota language(拉霍它语～),147
of Malayalam language(马拉雅拉姆语～),178
narrow band(窄带～),221
nasals, stops, vowels in(～中的鼻音、塞音和元音),116
of trills(颤音～),186
wide band(宽带～),218,219
Speech(言语/话语)
connected(连续～),35,116—117,121—134
memory for(～记忆),291—294
motor control(～运动控制),289—291
planning(话语组织),257,271
synthetic(语音合成～),201,223
Standard American Newscaster English(美国播音员英语),90,95
Standard BBC English(标准 BBC 英语),90,101—102
Stetson, R. H.(史蒂森),257
Stops(塞音,参见 Ejectives; Plosives; Retroflex gestures)
acoustic correlates(～的声学关联),213
alveolar(龈～),78,79,175,215
aperture(～空隙度),284,288
consecutive(相邻的～),77
consonants(～辅音),61—70,76—77,183—185
dentals(齿～),175,178
fricatives and(擦音和～),69—71
glottal(喉～),18,40,65—67,77,118,156—159,164—65

nasal(鼻～),15—16
oral(口～),15
release burst(～爆发性除阻),146
in spectrograms(～语图),116
symbols for(～音标),183
types of(～种类),15—16
velar(软腭～),80,145,147—148,164,180—182
Stress(重音),121—124,259—260,263,271
Stressed syllables(重读音节),25,99,102,105,259—260
Stress-timed language(重音节拍语言),259
Strong form of words(强读式),117
Structures(结构)
of articulation(发音～),12—13
coordinative(协调～),289
Sub-apical sounds(舌尖下音),284
Supra-laryngeal characteristics(喉上特征),283—285
Suprasegmentals(超音段),24—26,253—276
Swahili language(斯瓦希里语),37,184,259
Swedish language(瑞典语),39,238,270—271
Syllabic nasals(成音节鼻音),71—72,77
Syllables(音节),263—276
closed(闭～),106
definition of(～定义),242
intonation and tone(～的语调和声调),264—270
length(～长度),260—261
onset and rhyme(～起始音和韵),258
open(开～),106
prominence(～突显峰),257

segments of(～中的音段),263
sonority(～响度),255－256
stress(～重音),25,99,102,105,259－260
timing(～节奏),261－263,272
tonic(调核～),122,123,127－129,133
unstressed(非重读～),99,104－105
Symbols(标音符号),38－41,45－48,179,183
Synthetic speech(语音合成言语),201,223
Systematic phonetic transcription(系统的语音标写),282

Tamil language(泰米尔语),187
Taps(拍音),18,50,78－79,186－189,279,285
Target position(目标位置),134－138
Tense vowels(紧元音),105－107
Thai language(泰语),161－162,164,268－269
Timing(节奏),261－263,272
Titan language(泰坦语),188
ToBI system(ToBI 标音系统),135－138
Toda language(托达语),188,190,279,280
Tone and break Indices(声调和停顿指数),135
Tones(声调),264－270
Tone Sandhi(连续变调),269
Tongue(舌头),(参见 Back (of the tongue)),2,5,10,11,94－95,283－285
Tonic accent(调核重音,参见 tonic syllables)
Tonic syllables(调核音节),122,123,127－129,133
Transcriptions(标音)

allophonic(音位变体的～),281－282
broad(宽式～),35,50
of consonants(辅音～),37－40
dictionaries(～词典),89－90
impressionistic(印象式～),51
narrow(严式～),50
phonemic(音位～),37,282
phonetic(语音～),35－57
systematic phonetic(系统的语音标写),282
of vowels(元音～),41－45,89－90
Trills(颤音),18,39,186－189,285
Tube models(管道模型),200－201

Unrounded vowels(非圆唇元音,参见 Rounded vowels)
Unstressed syllables(非重读音节),99,104－105
Upton, Clive(克里夫·厄普顿),90
Uvular(小舌),10－11
Uvular sounds(小舌音),180－181,188

Vanuatu language(瓦努阿图语),174
Variable word stress(变化性词重音),259
Velar gestures(软腭音姿)
 acoustic correlates(～的声学关联),213
 defined(～定义),14
 features(～特征),287－288
 fricatives(软腭擦音),180
 labial(唇软腭音),182
 stops(软腭塞音),80,145,147－148,164,180－182
Velaric airstream mechanism(软腭气流机制),152－153
Velarization(软腭化),73,245
Velar nasals(软腭鼻音),145－147,152,

182

Velar pitch(软腭夹),209

Velic closure(软腭持阻),10

Velum(软腭),10—11

V'enen Taut language(瓦努阿图语的一种方言),174

Vietnamese language(越南语),149,151,268

Vocal folds(声带),4,7,198—201,205,214,218—221

Vocal tracts(声道),4—5,10—13,198—202,205,208,219

Vocoids(纯元音),242

Voice bar(浊音杠),209

Voiced sounds(浊音),19
    approximant(浊近音),72—73
    defined(浊音定义),4
    fricatives(浊擦音),69—71,185
    glottis state in(浊音的喉头状态),147—149,156—157
    laterals(浊边音),175
    stop consonants(浊塞音),61,70,77

Voiceless sounds(清音),19
    approximants(清近音),72—73
    fricatives(清擦音),69—71
    glottis state in(清音的喉头状态),147—149,156—157
    laterals(清边音),175
    nasals(清鼻音),185
    palatal fricatives(清腭擦音),180
    stop consonants(清塞音),61,70,76—77
    voiced sounds compared to(浊音和清音的区别),4

Voice onset time(VOT)(声带起振时),159—164

Vowels(元音),42—43,89—114,227—251

acoustic analysis(~的声学分析),203—208

allophones(~音位变体),107—109

American and British(美式英语和英式英语的~),95—97

apertures and(空隙度和~),284,288

approximants(~近音),284—287

ATR(advanced tongue root)(~舌根前伸),238—239

auditory space(~的听觉空间),93—95

back(后~),21—22,91,94,96,109,232

backness(~发音的靠后程度),22,227,230,233,238,240,242,285

cardinal(定位~),227—232

charts(~表),45—47,51,228—229,232—233,280

coordinative structures(~的协调结构),289

in creaky voice(带嘎裂声的~),24

diphthongs(二合~),97—99

formants(~共振峰),24

French language(法语~),238,243—244

front(前~),20—21,73,80

full(完整~),118,122—124

height(~舌位高度),21—22,24,74,91,99,227,230—231,233,238—239,242,285

individual differences(~个体差异),221—224

lexical sets(~命名词汇),101—103

lip rounding(~圆唇度),22,71,74—75,206,208,221,232—233

nasal(鼻~),107,108,241

nasalization(~鼻化),241,285

in other English accents(英语其他口

音中的～),234－236
in other languages(其他语言中的～),236－238
perturbation theory(～微扰理论),202－203
PVI(pairwise variability index) of(～的成对变异指数),263
r-colored(r 化～),99－100
reduced(弱化～),104－105,108,115,122
rhotacization(～卷舌化),99－101,239－241,285
rhotic(卷舌～),99－101
rounded(圆唇的～),22,238,243－244,288,296
secondary articulatory gestures(～次要音姿),71,244－246
secondary cardinal(次要定位～),232－234
semivowels(半元音),242－244
source/filter theory(～声源/滤波理论),197－200
in spectrograms(～语图),116
tense(紧～),105－107
tense and lax sets(松紧～),105－107
transcription of(～标音),41－45,89－90
tube models(～管道模型),200－201
unstressed syllables(非重读音节～),99,104－105

Vowel sounds(元音声音)
American English(美式英语的～),41－44,95－97,203,234
articulation of(～发音),20－22
British English(英式英语的～),41－42,44,95－97,236

Waveforms(波形图),7－8,19－20,25,62,63,64
WaveSurfer(WaveSurfer 软件),63,71,204,234
Weak form of words(**弱读形式**),117
Wells,John(约翰·威尔斯),89－90,102
Welsh language(威尔士语),190
Wide-band spectrograms(宽带语图),218－219
Willis,Robert(罗伯特·威利斯),201

Xhosa(科萨语),154－155,265
！XÓŌ language(！XÓŌ 语),153,155

Yoruba language(约鲁巴语),182,241,266

Zulu language(祖鲁语),154－155,164,189－190,265